Y.4945. 4to

LES TRAGIQVES

DONNEZ AV PVBLIC PAR
le larcin de Promethee

D'aubigné est Auteur de ce liure

d'Aubigné Gentilhõe huguenot mort a Geneue le 29 Auril 1630 Agé de 80.

AV DEZERT,
PAR L. B. D. D.

M. DC. XVI.

AVX LECTEVRS.

Oicy le larron Promethée qui au lieu de grace demande gré de son crime, & pense vous pouvoir justement faire present de ce qui n'est pas à lui, comme ayant desrobé pour vous ce que son Maistre vous desroboit, a soy-mesme, & qui plus est, ce feu que j'ay volé mouroit sans air, c'estoit un flambeau sous le muy, mon charitable peché l'a mis en evidence: Ie di charitable à vous & à son Autheur. Du milieu des extremitez de la France & mesme de plus loin, notamment d'un vieil Pasteur d'Angrongne, plusieurs escripts secondoient les remonstrances de vive voix, par lesquelles les serviteurs de Dieu lui reprochoient le talent caché, & quelqu'un en ces termes: Nous sommes ennuiez de livres qui enseignent, donnez nous en pour esmouvoir, en un siecle où tout zele Chrestien est pery, où la difference du vray & du mensonge est comme abolie, où les mains des ennemis de l'Eglise cachent le sang duquel elles sont tachees soubs les presens, & leurs inhumanités sous la liberalités. Les Adiaphoristes, les prophanes mocqueurs, les trafic-

ã ij

EPISTRE.

queurs du droict de Dieu font monstre de leur douce vie, de leur recompense, & par leur esclat ont esblouy les yeux de nos jeunes gens que l'honneur ne picque plus, que le peril n'esveille point. Mon maistre respondoit, que voulez vous que j'espere parmy ces cœurs abastardis sinõ que de voir mõ livre jetté aux ordures avec celuy de l'estat de l'Eglise, l'Aletheye, le Resveille-matin, la Legende Saincte Catherine & autres de cette forte? Ie gagneray une place au roolle des fols, & de plus, le nom de turbulent, de republicain: on confondra ce que ie di des Tyrans pour estre dit des Roys, & l'amour loyal & la fidelité que i'ay monstrée par mon espée à mon grand Roy jusques à la fin, les distinctions que i'apporte par tout seront examinées par ceux que j'offence, sur tout par l'inique Iustice pour me faire declarer criminel de leze Majesté. Attendez ma mort qui ne peut estre loin, & puis examinez mes labeurs: Chastiez les de ce que l'ami & l'ennemi y peuvent reprẽdre, & en usez alors selon vos equitables jugemẽs: Telles excuses n'empeschoient point plusieurs doctes vieillards d'appeler nostre Autheur devãt Dieu & protester cõtre luy. Outre leurs remõstrances ie me mis à penser ainsi. Il y a trente six ans & plus que cet œuvre est faict, assavoir aux guerres de septante & sept à Castel-jaloux, où

EPISTRE

l'Auteur comādoit quelques chevaux-legers, & se tenant pour mort pour les plaies receües en un grād cōbat, il traça cōme pour testamēt cét ouvrage, lequel encores quelques années aprés il a peu polir & emplir. Et où sont aujourd'huy ceux à qui les actiōs, les factiōs & les choses mōstrueuses de ce tēps là sont conuës sinō à fort peu, & dans peu de jours à nul? Qui prēdra aprés nous la peine de lire les rares histoires de nostre siecle opprimées, esteintes & estouffées par celles des charlatās gagez? & qui sās l'histoire prēdra goust aux violēces de nostre autheur? Dōcques avāt le reste de la memoire, du zele & des sainctes passions esteinctes, mō bon, mon violēt desir se changea en courage: Ie desrobay de derriere les coffres & dessoubs les armoires les paperasses crottées & deschirées desquelles j'ai arraché ce que vous verrez. Ie failli encor à quitter mō dessein sur tāt de litures & d'abreviatiōs & mots que l'autheur mesme ne pouvoit lire pour la precipitatiō de sō esprit en escrivāt: les lacunes que vous y verrés à regret me depleurēt au cōmēcemēt, & puis j'ay estimé qu'elles cōtraidrōt un jour un bō pere de ne laisser pas ses enfās ainsi estroppiez: Ie croy mesme que nous amenerōs l'autheur à favoriser une edition secōde où nō seulemēt les deffauts serōt réplis, mais quelques annotatiōs esclaircirōt les lieux plus difficí-

á iij

EPISTRE.

les. Voº trouverez en ce livre un style souvét trop concis, moins poly que les œuvres du siecle, quelques rythmes à la regle de sõ siecle: ce qui ne paroit pas aujourd'huy aux pieces qui sortét de mesmes mains, & notãment en quelques unes faictes exprés a l'envi de la mignardise qui court: c'est ce que j'espere vous presenter pour la secõde partie de mõ larcin. Ce qui reschauffa mõ desir & m'osta la crainte de l'offence, ce fut de voir les impudens larcins des choüettes de ce temps qui glanoyent desja sur le champ fertile avant la moisson: je vi dans les quatrains de Mathieu jusques à trois vers de suitte desrobez dans le traicté des douceurs de l'affliction: qui estoit une lettre escripte promptement à Madame, de laquelle je vous promets la responce au receuil que j'espere faire. Ainsi l'amour de l'Eglise qui a besoin de fomentations, l'honneur de celui que j'offence auquel je veux oster la negligence de ses enfans, & à ces larrons leur proye, & puis l'obligation que je veux gagner sur les meilleurs de ce siecle, sont les trois excuses que je mets avant pour mon peché. Il vient maintenant à propos que je die quelque chose sur le travail de mon Maistre & sur ce qu'il a de particulier: Ie l'ay servy vingt & huict ans presque tousiours dans les armees, où il exerçoit l'office de Mareschal de Camp

EPISTRE

avec un soin & labeur indicible, comme estimāt la principalle partie du Capitaine d'estre present à tout: les plus gentilles de ses pieces sortoiēt de sa main, ou à cheval où dās les tréchees: se delectant non seulement de la diversion, mais encore de repaistre son esprit de viandes hors de temps & saison: nous luy reprochions familierement cet Empereur qui ne vouloit le poisson de mer que porté de cent lieües: ce qui nous faschoit le plus, c'étoit la dificulté de lui faire relire. Quelqu'un dira, Il y paroist en plusieurs endroits, mais il me semble que ce qui a esté moins parfaict par sa negligence vaut bien encor la diligence de plusieurs, j'en dirois d'avantage si l'excessive loüange de mō Maistre n'estoit en quelque façon la miēne. J'ay pris quelques hardiesses envers luy dont je pense en devoir toucher quelques unes: cōme sur quelques mots qui sentent le vulgaire, avāt nous respōdre il fournissoit tousiours le vers selon nostre desir, mais il disoit que le bon-hōme Ronsard lequel il estimoit par dessus son siecle en sa profession, disoit quelque fois à luy & à d'autres. Mes enfans deffendez vostre mere de ceux qui veulent faire servante une Damoiselle de bōne maison. Il y a des vocables qui sont Frāçois naturels qui sentent le vieux, mais le libre & le François: comme, *dougé, tenve, empour, dorne,*

ã iiij

EPISTRE

bauger, *bouger*, & autres de telle sorte. Ie vous recommande par testament que vous ne laissiez point perdre ces vieux termes, que vous les employez & defendiez hardiment contre des maraux qui ne tiennēt pas elegāt ce qui n'est point escorché du Latin & de l'Italien, & qui aiment mieux dire collauder, contemner, blasonner, que loüer, mespriser, blasmer: tout cela est pour l'escholier de Limosin: voila les propres termes de Rōsard. Aprés que nous luy remōstriōs quelques rythmes qui nous sembloiēt maigres, il nous disoit que Ronsard, Beze, du Bellai & Iodelle ne les avoient pas voulu plus secondes, qu'il n'estoit pas raisōnable que les rythmeurs imposassēt des loix sur les poëmes. Sur quelques autres dificultez, comme sur les preterits feminins apres les accusatifs & telles observations, il donnoit cela à la licence & quant & quant à la richesse de la langue. Toutesfois toutes ses œuvres de ce tēps ont pris les loix du temps. Et pour les rythmes des simples aux composez ou des composez aux autres, il n'y en a que trois ou quatre en tout l'œuvre: il approuve cette rigueur & l'a suivie au temps qu'elle a esté establie, sans toutesfois vouloir souffrir que les premiers Poëtes de la France en soient mesestimez. Voila pour les estofes des parties. Voici pour la matiere generale, &

puis

EPISTRE.

puis je dirai un mot de la difposition.

La matiere de l'œuvre a pour fept livres fept tiltres feparez, qui toutes-fois ont quelque convenance, comme des effects aux caufes. Le premier livre s'appele Miferes qui eft un tableau piteux du Royaume en general, d'un ftyle bas & tragicque, n'eccedant que fort peu les loix de la narration: les Princes viennent aprés, d'un ftyle moyen, mais Satyrique en quelque façon: en ceftuy là il a efgallé la liberté de fes efcripts à celle des vies de fon temps, denotant le fubject de ce fecond pour inftrument du premier: & puis il faict contribuer aux caufes des Miferes l'injuftice, foubs le tiltre de la Chabre Dorée: mais ce troifiefme de mefme ftyle que le fecond. Le quart qu'il appelle les Feux eft tout entier au fentiment de la Religion de l'autheur & d'un ftyle tragicque moyen. Le cinquiefme foubs le nom des fers, du ftyle tragicque eflevé, plus poëtic & plus hardy que les autres: fur lequel je veux conter une notable difpute entre les doctes amis de l'auteur: Rapin, un des plus excellés efprit de fon fiecle, blafma l'invention des tableaux celeftes, difãt que nul n'avoit jamais entrepris de peindre les affaires de la terre au ciel, bien les celeftes en terre, l'auteur fe deffendoit par les inventions d'Homere, de Virgile & de nouveau du Taffe

ẽ

EPISTRE.

qui ont feinct les Conseilz tenus au Ciel, les brigues & partialitez des Celestes sur les affaires des Grecs, des Romains, & depuis des Chrestiés. Ce debat les poussa à en croire de tres-doctes personnages, lesquels ayant demandé de voir la tissure de l'œuvre pour en juger, approuverent l'invention, si bien que je garde curieusement des lettres sur ce subject desrobées à mon Maistre incurieux: Sur tout, celles de Mōsieur de Saincte Marthe, qui aiant esté un des arbitres, dit ainsi: Vous vous esgaiez dās le Ciel pour les affaires du Ciel mesme: I'y ay pris tel goust que je crains vostre modestie: au lieu dōc de vous descourager, si vous aviez quelque chose plus haut que le Ciel vous y devriez loger ce qui est tout celeste. Le livre qui suit cinquiesme s'appelle Vengeances, Theologien & historial: lui & le dernier qui est le Iugement, d'un style eslevé tragicque pourrōt estre blasmez pour la passion partizane: Mais ce gére descrire a pour but d'esmouvoir, & l'autheur le tient quitte s'il peut cela sur les esprits des-ja passionnez, ou pour le moins æquanimes.

Il y a peu d'artifice en la disposition: il y paroist seulemēt quelques episodies cōme predictiōs de choses advenues avāt l'œuvre clos, que l'autheur appelloit en riant ses apopheties. Bien veux je constamment asseurer le lecteur qu'il y en a qui meritent un nom plus haut, cõmme escriptes avant les choses advenues : je maintien de ce rang ce qui est à la preface

Ie voi venir avec horreur
Le jour qu'au grand Temple d'erreur

Et ce qui sensuit de la stance.

Aux Princes, où tout ce qui est dit du fauconnier qui tue son oyseau par une corneille est sur la mort du Roy Henry troisiesme, & puis aux endroicts qui denotent la mort d'Henry quatriesme que je monstrerois estre dit par prediction si les preuves ne designoiët trop mõ autheur : Vous remarquerez aussi en la dispositiõ la liberté des entrees avec exorde ou celles qu'on appelle abruptes. Quãt aux tiltres des livres je fus cause de faire oster des noms estrangers, comme au troisiesme Vbris, au dernier Dan, aymant mieux que tout parlast François.

Or Voila l'estat de mõ larcin, que le pere plein de vie ne pourra souffrir deschiré & mal en point & le pied usé cõme sont les chevaux d'Espaigne qu'on desrobe par les mõtagnes. Il sera cõtraint de rẽplir les lacunes, & si je fai ma paix avec luy je vous promets les Cõmetaires de tous les poincts difficiles qui vous renvoyroiẽt à une penible recerche de l'Histoire ou à l'onomastic. I'ai encores par

ẽ ij

EPISTRE.

devers moi deux livres d'Epigrâmes Fraçois, deux de latins que je voʳ promets a la premiere cōmodité: Et puis des Polemicques en diverses lāgues, œuvres de sa jeunesse, quelques Romans, cinq livres de lettres missives, le premier de familieres pleines de railleries non-communes, le second de points de doctrine desmeslez entre les amis, le troisiesme de poincts theologaux, le quatriesme d'affaires de la guerre, le cinquiesme d'affaires d'estat: mais tout cela attendra l'edition de l'Histoire, en laquelle cest chose merveilleuse qu'un esprit ignée & violent de son naturel ne se soit mōstré en aucū poinct partisan, ait escript sans loüanges & blasmes, fidelle tesmoin & jamais juge, se contentant de satisfaire à la question du faict sans toucher à celle du droict.

La liberté de ses autres escripts a faict dire à ses ennemis qu'il affectoit plus le Gouvernement Aristocratique que Monarchique, dequoy il fut accusé envers le Roy Henry quatriesme estant lors Roy de Navarre. Ce Prince qui avoit desja leu tous les Tragicques plusieurs fois, les voulut faire lire encore pour justifier ces accusations: & n'y aiant rien trouvé que supportable, pourtant pour en estre plus satisfaict, appella un jour nostre Autheur en presence des Sieurs du Fay & du Pin, lesquels discouroient avec luy sur les diversitez

EPISTRE

des estats : Nostre autheur interrogé promptement quelle estoit de toutes administrations la meilleure, respondit, que c'estoit la Monarchique selon son institution entre les François, & qu'après celle des François il estimoit le mieux celle de Pologne, pressé d'avantage sur celle des François il repliqua, je me tiens du tout à ce qu'en dit du Haillan, & tiens pour injuste ce qui en a esté changé, quãd ce ne seroit que la soubsmission aux Papes. Philippes le Bel estoit souverain & brave, mais il est difficile que qui subit le joug d'autruy puisse donner à ses subjets un joug supportable. I'ai voulu alleguer ces choses pour justifier ses escripts, esquels vous verrez plusieurs choses contre la tyrannie, nulle contre la Royauté: & de faict ses labeurs, ses perils & ses playes ont justifié son amour envers son Roy. Pour vous en monstrer son opinion plus au net, j'ay adjousté ici trois Stances qui luy serviront de confession en ce qui est de la Royauté, elles sont en une piece qui paroistra Dieu aidant parmi les Meslanges à la premiere occasion. Vers la fin aprés la stance qui commence

Roy qui te sieds enfant sur la peau de ton pere.

Suivent

Le regne est beau mirouer du regime du monde,
Puis l'Aristecratie en honneur la seconde,

EPISTRE.

Suit l'Estat populaire inferieur des trois:
Tout peut se maintenir en regnant par soi-mesme,
Mais j'appelle les Rois ployez sous un Supreme,
Tyrans tyrannisez & non pas de vrais Rois.

Le Monarque du Ciel en soi prend sa justice,
Le Prince de l'Enfer exerce le supplice
Et ne peut ses rigueurs esteindre ou eschauffer:
Le Roi regnant par soi aussi humble que brave,
Est l'image de Dieu : mais du Tyran esclave
Le dur gouvernement image de l'Enfer.

Celui n'est souverain qui reconnoist un maistre,
Plus infame valet qui est valet d'un Prestre:
Servir Dieu c'est regner, ce regne est pur & doux,
Roix de Septentrion, heureux Princes et sages,
Vous estes souverains qui ne devez hommages
Et qui ne voiez rien entre le Ciel et vous.

Voila le plus au vif que j'ay peu le crayon de mon Maistre, quant à son nom on n'exprime point les noms dans les tableaux il est temps que vous l'oyez par sa bouche, de laquelle vous n'aurez point de loüanges serviles mais bien des libres & franches veritez.

PREFACE.

L'AVTHEVR A SON LIVRE.

     A Livre, tu n'es que trop beau
Pour estre né dans le tombeau
Duquel mon exil te delivre:
Seul pour nous deux ie veux perir:
Commence mon enfant à vivre
Quand ton pere s'en va mourir.

  Encores vivrai-je par toi
Mon fils, comme tu vis par moi:
Puis il faut, comme la nourrice,
Et fille du Romain grison,
Que tu allaiéte & tu cherisse
Ton pere, en exil, en prison.

  Sois hardi, ne te cache point:
Entre chez les Rois mal en point:
Que la pauvreté de ta robbe
Ne te face honte, ni peur,
Ne te diminuë ou desrobe
La suffisance ni le cœur.

  Porte, comme au Senat Romain,
L'advis & l'habit du vilain
Qui vint du Danube sauvage,
Et monstra hideux, effronté,
De la façon, non du langage
La mal-plaisante verité.

PRÆFACE.

Si on te demande pourquoi
Ton front ne se vante de moi,
Dis leur que tu es un posthume
Desguisé, craintif & discret,
Que la verité a coustume
D'accoucher en un lieu secret.

 Ta trenche n'a or ne couleur,
Ta couverture sans valeur
Permet, s'il y a quelque ioye,
Aux bons la trouver au dedans,
Aux autres fascheux je l'envoie
Pour leur faire grincer les dents.

 Aux uns tu donneras dequoi
Gemir & chanter avec toi,
Et les autres en ta lecture
Fronçans le sourcil de travers
Trouveront bien ta couverture
Plus agreable que tes vers.

 Pauvre enfant, comment parois-tu
Paré de la seule vertu?
Car pour une ame favorable,
Cent te condamneront au feu,
Mais c'est ton but invariable
De plaire aux bons, & plaire à peu.

 Ceux que la peur a revoltez
Diffameront tes veritez,
Comme faict l'ignorante lie :
Heureux livre qui en deux rangs
Distingue la trouppe ennemie
En lasches & en ignorans.

PRÆFACE.

Bien que de moi des-ja soit né
Vn pire & plus heureux aisné,
Plus beau & moins plein de sagesse:
Il chasse les Cerfs & les Ours,
Tu desniaises son aisnesse,
Et son partage est en amours.

Mais le second pour plaire mieux
Aux vicieux fut vicieux:
Mon esprit par luy fit espreuve
Qu'il estoit de feu transporté:
Mais ce feu plus propre se treuve
A brusler qu'à donner clarté.

I'eus cent fois envie & remord
De mettre mon ouvrage à mort:
Ie voulois tuer ma folie,
Cet enfant bouffon m'appaisoit,
En fin, pour la fin de sa vie
Il me despleut, car il plaisoit.

Suis-je fascheux de me joüer
A mes enfans, de les loüer?
Amis pardonnez-moi ce vice,
S'ils sont camus & contrefaicts,
Ni la mere ni la nourrice
Ne trouvent point leurs enfans laids.

Ie pense auoir esté sur eux
Et pere & iuge rigoureux:
L'vn à regret a eu la vie,
A mon gré chaste & assez beau,
L'autre enseuelit ma folie
Dedans un oublieux tombeau.

A ij

PREFACE.

Si en mon volontaire exil,
Vn iuste & severe sourcil
Me reprend de laisser en France
Les traces de mon perdu temps :
Ce sont les fleurs, & l'esperance,
Et ceci les fruicts de mes ans.
   Aujourd'hui abordé au port
D'une douce & civile mort,
Comme en une terre feconde :
D'autre humeur je fai d'autres vers,
Marri d'avoir laissé au monde
Ce qui plaist au monde pervers.
   Alors je n'adorois sinon
L'image vaine du renom,
Renom de douteuse esperance :
Ici sans espoir, sans esmoi,
Ie ne veux autre recompence
Que dormir satisfaict de moi.
   Car la gloire nous n'estalons
Sur l'eschaffaut en ces vallons :
En ma libre-franche retraitte :
Les triomphes des orgueilleux
N'entrent pas dedans ma logette,
Ni les desespoirs sourcilleux.
   Mais là où les triomphes vains
Peuvent dresser leurs chefs hautains,
Là où se tient debout le vice,
Là est le logis de la peur.
Ce lieu est lieu de precipice,
Fait dangereux par sa hauteur

PRÆFACE.

Vallons d'Angrongne bien heureux,
Vous bien-heurez les mal-heureux,
Separans des fanges du monde
Vostre Chrestienne liberté,
Vous defendez à coups de fonde
Les logis de la verité.

   Dedans la grotte d'un rocher
La pauvrette a voulu cercher
Sa maison, moins belle & plus seure :
Ses pertuis sont arcs triomphans,
Où la fille du Ciel asseure
Vn azile pour ses enfans.

   Car je la trouve dans le creux
Du logis de soi tenebreux,
Logis esleu pour ma demeure ;
Où la verité sert de iour,
Où mon ame veut que je meure,
Furieuse de sainct amour.

   Ie cerchois de mes tristes yeux
La verité aux aspres lieux,
Quand de cett' obscure tasniere
Ie vis resplendir la clarté,
Sans qu'il y eust autre lumiere :
Sa lumiere estoit sa beauté.

   I'attache le cours de mes ans
Pour vivre à jamais au dedans :
Mes yeux de la premiere veuë,
Bien que transis & esplorez,
L'eurent à l'instant recognuë
A ses habits tous dechirez.

A iij

PRÆFACE.

C'est toi, di-je, qui sceus ravir
Mon ferme cœur à te servir:
A jamais tu seras servie
De lui tant qu'il sera vivant:
Peut on mieux conserver sa vie
Que de la perdre en te servant?

De celui qui aura porté
La rigoureuse verité,
Le salair' est la mort certaine:
C'est un loyer bien à propos:
Le repos est fin de la peine,
Et la mort est le vrai repos.

Ie commençois à arracher
Des cailloux poliz d'un rocher,
Et elle tordoit une fonde:
Puis nous jettions par l'univers
En forme d'une pierre ronde,
Ses belles plaintes & mes vers.

Quelques-fois en me pourmenant
La verité m'alloit menant
Aux lieux où celle qui enfante,
De peur de se perdre, se perd:
Et ou l'Eglize qu'on tourmente,
S'enferma d'eau dans le desert.

O Desert promesse des Cieux
Infertille, mais bien-heureux!
Tu as une seulle abondance,
Tu produis, tu nourris les bons,
Et la fertilité de France
Ne gist qu'en espineux chardons.

PRÆFACE.

Tu es circui, non surpris,
Et menacé sans estre pris:
Le dragon ne peut & s'essaie:
Il ne peut nuire que des yeux,
Assez de cris & nulle plaie
Ne force le destin des Cieux.

 Quel chasteau peut si bien loger?
Quel Roi si heureux qu'un berger?
Quel Sceptre vaut une houlette?
Tyrans, vous craindrez mes propos:
I'aurai la paix en ma logette,
Vos Palais seront sans repos.

 Ie sens ravir dedans les Cieux
Mon ame aussi bien que mes yeux,
Quand en ces montagnes i'advise,
Ces grands coups de la verité,
Et les beaux combats de l'Eglise
Signalez à la pauvreté.

 Ie voi les places & les champs,
Là où l'effroi des braves camps,
Qui de tant de rudes batailles
R'apportoient les fers triomphans,
Furent les chiens de leurs entrailles
Deffaicts de la main des enfans.

 Ceux qui par tant & tant de fois
Avoient veu le dos des François,
Eurent bras & cœur inutiles:
Comme Cerfs paoureux & legers,
Ils se virent chassez trois mille
Des fondes de trente bergers,

A iiij

PRÆFACE.

Là l'enfant attend le soldat,
Le pere contre vn chef combat,
Encontre le tambour qui gronde,
Le Pſalme esleve ſon doux ton:
Contre l'arquebouze la fonde,
Contre la picque le baſton.

Là l'enſeigne veloit en main,
En vain la trompette & l'airin,
Le phifre eſpouvante au contraire,
Ceux-là qu'il devoit eſchauffer:
Ils ſentent que Dieu ſçavoit faire
La toille auſſi dure que fer.

L'ordre teſmoing de leur honneur,
Aux chefs ne rechauffa le cœur,
Rien ne ſervit l'experience
Des braves Lieutenans de Roi,
Ils eurent peur ſans connoiſſance
Comment ils fuyoient & pourquoi.

Aux cœurs de ſoi victorieux,
La victoire fille des cieux
Et la gloire aux ailes dorees
Preſentent chacune un chappeau:
Les inſolences eſgarees
S'eſgayent loin de ce troupeau.

Dieu fit là merveilles: ce lieu
Eſt le ſanctuaire de Dieu:
Là Satan n'a l'yvroïe miſe,
Ni la ſemence de ſa main,
Là les agnelets de l'Egliſe
Sautent au nez du loup Romain.

N'eſt-ce

PRÆFACE.

N'est-ce pour ouvrir noz espritz?
N'avons nous pas encor' appris
Par David, que les grands du monde
Sont impuissants encontre nous?
Et que Dieu ne veut qu'une fonde
Pour instrument de son courroux?

 Il se veut rendre assubjettis
Par les moiens les plus petits,
Les fronts plus hautains de la terre:
Et pour terrasser à l'envers
Les Pharaons, il leur faict guerre
Avec les mousches & les vers.

 Les Cireniens enragez,
Un jour en bataille rengez
Despitoient le Ciel & le foudre,
Voulans arracher le Soleil:
Et Dieu prit à leurs piedz la poudre,
Pour ses armes & leur cerceuil.

 Quand Dieu veut nous rendre vainqueurs,
Il ne choisit rien que les cœurs,
Car touttes mains luy sont pareilles:
Et mesmes entre les Payens,
Pour y desployer ses merveilles,
Il s'est joué de ses moyens.

 L'exemple de Scevole est beau,
Qui ayant failli du couteau,
Chassa d'une brave parolle
L'ennemi du peuple Romain:
Et le feu qu'endura Scevole
Fit plus que le coup de sa main.

B

PRÆFACE.

Contre les tyrans violens
Dieu choisit les cœurs plus bruslans:
Et quand l'Eglize se renforce
D'autres que de ses Citoiens,
Alors Dieu affoiblit sa force,
La maudit & tous ses moyens.

 O mauuais secours aux dangers,
Qu'un Chef tire des estrangers!
Heureuse Françoise Province,
Quand Dieu propice t'accorda
Vn Prince, & te choisit un Prince
Des pavillons de son Iuda.

 Mal-heur advint sur nous François,
Quand nous bastismes sur François
Et ses mal-contentes armees,
Les forces d'un Prince plus fort:
Helas elles sont consumees,
Et nous sur le sueil de la mort.

 Autant de tisons de courroux,
De Dieu courroucé contre nous,
Furent ces trouppes blasphemantes:
Nous avons appris ceste fois
Que ce sont choses repugnantes
Que l'Estat de Dieu & des Rois.

 Satan, ennemi caut & fin,
Tu voyois trop proche ta fin,
Mais tu vis d'un œil pasle & blesme,
Nos cœurs ambitieux jaloux,
Et deslors tu nous fis nous-mesmes
Combattre pour & contre nous.

PRÉFACE.

Les Samsons, Gedeons, & ceux
Qui n'espargnerent, paresseux
Le corps, le hazard & la peine,
Pour, dans les feux d'vn chaud Esté,
Boire la glace à la fontaine,
Ramenerent la verité.

 Rend-toi d'vn soin continuel,
Prince Gedeon d'Israel:
Boi le premier dedans l'eau viue,
En cett' eau trempe aussi ton cœur:
Il y a de la peine oisiue,
Et du loisir qui est labeur.

 Bien que tu as autour de toi
Des cœurs & des yeux pleins de foi,
J'ai peur qu'une Dalide fine
Couppe ta force & tes cheueux,
Te liure à la gent Philistine,
Qui te priue de tes bons yeux.

 Ie voi venir auec horreur
Le jour qu'au grand temple d'erreur
Tu feras rire l'assistance:
Puis donnant le dernier effort
Aux deux colomnes de la France,
Tu te baigneras en ta mort.

 Quand ta bouche renoncera
Ton Dieu, ton Dieu la percera,
Punissant le membre coulpable:
Quand ton cœur, desloyal mocqueur,
Comme elle sera punissable,
Alors Dieu percera ton cœur.

A ij

PRÆFACE.

Dans ces cabinets lambrissez,
D'idoles de Cour tappissez,
N'est pas la verité conneue:
La voix du Seigneur des Seigneurs
S'escrit sur la roche cornue,
Qui est plus tendre que nos cœurs.

   Ces monts ferrez, ces aspres lieux,
Ne sont pas si doux à nos yeux,
Mais l'ame y trouve ses delices:
Et là où l'œil est contenté
De braves & somptueux vices,
L'œil de l'ame y est tourmenté.

   Echos, faictes doubler ma voix,
Et m'entendez à ceste fois:
Mi-celestes roches cornuës,
Poussez mes plaintes dedans l'air,
Les faisant du recoup des nuës
En France vne autre fois parler.

   Amis, en voyant quelquesfois
Mon ame sortir de ses loix,
Si pour bravement entreprendre,
Vous reprenez ma saincte erreur,
Pensez que l'on ne peut reprendre
Toutes ces fureurs sans fureur.

   Si mon esprit audacieux,
Veut peindre le secret des Cieux,
I'attaque les Dieux de la terre,
Il faut bien qu'il me soit permis
De fouiller, pour leur faire guerre,
L'arsenal de leurs ennemis.

PREFACE.

Ie n'excuse pas mes escrits,
Pour ceux-la qui y sont repris:
Mon plaisir est de leur desplaire:
Amis, je trouve en la raison,
Pour vous & pour eux fruict contraire,
La medecine & le poison.

Vous lourez Dieu, ils trembleront,
Vous chanterez, ils pleureront:
Arguments de rire & de craindre
Se trouve en mes vers, en mes pleurs,
Pour redoubler & pour esteindre,
Et vos plaisirs & leurs fureurs.

Ie plains ce qui m'est ennemi
Les monstrant j'ai pour eux gemi:
Car qui veut garder la iustice,
Il faut haïr distinctement,
Non la personne, mais le vice,
Servir, non cercher l'argument.

Ie sçai que les enfans bien nez
Ne chantent, mais sont estonnez,
Et ferment les yeux, debonnaires,
(Comme deux des fils de Noé,)
Voians la honte de leurs peres,
Que le vin fumeux a noié.

Ainsi vn temps, de ces felons
(Les yeux bouchez à reculons)
Nous cachions l'orde vilenie:
Mais nous les trouvons ennemis,
Et non peres de la patrie,
Qui ne pechent plus endormis.

B iij

PRÆFACE.

Ren donc, ô Dieu, si tu cognois
Mon cœur meschant, ma voix sans voix:
O Dieu tu l'esleve au contraire,
C'est trop retenu mon devoir:
Ce qu'il n'ont pas horreur de faire,
I'ai horreur de leur faire voir.

Sors mon œuvre d'entre mes bras,
Mon cœur se plaind, l'esprit est las
De cercher au droit vne excuse:
Ie vai le jour me refusant,
Lors que le jour je te refuse,
Et je m'accuse en t'excusant.

Tu es né legitimement,
Dieu mesme a donné l'argument:
Ie ne te donne qu'à l'Eglise:
Tu as pour support l'equité,
La verité pour entreprise,
Pour loyer l'immortalité.

MISERES

LIVRE PREMIER.

PVis qu'il faut s'attaquer aux legiōs de Rome,
Aux mōstres d'Italie, il faudra faire comme
Hānibal, qui par feux d'aigre humeur arrosez
Se fendit un passage aux Alpes embrazez.
Mō courage de feu, mō humeur aigre & forte
Au travers des sept monts faict bresche au lieu de porte.
Ie brise les rochers & le respect d'erreur
Qui fit douter Cesar d'une vaine terreur.
Il vid Rome tremblante, affreuze, eschevelee,
Qui en pleurs, en sanglots, mi-morte, desolee,
Tordant ses doigts, fermoit, defendoit de ses mains
A Cesar le chemin au sang de ses germains.
  Mais dessous les autels des idoles, j'advise
Le visage meurtri de la captive Eglise,
Qui à sa delivrance (aux despens des hazards)
M'appelle, m'animant de ses trenchans regards.
Mes desirs sont des-ja volez outre la rive
Du Rubicon troublé, que mon reste les suive
Par un chemin tout neuf, car ie ne trouve pas
Qu'autre homme l'ait iamais escorché de ses pas.
Pour Mercures croizez, au lieu de Pyramides,
I'ai de jour le pilier, de nuict les feux pour guides.

B. iiij

Astres secoarez-moi, ces chemins enlacez
Sont par l'antiquité des siecles effacez:
Si bien que l'herbe verde en ses sentiers est creuë,
En faict une prairie espaisse, haute & druë,
Là où estoient les feux des Prophetes plus vieux:
Ie tends comme je puis le cordeau de mes yeux,
Puis je cours au matin, de ma jambe arrosee,
I'esparpille à costé la premiere rosee.
Ne laissant apres moi trace à mes successeurs
Que les reins tous ployez des inutiles fleurs:
Fleurs qui tombent si tost qu'un vrai Soleil les touche,
Ou que Dieu sechera par le vent de sa bouche.

Tout puissant, tout voyant, qui du haut des hauts cieux
Fends les cœurs plus serrez par l'esclair de tes yeux,
Qui fis tout, & conneu tout ce que tu fis estre:
Tout parfaict en œuvrant, tout parfaict à connoistre,
De qui l'œil tout courant, & tout voyant aussi,
De qui le soin sans soin prend de tout le souci,
De qui la main forma exemplaires & causes,
Qui preveus les effects dés le naistre des choses:
Dieu qui d'un style vif, comme il te plaist, escris
Le secret plus obscur, en l'obscur des esprits:
Puis que de ton amour mon ame est eschauffee,
Ialouze de ton nom, ma poitrine embrazee
De ton feu pur, espurge aussi de mesmes feux
Le vice naturel de mon cœur vicieux:
De ce zelle tres-sainct rebrusles-moi encore,
Si que (tout consommé au feu qui me devore,
N'estant serf de ton ire, en ire transporté
Sans passion,) je sois propre à ta verité,

Ailleurs

Ailleurs qu'à te loüer ne soit abandonnee
La plume que je tiens, puis que tu l'as donnee.
 Ie n'escris plus les feux d'un amour inconnu,
Mais par l'affliction plus sage devenu,
I'entreprens bien plus haut, car j'apprens à ma plume
Vn autre feu, auquel la France se consume.
Ces ruisselets d'argent, que les Grecz nous feignoient,
Où leurs Poëtes vains beuvoient & se baignoient,
Ne courent plus ici : mais les ondes si claires
Qui eurent les saphirs & les perles contraires,
Sont rouges de nos morts : le doux bruit de leurs flotz,
Leur murmure plaisant heurte contre des os.
Telle est en escrivant ma non-commune image :
Autre fureur qu'amour reluit en mon visage :
Soubs un inique Mars parmi les durs labeurs
Qui gastent le pappier & nostre ancre de pleurs,
Au lieu de Thessalie aux mignardes vallees,
Nous avortons ces chants au milieu des armees,
En delassant nos bras de crasse tous rouillez,
Qui n'osent s'esloigner des brassards despouillez.
Le luth que j'accordois avec mes chansonnettes,
Est ores estouffé de l'esclat des trompettes :
Ici le sang n'est faint, le meurtre n'y defaut,
La mort iouë elle mesme en ce triste eschaffaut :
Le Iuge criminel tourne & emplit son urne :
D'ici la boëte en jambe, & non pas le cothurne :
I'appelle Melpomene en sa vive fureur,
Au lieu de l'Hypocrene, esveillant cette Sœur
Des tombeaux rafraischis, dont il faut qu'elle sorte,
Affreuse, eschevelee, & bramante en la sorte

C

Que faict la biche apres le fan qu'elle a perdu,
Que la bouche luy seigne, & son front esperdu
Face noircir du ciel les voutes esloignees,
Qu'elle esparpille en l'air de son sang deux poignees,
Quand espuisant ses flancs de redoublez sanglots,
De sa voix enroüee elle bruira ces mots.
  O France desolee! ô terre sanguinaire!
Non pas terre, mais cendre: ô mere! si c'est mere
Que trahir ses enfans aux douceurs de son sein,
Et quand on les meurtrit les serrer de sa main:
Tu leur donnes la vie, & dessous ta mammelle
S'esmeut des obstinez la sanglante querelle:
Sur ton pis blanchissant ta race se debat,
Là le fruict de ton flanc faict le champ du combat.
  Ie veux peindre la France une mere affligee,
Qui est entre ses bras de deux enfans chargee:
Le plus fort orgueilleux, empoigne les deux bouts
Des tetins nourriciers, puis à force de coups,
D'ongles, de poings, de pieds il brise le partage,
Dont nature donna à son besoin l'usage:
Ce volleur acharné, cet Esau malheureux,
Faict degast du doux laict qui doit nourrir les deux,
Si que pour arracher à son frere la vie,
Il mesprise la sienne & n'en a plus d'envie:
Mais son Iacob pressé d'avoir jeusné mesui,
Estouffant quelque temps en son cœur son ennui,
A la fin se defend, & sa juste colere
Rend à l'autre un combat, dont le champ est la mere.
Ni les souspirs ardents, les pitoiables cris,
Ni les pleurs rechauffez ne calment leurs esprits:

Mais leur rage les guide & leur poison les trouble,
Si bien que leur courroux par leurs coups se redouble:
Leur conflict se r'allume, & faict si furieux,
Que d'un gauche malheur ils se crevent les yeux:
Cette femme esploree en sa douleur plus forte,
Succombe à la douleur mi-vivante, mi-morte,
Elle void les mutins tous deschirez, sanglans,
Qui ainsi que du cœur, des mains se vont cerchans,
Quand pressant à son sein d'un' amour maternelle
Celui qui a le droit & la iuste querelle,
Elle veut le sauver, l'autre qui n'est pas las,
Viole en poursuivant l'asile de ses bras:
Adonc se perd le laict, le suc de sa poictrine,
Puis aux derniers abois de sa proche ruine
Elle dit, vous avez, felons, ensanglanté
Le sein qui vous nourrit & qui vous a porté:
Or vivez de venin, sanglante geniture,
Ie n'ai plus que du sang pour vostre nourriture.

 Quand languissant ie voi les honteuses pitiez,
Et d'un corps divisé les funebres moitiez:
Quand ie voi s'appreter la tragedie horrible
Du meurtrier de soi-mesme, aux autres invincible,
Ie pense encores voir un monstrueux geant,
Qui va de braves mots les hauts Cieux outrageant,
Superbe, florissant, si brave qu'il ne treuve
Nul, qui de sa valeur entreprenne la preuve:
Mais lors qu'il ne peut rien rencontrer au dehors
Qui de ses bras nerveux endure les efforts,
Son corps est combatu, à soi-mesme contraire,
De sang pur a le moins: le flegme & la colere

C ij

Rendent le sang non sang, le peuple abbat ses loix:
Tous nobles, & tous Rois, sans nobles & sans Rois:
La masse degenere en la melancholie:
Ce vieil corps tout infect, plein de sa discratie,
Hidropique faict l'eau, si bien que ce geant,
Qui alloit de ses nerfs ses voisins outrageant,
Aussi foible que grand, n'enfle plus que son ventre,
Ce ventre dans lequel tout se tire, tout entre,
Ce faux dispensateur des communs excremens
N'envoie plus au loin les iustes alimens:
Des jambes & des bras, les os sont sans moelle,
Il ne va plus en haut pour nourrir la cervelle:
Qu'un chime venimeux, dont le cerveau nourri,
Prend matiere & liqueur d'un champignon pourri.
Ce grand geant changé en une horrible beste,
A sur ce vaste corps une petite teste,
Deux bras foibles pendans, des-ja secs, des-ja morts,
Impuissans de nourrir & defendre le corps,
Les jambes sans pouvoir porter leur masse lourde,
Et a gauche & à droict font porter une bourde.

    Financiers, Iusticiers, qui opprimez de faim
Celui qui vous faict naistre, ou qui defend le pain,
Sous qui le laboureur s'abreuve de ses larmes,
Qui souffrez mandier la main qui tient les armes:
Vous ventre de la France, enflez de ses langueurs,
Faisant orgueil de vent vous monstrez vos vigueurs,
Voyez la tragedie, abbaissez vos courages:
Vous n'estes spectateurs, vous estes personnages:
Car encor' vous pourriez contempler de bien loin
Vne nef sans pouvoir lui aider au besoin,

Quand la mer l'engloutit, & pourriez de la rive,
En tournant vers le Ciel la face demi-vive,
Plaindre sans secourir ce mal oisivement:
Mais quand dedans la mer, la mer pareillement
Vous menace de mort, courez à la tempeste:
Car avec le vaisseau vostre ruine est preste.

 La France donc ainsi est pareille au vaisseau,
Qui outragé des vents, des rochers & de l'eau,
Loge deux ennemis, l'un tient avec sa troupe
La proüe, & l'autre a pris sa retraite à la pouppe:
De canons & de feux, chacun met en esclats
La moitié qui s'oppose, & font verser en bas,
L'un & l'autre enyvré des eaux & de l'envie,
Ensemble le navire & la rage & la vie:
En cela le vainqueur ne demeurant plus fort,
Que de voir son haineux le premier à la mort,
Qu'il seconde, autochire, aussi tost de la sienne,
Vainqueur: mais helas! c'est vaincre à la Cadmeene.

 Barbares en effect, François de nom, François,
Vos fausses loix ont eu des faux & jeunes Rois,
Impuissans sur leurs cœurs, cruels en leurs puissance,
Rebelles ils ont veu la desobeissance:
Dieu sur eux & par eux desploia son courroux,
N'aiant autres bourreaux de nous-mesmes que nous.

 Les Rois qui sont du peuple, & les Rois & les peres,
Du troupeau domesticq sont les loups sanguinaires:
Ils sont l'ire allumee, & les verges de Dieu,
La crainte des vivans, ils succedent au lieu
Des heritiers des morts, ravisseurs de pucelles,
Adulteres, soüillans les couches des plus belles.

C iij

Des maris assommez, ou bannis pour leur bien:
Ils courent sans repos, & quand ils n'ont plus rien
Pour souler l'avarice, ils cerchent autre sorte
Qui contente l'esprit d'une ordure plus forte.
Les vieillars enrichis tremblent le long du jour,
Les femmes, les maris, privez de leur amour,
Par l'espais de la nuict se mettent à la fuitte,
Les meurtriers souldoiez s'eschauffent à la suitte:
L'homme est en proie à l'homme, vn loup à son pareil.
Le pere estrangle au lict le fils, & le cercueil
Preparé par le fils sollicite le pere;
Le frere auant le temps herite de son frere:
On trouue des moiens, des crimes tous nouveaux,
Des poisons inconnus, où les sanglants cousteaux
Trauaillent au midi, & le furieux vice,
Et le meurtre public, ont le nom de Iustice.
Les belistres armez ont le gouuernement,
Le sac de nos citez : comme anciennement
Vne croix Bourguignonne espouuantoit nos peres,
Le blanc les faict trembler : les pitoiables meres
Pressent à l'estomac leurs enfans esperdus
Quand les tambours François sont de loin entendus:
Les places de repos sont places estrangeres,
Les villes du milieu sont les villes frontieres:
Le village se garde, & nos propres maisons
Nous sont le plus souuent garnisons & prisons:
L'honorable bourgeois, l'exemple de sa ville,
Souffre deuant ses yeux violer femme & fille,
Et tomber sans merci, dans l'insolente main
Qui s'estendoit n'a-guere à mendier du pain:

Le sage Iusticier est traisné au supplice,
Le mal-faicteur luy faict son procés : l'injustice
Est principe de droict, comme au mond' à l'envers
Le vieil pere est foüeté de son enfant pervers.
Celuy qui en la paix cachoit son brigandage
De peur d'estre puni, estalle son pillage
Au son de la trompette, au plus fort des marchez
Son meurtre & son butin sont à l'ancan preschez:
Si qu'au lieu de la roüe, au lieu de la sentence,
La peine du forfaict se change en recompense.
Ceux qui n'ont discerné les quereles des Grands
Au lict de leur repos, tressaillent entendans
En paisible minuict que la ville surprise
Ne leur promet sauver rien plus que la chemise:
Le soldat trouve encor quelque espece de droict,
Et mesme, s'il pouvoit, sa peine il lui vendroit.
L'Espagnol mesuroit les rançons & les tailles,
De ceux qu'il retiroit du meurtre des batailles,
Selon leur revenu : mais les François n'ont rien
Pour loi de la nature des François, que le bien.
Encor' vous bien-heureux, qui aux villes fermees,
D'un mestier incognu avez les mains armees,
Qui goustez en la peur l'alternatif sommeil,
De qui le repos est à la fievre pareil:
Mais je te plains rusticq, qui ayant la journee
Vne piteuse vie en tes sueurs trainee,
Reçois au soir les coups, l'injure & le tourment,
Et la fuite & la fin, injuste payement.
Le païsan de cent ans, dont la teste chenuë
Est couverte de nege, en suivant sa charruë,

Voi galopper de loin l'argolet outrageux,
Qui d'une rude main arrache les cheveux,
L'honneur du vieillard blanc, meu de faim & de rage,
Pour n'avoir peu trouver que piller au village:
Ne voit-on pas des-ja des trois lustres passez,
Que les peuples fuyards des villages chassez
Vivent dans les forests: là chacun d'eux s'asserre
Au ventre de leur mere, aux cavernes de terre:
Ils cerchent, quand l'humain leur refuse secours,
Les bauges des sangliers & les roches des Ours,
Sans conter les perdus, à qui la mort propice
Donne poison, cordeau, le fer ou precipice.

    Ce ne sont pas les Grands, mais les simples païsans,
Que la terre connoist pour enfans complaisans:
La terre n'aime pas le sang, ni les ordures:
Il ne sort des tyrans, & de leurs mains impures,
Qu'ordures ni que sang: les aimez laboureurs
Ouvragent son beau sein de si belles couleurs,
Font courir les ruisseaux dedans les verdes prees,
Par les sauvages fleurs en esmail diaprees:
Où par ordre & compas les jardins azurez
Monstrent au ciel riant leurs carreaux mesurez,
Les parterres tendus & les droites allees,
Des droicturieres mains au cordeau sont reglees,
Ils sont peintres, brodeurs, & puis leurs grands tappis
Noircissent de raisins, & jaunissent d'espics:
Les ombreuses forests leur demeurent plus franches,
Esventent leurs sueurs & les couvrent de branches:
La terre semble donc, pleurante de souci,
Consoler les petits, en leur disant ainsi:

Enfans

Enfans de ma douleur, du haut Ciel l'ire esmeuë
Pour me vouloir tuer, premierement vous tuë:
Vous languissez, & lors le plus doux de mon bien
Va saoulant de plaisirs ceux qui ne vallent rien:
Or attendant le temps que le Ciel se retire,
Ou que le Dieu du Ciel destourne ailleurs son ire,
Pour vous faire gouster de ses douceurs aprés,
Cachez-vous sous ma robbe en mes noires forests,
Et au fond du malheur, que chacun de vous entre
Par deux fois, mes enfans, dans l'obscur de mon ventre,
Les feneants ingrats font brusler vos labeurs,
Vos seins sentent la fin, & vos fronts les sueurs,
Ie mets de la douceur aux ameres racines,
Car elles vous seront viande & medecines,
Et je retirerai mes benedictions
De ceux qui vont succans le sang des nations:
Tout pour eux soit amer, qu'ils sortent execrables
Du lict sans reposer, allouvis de leurs tables.
Car pour monstrer comment en la destruction
L'homme n'est plus un homme, il prend refection
Des herbes, de charongne, & viandes non-prestes,
Ravissant les repas apprestez pour les bestes:
La racine douteuse est prise sans danger,
Bonne, si on la peut amollir & manger:
Le conseil de la faim apprend aux dents par force,
A piller des forests & la robbe & l'escorce,
La terre sans façon a honte de se voir,
Cerche encore des mains & n'en peut plus avoir:
Tout logis est exil, les villages champestres
Sans portes & planchers, sans meubles & fenestres

D

Font une mine affreuse, ainsi que le corps mort
Monstre en monstrant les os que quelqu'un lui faict tort:
Les loups & les renards & les bestes sauvages,
Tiennent place d'humains, possedent les villages,
Si bien qu'en mesme lieu où en paix on eut soin
De reserrer le pain, on y ceuille le foin:
Si le rusticque peut desrober à soi-mesme
Quelque grain recelé par une peine extreme,
Esperant sans espoir la fin de ses mal heurs:
Lors on peut voir couppler trouppe de laboureurs,
Et d'un soc attaché, faire place en la terre
Pour y semer le bled le soustien de la guerre:
Et puis l'an ensuivant les miserables yeux
Qui des sueurs du front trempoient, laborieux,
Quand subissans le joug des plus serviles bestes,
Liez comme des bœufs, ils se coupploient par testes:
Voyent d'un estranger la ravissante main,
Qui leur tire la vie & l'espoir & le grain:
Alors baignez en pleurs dans les bois ils retournent,
Aux aveugles rochers les affligez sejournent:
Ils vont souffrans la faim qu'ils portent doucement,
Au pris du desplaisir & continu tourment
Qu'ils sentirent jadis, quand leurs maisons remplies
De Dæmons encharnez, sepulchres de leurs vies,
Leurs servoient de crottons, où pendus par les doigts
A des cordons trenchans, ou attachez au bois,
Et couchez dans le feu, où de graisses flambantes
Les corps nuds tenaillez, où les plaintes pressantes
De leurs enfans pendus par les pieds arrachez
Du sein qu'ils empoignoient, des tetins assechez,

MISERES, LIV. I.

Ou bien, quand du soldat la diette alouvie, ✝
Tiroit au lieu de pain de son hoste la vie,
Vengé, mais non saoulé, pere & mere meurtris,
Laissoient dans les berceaux des enfans si petis
Qu'enserrez de cimois, prisonniers dans leur couche,
Ils mouroient par la faim de l'innocente bouche:
L'ame plaintive alloit en un plus heureux lieu
Esclatter sa clameur au grand throsne de Dieu,
Cependant que les Rois parez de leur substance,
En pompes & festins trompoient leurs consciences.

 Ici je veux sortir du general discours
De mon tableau public, je flechirai le cours
De mon fil entrepris, vaincu de la memoire
Qui effraie mes sens d'une tragique histoire:
Car mes yeux sont tesmoins du subjet de mes vers.

 J'ai veu le Reistre noir foudroïer au travers
Les masures de France, & comme une tempeste
Emportant ce qu'il peut, ravager tout le reste:
Cet amas affamé nous fit à Mont-moreau
Voir la nouvelle horreur d'un spectacle nouveau.
Nous vinsmes sur leurs pas une trouppe lassee,
Que la terre portoit de nos pas harassee:
Là de mille maisons on ne trouva que feux,
Que charongnes, que morts ou visages affreux:
La faim va devant moi, force que ie la suive:
J'oi d'un gosier mourant une voix demi-vive,
Le cri me sert de guide, & faict voir a l'instant
D'un homme demi-mort le chef se debattant,
Qui sur le seuil d'un huis dissipoit sa cervelle,
Ce demi-vif la mort à son secours appelle.

    ✝ Disette   D
       ✝ Issoüie

De sa mourante voix, cet esprit demi-mort
Disoit en son patois (langue de Perigort)
Si vous estes François, François, je vous adjure,
Donnez secours de mort, c'est l'aide la plus seure
Que i'espere de vous, le moyen de guerir:
Faictes-moy d'un bon coup, & promptement mourir.
Les Reistres m'ont tué par faute de viande,
Ne pouuant n'y fournir ny ouïr leur demande,
D'un coup de coutelas l'un d'eux m'a emporté
Ce bras que vous voyez prés du lict à costé:
J'ai au travers du corps deux balles de pistolle.
Il suivit, en couppant d'un grand vent sa parolle:
C'est peu de cas encor, & de pitié de nous,
Ma femme en quelque lieu, grosse, est morte de coups:
Il y a quatre iours qu'aians esté en fuitte,
Chassez à la minuict, sans qu'il nous fust licite
De sauver nos enfans liez en leurs berceaux,
Leurs cris nous appelloient, & entre ces bourreaux,
Pensans les secourir nous perdismes la vie:
Helas! si vous avez encore quelque envie
De voir plus de mal-heur, vous verrez là dedans
Le massacre piteux de nos petits enfans:
J'entre, & n'en trouve qu'un, qui lié dans sa couche,
Avoit les yeux flestris, qui de sa pasle bouche
Poussoit & retiroit cet esprit languissant,
Qui à regret son corps par la faim delaissant,
Avoit lassé sa voix bramant apres sa vie:
Voici apres entrer l'orrible anathomie
De la mere assechee: elle avoit de dehors
Sur ses reins dissipez, trainé, roulé son corps,

Iambes & bras rompus, un amour maternelle
L'esmouvant pour autrui beaucoup plus que pour elle :
A tant ell' approcha sa teste du berceau,
La releva dessus, il ne sortoit plus d'eau
De ses yeux consumez, de ses playes mortelles
Le sang mouilloit l'enfant, point de laict aux mammelles:
Mais des peaux sans humeur : ce corps seché, retraict,
De la France qui meurt fut un autre portraict:
Elle cerchoit des yeux deux de ses fils encore:
Nos fronts l'espouventoient : en fin la mort devore
En mesme temps ces trois : j'eu peur que ces esprits
Protestassent mourans contre nous de leurs cris:
Mes cheveux estonnez herissent en ma teste:
J'appelle Dieu pour juge, & tout haut je deteste
Les violeurs de paix, les perfides parfaicts,
Qui d'vne salle cause amenent tels effects:
La je vis estonnez les cœurs impitoyables,
Ie vis tomber l'effroi dessus les effroiables:
Quel œil sec eust peu voir les membres mi-mangez,
De ceux qui par la faim estoient morts enragez?

 Et encore aujourd'hui sous la loi de la guerre,
Les tygres vont bruslans les thresors de la terre,
Nostre commune mere : & le degast du pain,
Au secours des lions ligue la pasle faim:
En ce point, lors que Dieu nous espanche une pluie,
Vne manne de bleds pour soustenir la vie,
L'homme crevant de rage & de noire fureur,
Devant les yeux esmeus de ce grand bien-faicteur
Foule aux pieds ses bien-faicts, en villenant sa grace,
Crache contre le Ciel, ce qui tourne en sa face.

La terre ouvre aux humains, & son laict & son sein,
Mille & mille douceurs, que de sa blanche main
Elle appreste aux ingrats, qui les donnent aux flammes:
Les degats font languir les innocentes ames:
En vain le pauvre en l'air esclatte pour du pain:
On enbraze la paille, on faict pourrir le grain:
Au temps que l'affamé à nos portes sejourne,
Le malade se plaint, cette voix nous adjourne
Au throsne du grand Dieu, ce que l'affligé dit
En l'amer de son cœur, quand son cœur nous maudit:
Dieu l'entend, Dieu l'exauce, & ce cri d'amertume
Dans l'air ni dans le feu volant ne se consume:
Dieu seelle de son sceau ce piteux testament,
Nostre mort en la mort qui le va consumant.

 La mort en payement n'a receu l'innocence
Du pauvre, qui mettoit sa chetifve esperance
Aux aumosnes du peuple (ah! que dirai-je plus:)
De ces evenemens n'ont pas esté exclus
Les animaux privez, & hors de leurs villages
Les mastins allouvis sont devenus sauvages,
Faicts loups de naturel, & non pas de la peau,
Imitans les plus grands, les pasteurs du troupeau,
Eux-mesme ont esgorgé ce qu'ils avoient en garde:
Encor les verrez-vous se vanger quoi qu'il tarde,
De ceux qui ont osté aux pauvres animaux
La pasture ordonnee, ils seront les bourreaux
De l'ire du grand Dieu, & leurs dents affamees
Se creveront des os de nos belles armees:
Ils en ont eu curee en nos sanglants combats,
Si bien que des corps morts rassasiez & las,

Aux plaines de nos camps, de nos os blanchissantes
Ils courent, forcenés, les personnes vivantes:
Vous en voyez l'espreuve au champ de Moncontour:
Hereditairement ils ont depuis ce jour
La rage naturelle, & leur race ennyvree
Du sang des vrais François, se sent de la curee:
 Pourquoy chiens auries-vous en cett' aspre saison,
(Nez sans raison) gardé aux hommes la raison?
Quand Nature sans loy, folle, se des-nature,
Quand Nature mourant despouille sa figure,
Quand les humains privez de tous autres moyens,
Assiegez, ont mangé leurs plus fidelles chiens:
Quand sur les chevaux morts on donne des batailles,
A partir le butin des puantes entrailles:
Mesme aux chevaux peris de farcin & de faim,
On a veu labourer les ongles de l'humain,
Pour cercher dans les os & la peau cousumee
Ce qu'oublioit la faim & la mort affamee.
 Cet' horreur que tout œil en lisant a doubté,
Dont nos sens dementoyent la vraie antiquité:
Cette rage s'est veuë, & les meres non-meres
Nous ont de leurs forfaicts pour tesmoings oculaires:
C'est en ces sieges lents, ces sieges sans pitié,
Que des seins plus aimants s'envole l'amitié.
La mere du berçeau son cher enfant deslie,
L'enfant qu'on desbandoit autres-fois pour sa vie,
Se desvelope ici par les barbares doigts,
Qui s'en vont destacher de nature les loix:
La mere deffaisant, pytoiable & farousche,
Les liens de pitié avec ceux de sa couche,

Les entrailles d'amour, les filets de son flanc,
Les intestins bruslans par les tressauts du sang,
Le sens, l'humanité, le cœur esmeu qui tremble,
Tout cela se destord & se desmesle ensemble:
L'enfant qui pense encor' aller tirer en vain
Les peaux de la mammelle, a les yeux sur la main
Qui deffaict les cimois: cette bouche affamee
Triste soubs-rit aux tours de la main bien-aimee:
Cette main s'emploioit pour la vie autres fois,
Maintenant à la mort elle emploie ses doits,
La mort, qui d'un costé se presente, effroiable,
La faim de l'autre bout bourrelle impytoiable:
La mere, ayant long-temps combatu dans son cœur
Le feu de la pitié, de la faim la fureur,
Convoite dans son sein la creature aimee,
Et dict à son enfant (moins mere qu'affamee)
Rends miserable, rends le corps que je t'ay faict:
Ton sang retournera ou tu as pris le laict,
Au sein qui t'allaictoit r'entre contre nature:
Ce sein qui t'a nourri sera ta sepulture.
La main tremble en tirant le funeste couteau,
Quand, pour sacrifier de son ventre l'agneau,
Dés poulces ell' estreind la gorge, qui gazouille
Quelques mots sans accents, croyant qu'on la chatouille:
Sur l'effroyable coup le cœur se refroidit:
Deux fois le fer eschappe à la main qui roidit:
Tout est troublé, confus, en l'ame qui se trouve
N'avoir plus rien de mere, & avoir tout de louve,
De sa levre ternie il sort des feux ardents,
Elle n'appreste plus la bouche, mais les dents,

Et des

Et des baizers changés en avides morsures:
La faim acheve tout de trois rudes blessures,
Elle ouvre le passage au sang, & aux esprits:
L'enfant change visage, & ses ris en ses cris:
Il pousse trois fumeaux, & n'ayant plus de mere
Mourant cerche des yeux les yeux de sa meurtriere.
On dict que le manger de Thyeste pareil
Fit noircir & fuïr, & cacher le Soleil.
Suivrons-nous plus avant ? voulons-nous voir le reste
De ce banquet d'horreur, pire que de Thyeste?
Les membres de ce fils sont connus aux repas,
Et l'autre estant deceu ne les connoissoit pas:
Qui pourra voir le plat où la beste farouche,
Prend les petits doigts cuits, les jouets de sa bouche?
Les yeux esteints, auxquels il y a peu de jours
Que de regards mignons s'embrazoient ses amours?
Le sein douillet? les bras qui son col plus n'accollent?
Morceaux qui saoulent peu, & qui beaucoup desolent:
Les ongles brisent tout, la faim & la raison
Donnent pasture au corps, & à l'ame poison:
Le Soleil ne peut voir l'autre table fumante
Tirons sur cette-ci le rideau de Thimanthe.

 Iadis nos Rois anciens, vrais peres & vrais Rois,
Nourrissons de la France, en faisant quelquesfois
Le tour de leur païs en diverses contrees,
Faisoient par les Citez de superbes entrees:
Chacun s'esjouissoit, on sçavoit bien pourquoi,
Les enfans de quatre ans crioient, vive le Roi:
Les villes emploioient mille & mille artifices,
Pour faire comme font les meilleures nourrices,

B

De qui le sein fecond se prodigue à l'ouvrir,
Veut monstrer qu'il en a pour perdre & pour nourrir:
Il semble que le pis, quand il est esmeu, voie:
Il se jette en la main, dont ces meres de joie
Font rejaillir aux yeux de leurs mignons enfans,
Du laict qui leur regorge à leurs Rois triomphans,
Triomphans par la paix: ces villes nourricieres
Prodiguoient leur substance, & en toutes manieres,
Monstroient au Ciel serein leurs thresors enfermez,
Et leur laict & leur joie à leurs Rois bien-aimez.

   Nos Tyrans aujourd'hui entrent d'une autre sorte,
La ville qui les void a visage de morte:
Quand son Prince la foulle, il la void de tels yeux
Que Neron voioit Romm' en l'esclat de ses feux:
Quand le Tyran s'esgaie en la ville qu'il entre,
La ville est un corps mort, il passe sur son ventre,
Et ce n'est plus du laict qu'elle prodigue en l'air,
C'est du sang, pour parler comme peuvent parler
Les corps qu'on trouve morts, portez à la justice,
On les met en la place, afin que ce corps puisse
Rencontrer son meurtrier: le meurtrier inconnu,
Contre qui le corps saigne est coulpable tenu.

   Henri, qui tous les jours vas prodiguant ta vie,
Pour remettre le regne, oster la tyrannie,
Ennemi des Tyrans, ressource des vrais Rois,
Quand le sceptre des Lis joindra le Navarrois,
Souvien-toi de quel œuil, de quelle vigilence,
Tu vois & remedie aux mal-heurs de la France:
Souvien-toi quelque jour combien sont ignorans } sublime
Ceux qui pour estre Rois veulent estre Tyrans. } verité

Ces Tyrans sont des loups, car le loup, quand il entre
Dans le parc des brebis, ne succe de leur ventre
Que le sang par un trou & quitte tout le corps,
Laissant bien le troupeau, mais un troupeau de morts:
Nos villes sont charongne, & nos plus cheres vies,
Et le suc & la force en ont esté ravies:
Les païs ruinez sont membres retranchez,
Dont le corps sechera puis qu'ils sont assechez.

France, puis que tu perds tes membres en la sorte,
Appreste le suaire & te conte pour morte:
Ton poux foible, inegal, le trouble de ton œuil,
Ne demande plus rien qu'un funeste cerceuil.

Que si tu vis encor, c'est la mourante vie
Que le malade vit en extreme agonie,
Lors que les sens sont morts, quand il est au rumeau
Et que d'un bout de plume on l'abeche avec l'eau.

Que si tu peux encor devorer la viande,
Ton chef mange tes bras, c'est une faim trop grande
Quand le desesperé vient à manger si fort
Apres le goust perdu, c'est indice de mort.

Mais quoi? tu ne fus oncq si fier' en ta puissance,
Si roide en tes efforts, ô furieuse France:
C'est ainsi que les nefs des jambes & des bras
Roidissent au mourant à l'heure du trespas.

On resserre d'impost le trafic des rivieres,
Le sang des gros vaisseaux & celui des arteres:
C'est faict du corps auquel on trenche tous les jours
Des veines & rameaux les ordinaires cours.

France, tu es si docte & parle tant de langues,
O monstrueux discours, ô funestes harangues!

E iij

Ainsi mourans les corps, on a veu les esprits
Prononcer les jargons qu'ils n'avoient point apris.

Tu as plus que jamais de merveilleuses testes,
De sçavoirs monstrueux, de vrais & faux Prophetes:
Toi prophete en mourant du mal de ta grandeur,
Mieux que le medecin tu chantes ton mal-heur.

France tu as commerce aux nations estranges
Par tout intelligence & par tout des eschanges,
L'oreille du malade est ainsi claire alors
Que l'esprit dit à Dieu aux oreilles du corps.

France, bien qu'au milieu tu sens des guerres fieres,
Tu as paix & repos à tes villes frontieres:
Le corps tout feu dedans, tout glace par dehors,
Demande la biere, & bien tost est faict corps.

Mais France on void doubler dedans toi l'avarice,
Sur le seuil du tombeau les vieillards ont ce vice:
Quand le malade amasse & couverte & linceux,
Et tire tout à soi, c'est un signe piteux.

On void perir en toi la chaleur naturelle,
Le feu de charité, tout amour mutuelle:
Les deluges espais achevent de noyer
Tous chauds desirs au cœur, qui estoit leur foüier:
Mais ce foüier du cœur a perdu avantage,
Le feu & les esprits qui faisoient le courage.

Ici marquent, honteux, les genereux François,
Que leurs armes estoient legeres autrefois,
Et que quand l'estranger esjamboit leurs barrieres,
Ils ne daignoient s'enclorre en leurs villes frontieres:
L'ennemi aussi tost, comm' entré combattu
Faisoit à la campagne essai de leur vertu.

Ores pour tesmoigner la caducque vieillesse,
Qui nous oste l'ardeur & nous croist la finesse,
Nos cœurs froids ont besoin de se voir emmurez,
Et comme les vieillards revestus & fourrez,
De rempars, bastions, fossez & contre-mines,
Fosses-brais, parapets, chemises & courtines:
Nos excellens desseins ne sont que garnisons,
Que nos peres fuyoient comm' on fuit les prisons.
Quand le corps gelé veut mettre robbe sur robbe,
Dites que la chaleur s'enfuit & se desrobe:
L'Ange de Dieu vengeur, une fois commandé,
Ne se destourne pas pour estre apprehendé:
Car ces symptomes vrais qui ne sont que presages,
Se sentent en nos cœurs aussi tost qu'aux visages.
 Voila le front hideux de nos calamitez,
La vengeance des Cieux, justement despitez:
Comme par force l'œil se destourne à ces choses,
Destournons nos esprits pour en toucher les causes.
 France, tu t'eslevois orgueilleuse au milieu
Des autres nations, & ton pere & ton Dieu,
Qui tant & tant de fois par guerres estrangeres,
T'esprouva t'advertit des verges, des miseres:
Ce grand Dieu void au Ciel du feu de son clair œil,
Que des maux estrangers tu doublois ton orgueil:
Tes superstitions, & tes coustumes folles,
De Dieu qui te frappoit, te poussoient aux idoles:
Tu te crevois de graisse en patience, mais
Ta paix estoit la sœur bastarde de la paix:
Rien n'estoit honoré parmi toi que le vice.
Au Ciel estoit banni, en pleurant la justice.

L'Eglise au sec desert, la verité apres,
L'enfer fut espuisé & visité de prés,
Pour cercher en son fond une verge nouvelle,
A punir jusqu'aux os la nation rebelle.
 Cet Enfer nourrissoit en ses obscuritez
Deux esprits, que les Cieux formerent, despitez,
Des pires excremens, des vapeurs inconnues,
Que l'haleine du bas exalle dans les nuës :
L'essence & le subtil de ces infections
S'affina par sept fois en exalations :
Comme l'on void dans l'air une masse visqueuse
Lever premierement l'humeur plus vicieuse
De l'haleine terrestre, & quand auprés des Cieux
Le choix de ce venin est haussé, vicieux,
Comm' un astre il prend vie, & sa force secrette
Espouvante chacun du regard d'un Comette :
Le peuple à gros amas aux places ameuté,
Bee douteusement sur la calamité,
Et dit, ce feu menace & promet à la terre,
Louche, pasle ou flambant, peste, famine ou guerre.
 Moins furent apprentifs ces deux astres nouveaux,
Le peuple voioit bien ces cramoisis flambeaux,
Mais ne les peut juger d'une pareille sorte :
Ces deux esprits meurtriers de la France mi-morte,
Nasquirent en nos temps : les astres mutinez
Les tirerent d'Enfer, puis ils furent donnez
A deux corps vicieux, & l'amas de ces vices
Trouva l'organe prompt à leurs mauvais offices.
 Voici les deux flambeaux & les deux instruments
Des fureurs de la France, & de tous ses tourments :

Vne fatale femme, un Cardinal qui d'elle,
Parangon de mal-heur, suivoit l'ame cruelle.
  Mal-heur, ce dit le Sage, au peuple dont les loix
Tournent dans les esprits des fols & jeunes Rois,
Et qui mangent matin : que ce mal-heur se treuve
Divinement prædict par la certaine espreuve :
Mais cela qui faict plus le regne mal-heureux
Que celuy des enfans, c'est quand on void pour eux
Le Diademe sainct sur la teste insolente,
Le sacré Sçeptre au poing d'une femme impuissante,
Aux despens de la loy que prirent les Gaullois
Des Saliens François, pour loy des autres loys :
Cet esprit impuissant a bien peû, car sa force
S'est convertie en poudre, en feux & en amorce,
Impuissante à bien-faire & puissante à forger
Les couteaux si trenchans qu'on a veu esgorger,
Depuis les Rois hautains eschauffez à la guerre,
Iusqu'au ver innocent qui se traine sur terre.
Mais, pleust à Dieu aussi, qu'ell' eust peû surmonter
Sa rage de regner qu'ell' eust peu s'exempter
Du vice putanier, dont la playe eternelle,
Pestifere, a frapé, & sur elle & par elle.
  Pleust à Dieu, Iesabel, que comm' au temps passé,
Les Ducs predecesseurs ont tous-jours abbaissé
Les grands, en eslevant les petits alencontre :
Puis encor rabatus par un' autre rencontre
Ceux qu'ils avoient haussez, si-tost que leur grandeur
Pouvoit donner soupçon ou meffiance au cœur :
Ainsi comm' eux tu sçais te rendre redoutable,
Baisant le grand, coquin, haussant le miserable :

E iiij

Ainsi comm' eux tu sçais par tes subtilitez,
En maintenant les deux, perdre les deux costez,
Pour abreuver de sang la soif de ta puissance.
Pleust à Dieu, Iesabel, que tu euss' à Florence
Laissé tes trahisons, en laissant ton païs:
Que tu n'eusse les grands des deux costez trahis
Pour regner au milieu: & que ton entreprise
N'eust ruiné le noble, & le peuple & l'Eglise:
Cinq cens mille soldats n'eussent crevé, pouldreux,
Sur le champ maternel, & ne fust avec eux
La noblesse faillie, & la force faillie
De France, que tu as faict gibier d'Italie:
la france eust eschappé ta secrette poison,
Si ton sang t'eust esté plus que ta trahison:
En fin pour assouvir ton esprit & ta veuë,
Tu vois le feu qui brusle & le cousteau qui tuë:
Tu as veu à ton gré deux camps de deux costez,
Tous deux pour toi, tous deux à ton gré tourmentez,
Tous deux François, tous deux ennemis de la France,
Tous deux executeurs de ton impatience,
Tous deux la pasle horreur du peuple ruiné,
Et un peuple par toi contre soi mutiné:
Par eux tu vois des-ja la terre yvre, inhumaine,
Du sang noble François, & de l'estranger pleine,
Accablez par le fer que tu as esmoulu,
Mais c'est beaucoup plus tard que tu n'eusses voulu:
Tu n'as ta soif de sang qu'à demi arrosée,
Ainsi que d'un peu d'eau la flame est embrasée.

   C'estoit un beau miroir de ton esprit mouvant,
Quand parmi les nonnains au ——————— couvent,
                                          N'ayant

N'aiant pouvoir encor de tourmenter la terre,
Tu dreſſois tous les jours quelque petite guerre:
Tes compagnes pour toi ſe tiroient aux cheveux,
Ton eſprit dés-lors plein de ſanguinaires vœux,
Par ceux qui prevoioient les effects de ton ame,
Ne peût eſtre enfermé, ſubtil comme la flame:
Vn mal-heur neceſſaire & le vouloir de Dieu
Ne doit perdre ſon temps, ni l'aſſiette du lieu:
Comme celle qui vid en ſonge que de Troye
Elle enfantoit les feux, vid auſſi mettre en proye
Son païs par ſon fils, & pour ſçavoir ſon mal,
Ne peût brider le cours de ſon mal-heur fatal:
Or ne vueille le Ciel avoir jugé la France
A ſervir ſeptante ans de gibier à Florence,
Ne vueille Dieu tenir pour plus long temps aſſis,
Sur nos Lis tant foulez le joug de Medicis,
Quoi que l'arreſt du Ciel deſſus nos chefs deſtine,
Toi, verge de courroux, impure Florentine
Nos cicatrices ſont ton plaiſir & ton jeu:
Mais tu iras en fin comme la verge au feu,
Quand le courroux de Dieu prendra fin ſur ta teſte;
Encor ris-tu, ſauvage, & dangereuſe beſte,
Aux œuvres de tes mains, & n'as qu'un deſplaiſir,
Que le grand feu n'eſt pas ſi grand que ton deſir!
Ne plaignant que le peu, tu t'eſgaie ainſi comme
Neron l'impitoiable en voyant bruſler Romme.

 Neron laiſſoit en paix quelque petite part,
Quelque coin d'Italie eſgaré à l'eſcart
Eſchappoit ſes fureurs, quelqu'un fuyoit de Sylle
Le glaive & le courroux en la guerre civile:

E

Quelqu'un de Phalaris evitoit le Taureau,
La rage de Cinna, de Cæsar le couteau :
Et (ce qu'on feint encor' estrange entre les fables)
Quel-qu'un de Diomede eschappoit les estables :
Le lion, le sanglier qu'Hercules mit à mort,
Plus loing que leur buisson ne faisoient poinct de tort :
L'Hidre assiegeoit Lerna, du Taureau la furie
Couroit Candie, Anthee, affligeoit la Lybie.

Mais toy qui au matin de tes cheveux espars
Fais voil' à ton faux chef branslant de touttes parts,
Et desploiant en l'air ta perruque grisonne,
Les païs tous esmeus de pestes empoisonne :
Tes crins esparpillez, par charmes herissez,
Envoient leurs esprits où ils sont adressez :
Par neuf fois tu secoües, & hors de chasque poincte
Neuf Dæmons conjurez descochent par contraincte.

Quel antre caverneux, quel sablon, quel desert,
Quel bois, au fond duquel le voyageur se perd,
Est exempt de mal-heurs ? quel allié de France
De ton breuvage amer n'a humé l'abondance ?
Car diligente à nuire, ardente à recercher !
La loingtaine Province & l'esloigné clocher
Par toy sont peints de rouge, & chacune personne
A son meurtrier derriere avant qu'elle s'estonne.
O qu'en Lybie Anthee, en Crette le Taureau,
Que les testes d'Hidra, du noir sanglier la peau,
Le lion Nemean & ce que cette fable
Nous conte d'outrageux fut au pris supportable !
Pharaon fut paisible, Antiochus piteux,
Les Herodes plus doux, Cinna religieux.

On pouvoit supporter l'espreuve de Perille,
Le cousteau de Cesar, & la prison de Sylle:
Et les feux de Neron ne furent point des feux,
Prés de ceux que vomit ce serpent monstrueux:
Ainsi en embrazant la France miserable,
Cett' Hidra renaissant ne s'abbat, ne s'accable,
Par veilles, par labeurs, par chemins, par ennuis,
La chaleur des grands jours, ni les plus froides nuicts
N'arrestent sa fureur, ne brident le courage
De ce monstre porté des aisles de sa rage:
La peste ne l'arreste, ains la peste la craint,
Pource qu'un moindre mal, un pire mal n'esteint.
 Celle qui en croiant les fausses impostures
Des Dæmons prædisans par songes, par augures,
Et par voix de sorciers que son chef perira
Foudroié d'un plancher qui l'ensevelira:
Perd bien le jugement n'aiant pas connoissance,
Que cette maison n'est que la maison de France,
La maison qu'elle sappe, & c'est aussi pourquoi
Elle fait tresbuscher son ouvrage sur soi:
Celui qui d'un canon foudroiant extermine
Le rempar ennemi sans brasser sa ruine,
Ruine ce qu'il hait, mais un mesme danger
Accravante le chef de l'aveugle estranger,
Grattant par le dedans le vangeur edifice,
Qui fait de son meurtrier en mourant sacrifice:
Elle ne l'entend pas, quand de mille posteaux
Elle faict appuyer ses logis, ses chasteaux:
Il falloit contre toi & contre ta machine,
Appuyer & munir ingratte *Florentine*,

F ij

Cette haute maison, la maison de Valois,
Qui s'en-va dire à Dieu au monde & aux François.
 Mais quand l'embrasement de la mi-morte France,
A souffler tous les coins requiert sa diligence,
La diligente au mal, paresseuse à tout bien,
Pour bien faire craint tout, pour nuire ne craint rien:
C'est la peste de l'air, l'Erynne envenimee,
Elle infecte le Ciel par la noire fumee
Qui sort de ses nareaux, ell' haleine les fleurs,
Les fleurs perdent d'un coup la vie & les couleurs:
Son toucher est mortel, la pestifere tuë
Les païs tous entiers de Basilique veuë:
Elle change en discord l'accord des elements,
En paisible minuict on oit ses hurlements,
Ses sifflements, ses cris, alors que l'enragee
Tourne la terre en cendre, & en sang l'eau changee:
Elle s'ameute avec les sorciers enchanteurs,
Compagne des Demons compagnons imposteurs,
Murmurant l'exorcisme, & les noires prieres:
La nuict elle se treuve aux hideux cimetieres,
Elle trouble le Ciel, elle arreste les eaux,
Ayant sacrifié tourtres & pigeonneaux:
Et desrobé le temps que la Lune obscurcie
Souffre de son murmur': elle attir' & convie
Les serpens en un rond sur les fosses des morts,
Desterre sans effroi les effroiables corps,
Puis remplissant les os de la force des Diables,
Les faict saillir en pieds, terreux, espouventables,
Oit leur voix enroüee, & des obscurs propos
Des Demons imagine un travail sans repos,

Idolatrant Sathan & sa Theologie,
Interrogue en tremblant sur le fil de sa vie,
Ces organes hideux : lors mesle de leurs tais
La poudre avec du laict, pour les conduire en paix :
Les enfans innocens ont presté leurs moëlles,
Leurs graisses & leur suc à fournir des chandelles,
Et pour faire trotter les esprits aux tombeaux,
On offre à Belzebut leurs innocentes peaux :

 En vain, Roine, tu as rempli une boutique
De drogues du mestier, & mesnage magique,
En vain fais-tu amas dans les tais des deffuns,
De poix noire, de canfre à faire tes parfuns :
Tu y brusles en vain Cyprés & Mandragore,
La ciguë, la ruë, & le blanc helebore,
La teste d'un chat roux, d'un Ceraste la peau,
D'un chat-huant le fiel, la langue d'un corbeau,
De la chauve souris le sang, & de la louve
Le laict chaudement pris sur le point qu'elle trouve
Sa tasniere vollee & son fruict emporté :
Le nombril frais-couppé à l'enfant avorté,
Le cœur d'un viel crapaut, le foie d'un dipsade,
Les yeux d'un basilic, la dent d'un chien malade,
Et la bave qu'il rend en contemplant les flots,
La queuë du poisson ancre des matelots,
Contre lequel en vain vent & voile s'essaie :
Le vierge parchemin, le palais de fresaie :
Tant d'estranges moyens tu recherches en vain,
Tu en as de plus prompts en ta fatale main :
Car quand dans un corps mort un Demon tu ingeres,
Tu le vas menaçant d'un fouet de viperes,

Il fait semblant de craindre, & pour joüer son jeu
Il s'approche, il refuse, il entre peu à peu,
Il touche le corps froid, & puis il s'en esloigne,
Il feint avoir horreur de l'horrible charongne:
Ces feintes sont appas, leur maistre, leur Seigneur
Leur permet d'affronter d'efficace d'erreur
Tels esprits que le tien, par telles singeries.

Mais toy qui par sur eux triomphes, seigneuries,
Vse de ton pouvoir, tu peux bien triompher
Sur eux, puis que tu es vivandiere d'enfer:
Tu as plus de credit, & ta voix est plus forte
Que tout ce qu'en secret de cent lieux on te porte:
Va, commande aux Dæmons, d'imperieuse voix,
Reproche leur tes coups, conte ce que tu vois,
Monstre leur le succes des ruses Florentines,
Tes meurtres, tes poisons, de France les ruines,
Tant d'ames, tant de corps que tu leur fais avoir,
Tant d'esprits abrutis poussez au desespoir
Qui renoncent leur Dieu: di que par tes menees
Tu as peuplé l'Enfer de legions damnees.
De telles voix sans plus tu pourras esmouvoir,
Emploier, arrester tout l'infernal pouvoir:
Il ne faut plus de soin, de labeur, de despence
A cercher les sçavans en la noire science:
Vous garderez les biens, les estats, les honneurs,
Pour d'Italie avoir les fins empoisonneurs,
Pour nourrir, emploier cette subtile bande,
Bien mieux entretenuë, plus riche & plus grande
Que celle du conseil, car nous ne voulons point
Que conseillers subtils, qui renversent à point

En discords les accords, que les traistres qui vendent
A peu de pris leur foi, ceux-la qui mieux entendent
A donner aux meschans les purs commandements,
En se servans des bons tromper leurs instruments.

La foi par tant de fois, & la paix violee
Couvroit les noirs desseins de la France affolee
Sous les traittez d'accord: avant le pourparler
De la paix, on sçavoit le moien de troubler:
Cela nous fut depeint par les feux & la cendre,
Que le mal-heur venu seul nous a pû apprendre,
Les feux di-je celez dessous le pesant corps
D'une souche amortie, & qui n'aiant dehors
Poussé par millions tousiours ses estincelles,
Sous la cendre trompeuse a ses flames nouvelles:
La traistresse Pandore apporta nos mal-heurs,
Peignant sur son champ noir l'anigme de nos pleurs,
Marquant pour se mocquer sur ses tapisseries
Les moiens de ravir & nos biens & nos vies:
Mesme escrivant autour du tison de son cœur,
Qu'apres la flame esteinte encore vit l'ardeur.

Tel fut l'autre moien de nos rudes Miseres,
L'Architophel bandant les fils contre les peres:
Tel fut cett' autre peste, & l'autre mal-heureux,
Perpetuel horreur à nos tristes neveux:
Ce Cardinal sanglant, couleur à point suivie
Des desirs, des effects, & pareill' à sa vie:
Il fut rouge de sang de ceux qui au cercueil
Furent hors d'aage mis, tuez par son conseil
Et puis le cramoisi encores nous avise,
Qu'il a dedans son sang trempé sa paillardise,

Quand en mesme subject se fit le monstrueux
Adultere, paillard, bougre & incestueux:
Il est exterminé, sa mort espouventable
Fut des esprits noircis une guerr' admirable:
Le hault Ciel s'obscurcit, cent mille tremblements
Confondirent la terr' & les trois Elements:
De celuy qui troubloit quand il estoit en vie
La France & l'Vnivers, l'ame rouge ravie
En mille tourbillons, mille vents, mille nœuds,
Mille foudres ferrez, mill' esclairs, mille feux:
Le pompeux appareil de cett' ame si saincte
Fit des mocqueurs de Dieu trembler l'ame contraincte:
Or n'estant despouillé de toutes passions
De ses conseils secrets & de ses actions,
Ne pouvant oublier sa compaigne fidelle,
Vomissant son Demon, il eut memoire d'elle,
Et finit d'un à Dieu entre les deux amants
La moitié du conseil & non de nos tourments.

 Prince choisi de Dieu, qui sous ta belle-mere
Savourois l'aconit & la ciguë amere,
Ta voix a tesmoigné qu'au poinct que cet esprit
S'enfuioit en son lieu, tu vis saillir du lict
Cette Royne en frayeur qui te monstroit la place
Où le Cardinal mort l'acostoit face à face:
pour prendre son congé : elle bouschoit ses yeux,
Et sa fraieur te fit herisser les cheveux.

 Tels mal heureux cerveaux ont esté les amorces,
Les flambeaux, boute-feux & les fatales torches,
Par qui les haults chasteaux iusqu'en terre razez,
Les temples, hospitaux, pillez & embrazez,
         Les coll

Les colleges destruicts par la main ennemie,
Des citoïens esmeus, monstrent l'anatomie
De nostre honneur ancien (comme l'on juge aux os
La grandeur des geants aux sepuchres enclos)
Par eux on vid les loix sous les pieds trepignees,
Par eux la populace à bandes mutinees
Trempa dedans le sang des vieillards les cousteaux,
Estrangla les enfans liez en leurs berceaux,
Et la mort ne conneut ni le sexe ni l'aage,
Par eux est perpetré le monstrueux carnage,
Qui de quinze ans entiers aiant faict les moissons
Des François, glene encor le reste en cent façons.
 Car quand la frenaisie & fievre generalle
A senti quelque paix, dilucide intervalle,
Nos sçavans apprentifs du faux Machiavel,
Ont parmi nous semé la peste du duel:
Les grands ensorcelez par subtiles querelles
Ont rempli leurs esprits de haines mutuelles,
Leur courage employé à leur dissention
Les faict serfs de mestier, grands de profession:
Les Nobles ont chocqué à testes contre testes,
Par eux les Princes ont vers eux payé leurs debtes:
Vn chacun estourdi a porté au fourreau
Dequoi estre de soi & d'autrui le bourreau,
Et de peur qu'en la paix la feconde Noblesse
De son nombre s'enflant, ne refrene & ne blesse
La tyrannie un jour, qu'ignorante elle suit,
Miserable support du joug qui la destruit:
Le Prince en son repas par loüanges & blasmes
Met la gloire aux duels, en allume les ames,

G.

Peint sur le front d'autrui & n'establit pour soy
Du rude point d'honneur la pestifere loy,
Reduisant d'un bon cœur la valeur prisonniere
A veoir devant l'espee, & l'Enfer au derriere.

J'escris, ayant senti avant l'autre combat
De l'am' avec son cœur l'inutile debat,
Prié Dieu, mais sans foy comme sans repentence,
Porté à exploiter dessus moy la sentence :
Et ne faut pas ici que je vente en mocqueur
Le despit pour courage & le fiel pour le cœur :
Ne pense pas aussi, mon lecteur, que je conte
A ma gloire ce poinct, je l'escris à ma honte.

Ces Anciens vrais soldats, guerriers, grands conquereurs,
Qui de simples Bourgeois faisoient des Empereurs,
Des Princes leurs vassaux, d'un Advocat un Prince,
Du Monde un regne seul, de France une Province :
Ces patrons de l'honneur honoroyent le Senat,
Le Chevalier aprés, & par le Tribunat
Haussoyent le tiers estat aux degrez de leur ville,
D'esquels ils repoussoyent toute engeance servile :
Les serfs demi-humains, des hommes excrements,
Se vendoyent, se contoyent au roolle des jumens,
Ces mal-heureux avoyent encores entr' eux-mesme
Quelque condition des extremes l'extreme,
C'estoient ceux qu'on tiroit des pires du trouppeau,
Pour esbatre le peupl' aux despens de leur peau :
Aux obseques des Grands, aux festins, sur l'arene,
Ces glorieux maroux bravoyent la mort certaine
Avec grace & sang froid, mettoient pourpoint à part,
Sans s'esbranler logeoient en leur sein le poignart :

Que ceux qui aujourd'hui se ventent d'estecades,
Contre-facent l'horreur de ces viles bravades:
Car ceux-la recevoient & le fer & la mort
Sans cri, sans que le corps se tordist par effort,
Sans posture contrainte, ou que la voix ouïe
Mendiast laschement des spectateurs la vie:
Ainsi le plus infect du peuple diffamé
Perissoit tous les jours, par milliers consumé.
 Or tel venin cuida sortir de cette lie,
Pour eschauffer le sang de la troupp' anoblie:
Puis quelques Empereurs, gladiateurs nouveaux,
De ces corps condamnez se firent les bourreaux,
Ioint (comme l'on trouva) que les meres volages
Avoient admis au lict des pollus mariages
Ces visages felons, ces membres outrageux,
Et convoité le sang des vilains courageux:
On y dressa les Nains: quelques femmes perdues
Furent à ce mestier finalement vendues:
Mais les doctes escrits des sages animez,
Rendirent ces bouchers (quoi que grands) diffamez:
Et puis le Magistrat couronna d'infamie,
Et atterra le reste en la plus basse lie,
Si bien que ce venin en leur siecle abbatu,
Pour lors ne pût voller la palme de vertu.

 On appelle aujourd'hui n'avoir rien faict qui vaille
D'avoir percé premier l'espaix d'une bataille,
D'avoir premier porté une enseigne au plus hault,
Et franchi devant tous la breche par assaut:
Se jetter contre espoir dans la ville assiegee,
La sauver demi-prise, & rendre encouragee,

Bien faire une retraite, ou d'un scadron battu
R'allier les deffauts, cela n'est plus vertu.
 La voici pour ce temps, bien prendre une querelle
Pour un oiseau ou chien, pour garce ou maquerelle,
Au plaisir d'un vallet, d'un bouffon gazouillant,
Qui veut, dit-il, sçavoir si son maistre est vaillant:
Si un Prince vous hait, s'il lui prend quelque envie
D'employer vostre vie à perdre une autre vie,
Pour payer tous les deux, à cela nos mignons
Vont rians & transis, deviennent compagnons
Des vallets, des lacquais : quiconque porte espee
L'espere voir au sang d'un grand Prince trempee:
De cette loi sacree ores ne sont exclus
Le malade, l'enfant, le vieillard, le perclus,
On les monte, on les arme, on invente, on devine
Quelques nouveaus outils a remplir Libithine,
On y fend sa chemise, on y monstre sa peau,
Despoüillé en coquin, on y meurt en bourreau:
Car les perfections du duel sont de faire
Vn appel sans raison, un meurtre sans colere,
Au jugement d'autrui, au rapport d'un menteur:
Somme sans estre juge on est l'executeur:
On debat dans le pré les contracts, les cedules,
Nos jeunes Conseillers y descendent des mules:
I'ai veu les Thresorier du duel se coëffer,
Quitter l'argent & l'or pour manier le fer:
L'Avocat desbauché du barreau se desrobbe,
Souille abbas le bourlet, la cornette & la robbe:
Quel heur d'un grand mal-heur, si ce brutal exces
Parvenoit à juger un jour tous nos procez!

En fin rien n'est exempt, les femmes en colere
Ostent aux faux honneur, l'honneur de se deffaire,
Ces hommaces, plustost ces Demons desguisez,
Ont mis l'espee au poing, les cottillons posez,
Trepigné dans le pré avec bouche embavee,
Bras courbé, les yeux clos, & la jambe levee,
L'une dessus la peur de l'autre s'advançant,
Menace de frayeur, & crie en offençant.

 Ne contez pas ces traicts pour feinte ny pour songe.
L'histoir' est du Poictou & de nostre Xaintonge:
La Boutonne a lavé le sang noble perdu,
Que ce sexe ignorant au fer a respandu.

 Des triomphans Martyrs la façon n'est pas telle:
Le premier champion de la haute querelle
Prioit pour ses meurtriers, & voioit en priant
Sa place au Ciel ouvert, son Christ l'y conviant:
Celuy qui meurt pour soi, & en mourant machine
De tuer son tueur, void sa double ruine:
Il void sa place preste aux abysmes ouverts,
Satan grinçant les dents le convie aux enfers.

 Depuis que telles loix sur nous sont establies,
A ce jeu ont vollé plus de cent mille vies:
La milice est perdue, & l'escrime en son lieu
Assaut le vrai honneur, escrimant contre Dieu.

 Les quatre nations proches de nostre porte
N'ont humé ce venin, au moins de telle sorte,
Voisins, qui par leur ruse au defaut des vertus,
Nous ont pippez, pillez, effraiez & battus:
Nous n'osons nous armer, les guerres nous flestrissent,
Chacun combat à part & tous en gros perissent.

G iij

Voila l'estat piteux de nos calamitez,
La vengeance des Cieux justement irritez,
En ce fascheux estat, France & François, vous estes
Nourris, entretenus par estrangeres bestes,
Bestes de qui le but, & le principal soing,
Est de mettre à jamais au tyrannique poing
De la Beste de Rome, un sceptre qui commande
L'Europe, & encor plus que l'Europe n'est grande.
 Aussi l'orgueil de Rome est à ce point levé,
Que d'un Prestre, tout Roi, tout Empereur bravé,
Est marchepied fangeux: on void, sans qu'on s'estonne,
La pantoufle crotter les fleurs de la couronne:
Dont ainsi que Neron, ce Neron insensé.
Escrit en sang ces mots, que son ame a pensé,
 Entre tous les mortels, de Dieu la prevoiance
M'a du haut Ciel choisi, donné sa Lieutenance:
Ie suis des nations juge, à vivre & mourir,
Ma main faict qui lui plaist & sauver & perir,
Ma langue declarant les edicts de Fortune,
Donne aux Citez la joie ou la plainte commune:
Rien ne fleurit sans moi, les milliers enfermez
De mes gladiateurs, sont d'un mot consumez:
Par mes arrests j'espars, je destruicts, je conserve
Tout païs, toute gent, je la rend libre ou serve:
I'esclave les plus grands, mon plaisir pour tous droicts
Donne aux gueux la couronne, & le bissac aux Rois.
 Cet ancien loup Romain n'en sceut pas davantage:
Mais le loup de ce siecle a bien autre langage.
Ie dispence, dit-il, du droict contre le droict:
Celui que j'ai damné, quand le Ciel le voudroit,

Ne peut estre sauvé, j'authorise le vice,
Ie fai le faict non-faict, de justice injustice,
Ie sauve les damnez en un petit moment,
I'en loge dans le ciel à coup un regiment :
Ie fai de bouë un Roi, je mets les Rois aux fanges,
Ie fai les Saincts, sous moi obeissent les Anges :
Ie puis (cause premiere à tout cet Vnivers)
Mettre l'Enfer au Ciel & le Ciel aux Enfers.

 Voila vostre Evangile, ô vermine Espagnolle,
Ie dis vostre Evangile, engeance de Loyole,
Qui ne portez la paix sous le double manteau,
Mais qui empoisonnez l'homicide cousteau :
C'est vostre instruction d'establir la puissance
De Rome, sous couleur de poincts de conscience,
Et sous le nom menti de Iesus, esgorger
Les Rois & les Estats où vous pouvez loger :
Allez, preschez, courez, vollez meutriere trope,
Semez le feu d'Enfer aux quatre coins d'Europe :
Vos succez paroistront quelque jour, en cuidant
Mettre en Septrentrion le sceptre d'Occident :
Ie voi comme le fer piteusement besongne
En Mosco, en Suede, en Dace & en Polongne :
Incencez en cuidant vous avancer beaucoup,
Vous eslevez l'Agneau, atterrans vostre loup.
O Prince mal-heureux, qui donne au Iesuite
L'accez & le credit que son peché merite !

 Or laissons-la courir la pierre & le cousteau
Qui nous frappe d'enhault, voyons d'un œuil nouveau
Et la cause & le bras qui justement les pousse :
Foudroiez, regardons qui c'est qui se courrouse :

G iiij

Faisons paix avec Dieu pour la faire avec nous,
Soions doux à nous-mesm' & le Ciel sera doux,
Ne tyrannisons point d'envie nostre vie,
Lors nul n'exrcera dessus nous tyrannie :
Ostons les vains soucis, nostre dernier souci
Soit de parler à Dieu en nous pleignat ainsi.

 Tu vois, juste vengeur, les fleaux de ton Eglise,
Qui par eux mise en cendre & en masure mise,
A, contre tout espoir, son esperance en toy,
Pour son retranchement, le rempart de la foy.

 Tes ennemis & nous sommes egaux en vice,
Si, juge, tu te sieds en ton lict de justice :
Tu fais pourtant un choix d'enfans ou d'nnemis,
Et ce choix est celuy que ta grace y a mis.

 Si tu leur fais des biens, ils s'enflent en blasphemes,
Si tu nous fais du mal, il nous vient de nous-mesmes :
Ils maudissent ton nom quand tu leur es plus doux :
Quand tu nous meurtrirois, si te benirons-nous.

 Cette bande meurtriere à boire nous convie
Le vin de ton couroux, boiront-ils point la lie ?
Ces verges qui sur nous s'esgayent, comm' au jeu,
Sales de nostre sang, vont elles pas au feu ?

 Chastie en ta douceur, punis en ta furie,
L'escapade aux aignaux, des loups la boucherie :
Distingue pour les deux (comme tu l'as promis)
La verge à tes enfans, la barr' aux ennemis.

 Veux-tu long temps laisser en cette terre ronde
Regner ton ennemi ? n'es-tu Seigneur du Monde ?
Toy, Seigneur, qui abbas, qui blesses, qui gueris,
Qui donnes vie & mort, qui tue & qui nourris.

Les Princes n'ōt point d'yeux pour voir tes grād's merveilles,
Quand tu voudras tonner n'auront-ils point d'oreilles?
Leurs mains ne servent plus qu'à nous persecuter,
Ils ont tout pour Satan, & rien pour te porter.
 Sion ne reçoit d'eux que refus & rudesses,
Mais Babel les rançonne & pille leurs richesses:
Tels sont les monts cornus, qui (avaricieux)
Monstrent l'or aux Enfers, & les neiges aux Cieux.
 Les Temples du Payen, du Turc, de l'idolatre
Haussent dedans le Ciel, & le marbre & l'albastre,
Et Dieu seul au desert, pauvrement hebergé,
A basti tout le monde & n'y est pas logé!
 Les moineaux ont leurs nids, leurs nids les hirondelles:
On dresse quelque fuye aux simples colombelles:
Tout est mis à l'abri par le soin des mortels,
Et Dieu seul immortel, n'a logis ni autels.
 Tu as tout l'Vnivers où ta gloire on contemple,
Pour marchepied la terre, & le Ciel pour un temple,
Où te chassera l'homme, ô Dieu victorieux?
Tu possedes le Ciel, & les Cieux des haults Cieux!
 Nous faisons des rochers les lieux où on te presche,
Vn Temple de l'estable, un autel de la creche:
Eux du Temple, une estable, aux asnes arrogants,
De la saincte maison la caverne aux brigands.
 Les premiers des Chrestiens prioient aux cimetieres,
Nous avons faict ouïr au tombeau nos prieres,
Faict sonner aux tombeaux le nom de Dieu le fort,
Et annoncé la vie au logis de la mort.
 Tu peux faire conter ta loüange à la pierre:
Mais n'as-tu pas tousjours ton marchepied en terre?

Ne veux-tu plus avoir d'autres temples sacrez,
Qu'un blanchissant amas d'os de morts asserrez?
   Les morts te louront-ils? tes faicts grands & terribles
Sortiront-ils du creux de ces bouches horribles?
N'aurons-nous entre nous que visages terreux
Murmurans ta loüange aux secrets de nos creux?
   En ces lieux caverneux tes cheres assemblees
Des umbres de la mort incessamment troublees,
Ne feront-elles plus resonner tes saincts lieux?
Et ton renom voller des terres dans les Cieux?
   Quoi, serons-nous muets? serons-nous sans oreilles?
Sans mouvoir, sans chanter, sans ouïr tes merueilles?
As-tu esteint en nous ton sanctuaire? non,
De nos temples vivans sortira ton renom.
   Tel est en cet estat le tableau de l'Eglise,
Elle a les fers aux pieds, sur les gehennes assise,
A sa gorge la corde & le fer inhumain,
Vn Pseaume dans la bouche, & un luth en la main.
   Tu aimes de ses mains la parfaicte harmonie,
Nostre luth chantera le principe de vie,
Nos doigts ne sont point doigts que pour trouver tes sons,
Nos voix ne sont point voix qu'à tes sainctes chansons.
   Mets à couvert ces voix que les pluies enroüent,
Deschaine donc ces doigts que sur ton luth ils joüent,
Tire nos yeux ternis des cachots ennuyeux,
Et nous monstre le Ciel pour y tourner les yeux:
   Que ceux qui ont fermé les yeux à nos miseres,
Que ceux qui n'ont point eu d'oreille à nos prieres,
De cœur pour secourir, mais bien pour tormenter,
Point de main pour donner: mais bien pour nous oster,

Trouvent tes yeux fermez à juger leurs miseres,
Ton oreille soit sourde en oyant leurs prieres:
Ton sein ferré soit clos aux pitiez, aux pardons,
Ta main seche sterile aux bienfaicts, & aux dons:

 Soient tes yeux clairs-voians à leurs pechez extremes,
Soit ton oreille ouverte à leurs cris de blasphemes,
Ton sein deboutonné pour s'enfler de courroux,
Et ta main diligent' à redoubler tes coups.

 Ils ont pour un spectacle & pour jeu le martyre,
Le meschant rit plus haut que le bon n'y souspire:
Nos cris mortels n'y font qu'incommoder leurs ris,
Les ris de qui l'esclat oste l'air à nos cris.

 Ils crachent vers la Lune, & les voûtes celestes
N'ont-elles plus de foudre & de feux & de pestes?
Ne partiront jamais du throsne où tu te sieds,
Et la mort & l'Enfer qui dorment à tes pieds?

 Leve ton bras de fer, haste tes pieds de laine,
Venge ta patience en l'aigreur de la peine,
Frappe du Ciel Babel, les cornes de son front
Defigurent la terre, & lui ostent son rond.

PRINCES.

LIVRE SECOND.

E veux, à coups de traits de la vive lumiere,
Crever l'enflé Python au creux de sa tasniere:
Ie veux ouvrir au vent l'Averne vicieux,
Qui d'air empoisonné face noircir les cieux,
Percer de ces infects les pestes & les roignes,
Ouvrir les fonds hideux, les horribles charongnes
Des sepulchres blanchis: ceux qui verront ceci,
En bouchant les nazeaux, fronceront le sourci.
　　Vous qui avez donné ce subject à ma plume,
Vous-mesmes qui avez porté sur mon enclume
Ce foudre rougissant aceré de fureur,
Lisez-le, vous aurez horreur de vostre horreur:
Non pas que j'aie espoir qu'une pudique honte
Vos pasles fronts de chien honteusement surmonte:
La honte se perdit, vostre cœur fut taché
De la pasle impudence, en aimant le peché:
Car vous donnez tel lustre à vos noires ordures,
Qu'en fascinant vos yeux, elles vous semblent pures:
I'en ai rougi pour vous, quand l'acier de mes vers
Burinoit vostre histoire aux yeux de l'Vnivers,
Subject, stylle inconnu, combien de fois fermee
Ai-je à la verité la lumiere allumee?

Lasche jusques ici, je n'avois entrepris
D'attaquer les grandeurs, craignant d'estre surpris
Sur l'ambiguité d'une glose estrangere,
Ou de peur d'encourir d'une cause legere
Le courroux tres-pesant des Princes irritez :
Celuy-là se repend qui dit leurs veritez :
Celui qui en dit bien trahit sa conscience :
Ainsi en mesurant leur am' à leur puissance,
Aimant mieux leur estat que ma vie à l'envers,
Ie n'avois jamais faict babiller à mes vers
Que les folles ardeurs d'une prompte jeunesse :
Hardi, d'un nouveau cœur, maintenant je m'adresse
A ce Geant morgueur, par qui chacun trompé,
Souffre à ses pieds languir tout le monde usurpé :
Le fardeau, l'entreprise est rude pour m'abbattre,
Mais le doigt du grand Dieu me pousse à le combattre.

Ie voi ce que je veux, & non ce que je puis,
Ie voi mon entreprise, & non ce que je suis :
Preste-moi, verité, ta pastorale fonde,
Que j'enfonce dedans la pierre la plus ronde
Que je pourrai choisir, & que ce caillou rond
Du vice-Goliath s'enchasse dans le front.

L'ennemi mourra donc, puis que la peur est morte,
Le temps a creu le mal : je viens en cette sorte
Croissant avec le temps de style, de fureur,
D'aage, de volonté, d'entreprise & de cœur :
Et d'autant que le monde est roide en sa malice,
Ie deviens roide aussi pour guerroier le vice.

Cà, mes vers bien-aimez, ne soiez plus de ceux,
Qui les mains dans le sein tracassent, paresseux,

Les steriles discours dont la vaine memoire
Se noye dans l'oubli en ne pensant que boire.
 Si quelqu'un me reprend que mes vers eschauffez
Ne sont rien que de meurtre & de sang estoffez,
Qu'on n'y lit que fureur, que massacre, que rage,
Qu'horreur, mal heur, poison trahison & carnage:
Ie luy respons, ami, ces mots que tu reprends,
Sont les vocables d'art de ce que j'entreprens:
Les flateurs de l'amour ne chantent que leurs vices,
Que vocables choisis à prendre les delices,
Que, miel, que ris, que jeuz, amours & passe-temps,
Vne heureuse follie à consommer son temps:
Quand j'estois fol heureux (si cet heur est folie,
De rire aiant sur soi sa maison demolie:
Si c'est heur d'appliquer son fol entendement
Au doux, laissant l'utile estre sans sentiment
Lépreux de la cervelle, & rire des miseres
Qui accablent le col du païs, & des freres)
Ie fleurissois comm' eux de ces mesmes propos,
Quand par l'oisiveté je perdois le repos.
Ce siecle, autre en ses mœurs, demande un autre style,
Cueillons des fruicts amers, desquels il est fertile:
Non, il n'est plus permis sa veine desguiser:
La main peut s'endormir, non l'ame reposer,
Et voir en mesme temps nostre mere hardie,
Sur ses costez joüer si dure tragedie,
Proche à sa catastrophe où tant d'actes passez
Me font frapper des mains, & dire c'est assez:
Mais où se trouvera qui à langue declose,
Qui à fer esmoulu, à front descouvert ose

H iiij

Venir aux mains, toucher, faire sentir aux Grands
Combien ils sont petits & foibles & sanglants.
Des ordures des Grands le Poëte se rend sale,
Quand il peint en Cæsar un ord Sardanapale,
Quand un traistre Sinon pour sage est estimé,
Desguisant un Neron en Trajan bien-aimé,
Quand d'eux une Thaïs une Lucrece est dicte,
Quand ils nomment Achill' un infame Thersite,
Quand, par un fat sçavoir, ils ont tant combatu
Que, souldoyez du vice, ils chassent la vertu:
Ceux de qui les esprits sont enrichis des graces:
De l'Esprit eternel, qui ont à pleines tasses
Beu du Nectar des Cieux: (ainsi que le vaisseau
D'un bois qui en poison change la plus douce eau)
Ces vaisseaux venimeux, de ces liqueurs si belles
Font l'aconite noir & les poisons mortelles.

 Flateurs, je vous en veux, je commence par vous
A desployer les traicts de mon juste courroux:
Serpents qui retirez de mortelles froidures,
Tirez de pauvreté, eslevez des ordures,
Dans le sein des plus Grands ne sentez leur chaleur,
Plustost que vous picquez de venin sans douleur
Celuy qui vous nourrit, celui qui vous appuie:
Vipereaux, vous tuez qui vous donne la vie:
Princes ne prestez pas le costé aux flateurs,
Ils entrent finement, ils sont subtils questeurs,
Ils ne prennent aucun que celuy qui se donne:
A peine de leurs lacqs voi-je sauver personne:
Mesmes en les fuyant nous en sommes deçeus,
Et bien que repoussez souvent ils sont receus,

Mais en

Mais en ce temps infect tant vaut la menterie
Et tant à pris de pied l'enorme flatterie,
Que le flatteur sans plus est tenu pour ami,
C'est crime envers les Grands que flatter à demi:
Et qui sont les flatteurs? ceux qui portent les tiltres
De Conseillers d'Estat, ce ne sont plus belistres,
Gnatons du temps passé: en chaire les flatteurs
Portent le front, la grace, & le nom de prescheurs:
Le peuple ensorcelé, dans la chaire esmerveille
Ceux qui au temps passé chuchetoient à l'oreille,
Si que par fard nouveau, vrais prevaricateurs
Ils blasment les pechez desquels ils sont autheurs,
Coulent le moucheron, & ont appris à rendre
La loüange cachee à l'ombre du reprendre.
Vn prescheur mercenaire, hypocrite effronté,
De qui Sathan avoit le savoir acheté,
A-il pas tant cerché fleurs & couleurs nouvelles,
Qu'il habille en martyr le bourreau des fideles?
Il nomme bel exemple une tragique horreur,
Le massacre justice, un zele la fureur:
Il plaint un Roi sanglant, sur tout il le veut plaindre,
Qu'il ne pût en vivant assez d'ames esteindre:
Il faict vaillant celui qui n'a veu les hazards,
Studieux l'ennemi des lettres & des arts,
Chaste le malheureux, au nom duquel je tremble;
S'il lui faut reprocher les deux amours ensemble,
Et fidele & clement il a chanté le Roi,
Qui pour tuer les siens tua sa propre foi.

 Voila comment le Diable est faict par eux un Ange,
Au chantre & au chanté vergongneuse loüange:

Nos Princes sont louez, louez & vicieux,
L'escume de leur pus leur monte jusqu'aux yeux,
Plustost qu'ils n'ont du mal quelque voix veritable,
Moins vaut l'utile vrai que le faux agreable:
Sur la langue d'aucun à present n'est porté
Cet espineux fardeau qu'on nomme verité,
Pourtant suis-je esbahy comment il se peut faire,
Que de vices si grands on puisse encore extraire
Quelque goust pour louer, si ce n'est à l'instant
Qu'un Roi devient infect, un flatteur quant & quant,
Croist, à l'enui du mal, une orde menterie,
Voila comment de nous la verité bannie,
Meurtrie & deschiree est aux prisons, aux fers,
Ou esgare ses pas parmi les lieux deserts:
Si quelquesfois un fol ou tel au gré du monde,
La veut porter en Cour, la vanité abonde
De moiens familiers pour la chasser dehors,
La pauvrette soustient mille plaies au corps,
L'injure, le desdain, sa robbe deschiree,
Est des pauvres bannis & des Saincts reveree:
Ie l'ai prise aux deserts, & la trouvant au bord
Des Isles des bannis, j'y ai trouvé la mort:
La voici par la main, elle est marquee en sorte
Qu'elle porte un cousteau pour celui qui la porte:
Mais n'est-il question de perdre que le vent
D'un vivre mal-heureux qui nous fasche souvent,
Pour contenter l'esprit, rendre l'ame delivre
Des bourreaux, des menteurs qui se perdent pour vivre?
Doi-je pour mes bastards tuer les miens, à fin
De fuir de ma vie une honorable fin?

parricides enfans, poursuivez ma misere,
L'honorable mal-heur ou l'heur de vostre pere,
Mourons, & en mourant laissons languir tous ceux
Qui en flatant nos Rois achetent, mal-heureux,
Les plaisirs de vingt ans d'une eternelle peine:
Qu'ils assiegent ardents une oreille incertaine,
Qu'ils chassent halletans leur curee & leur part,
Seront, dire, promettre, & un double regard:
Ces lasches serfs seront au milieu des carnages
Et des meurtres sanglants, troublez en leurs courages:
Les œuvres de leurs mains (quoi qu'ils soient impiteux)
Feront dresser d'horreur & tomber leurs cheveux,
Transis en leurs plaisirs, ô que la playe est forte
Qui mesm' empuantit le pourri qui la porte!
Cependant, au milieu des massacres sanglants,
(Exercises & jeux aux desloyaux Tyrans)
Quand le peuple gemit soubs le faix tyrannique,
Quand ce siecle n'est rien qu'une histoire tragique,
Ce sont farces & jeux toutes leurs actions,
Vn ris Sardonien peint leurs affections,
Bizarres habits & cœurs, les plaisants se desguisent,
Enfarinez, noircis, & ces basteleurs disent,
Deschaussons le cothurne, & rions, car il faut
Ietter ce sang tout frais hors de nostre eschaffaut,
En prodigant dessus mille fleurs espanchees,
Pour cacher nostre meurtre à l'ombre des jonchees:
Mais ces fleurs secheront, & le sang recelé
Sera puant au nez non aux yeux revelé:
Les delices des Grands s'en vollent en fumee,
Et leurs forfaicts marquez teignent leur renommee.

Ainsi, lasches flatteurs, ames qui vous ploiez
En tant de vents, de voix, que siffler vous oyez:
O ploiables esprits! ô consciences molles,
Temeraires jouets du vent & des parolles!
Vostre sang n'est point sang, vos cœurs ne sont point cœurs.
Mesme il n'y a point d'ame en l'ame des flatteurs,
Car leur sang ne court pas, duquel la vive source
Ne bransle pas pour soi, de soi ne prend sa course.
Et ces cœurs non vrais cœurs, ces desirs non desirs,
Ont au plaisir d'autrui l'aboi de leurs plaisirs:
Vous estes fils de serfs, & vos testes tondues
Vous font ressouvenir de vos meres vendues.
Mais qu'elle ame auriez-vous? ce cinquiesme element
Meut de soi, meut autruy, source du mouvement,
Et vostre ame, flatteurs, serfve de vostre oreille
Et de vostre œuil, vous meut d'inconstance pareille
Que le Cameleon, ainsi faut-il souvent
Que ces Cameleons ne vivent que de vent.

 Mais ce trop sot mestier n'est que la theorique
De l'autre, qui apporte apres soi la practique:
Vn nouveau changement, un office nouveau,
D'un flatteur idiot faict un fin macquereau.
Nos anciens amateurs de la franche justice,
Avoient de fascheux noms nommé l'horirble vice:
Ils appelloient brigand ce qu'on dit entre nous
Homme qui s'accommode, & ce nom est plus doux,
Ils tenoient pour larron, un qui faict son mesnage,
Pour poltron un finet qui prend son advantage,
Ils nommoient trahison ce qui est un bon tour,
Ils appelloient putain une femme d'amour,

Ils nommoient macquereau un subtil personnage
Qui sçait solliciter & porter un message:
Ce mot maquerellage est changé en poullets,
Nous faisons faire aux grands ce qu'eux à leurs valets,
Nous honorons celui qui entr'eux fut infame,
Nul esprit n'est esprit, nulle ame n'est belle ame
Au periode infct̃ de ce siecle tortu,
Qui a ce poinct ne faict tourner toute vertu:
On cerche donc une ame, & tranquille & modeste,
Pour sourdement cacher cette mourante peste,
On cerche un esprit vif, subtil, malicieux,
Pour ouvrir les moiens & desnouer les nœuds:
La longue experience assez n'y est experte,
Là souvent se prophane une langue diserte,
L'eloquence, le luth & les vers les plus beaux,
Tout ce qui louoit Dieu, és mains des macquereaux
Change un Pseaume en chanson, si bien qu'il n'y a chose
Sacree à la vertu que le vice n'expose,
Où le desir bruslant, où la prompte fureur,
Où le traistre plaisir faict errer nostre cœur,
Et quelque feu soudain promptement nous transporte,
Dans le sueil des pechez, trompez en toute sorte:
Le macquereau est seul qui peche froidement,
Qui tous-jours bourrelé de honte & de tourment,
Vilainement forcé, pas apres pas s'advance,
Retiré des chainons de quelque conscience,
Le vilain tout tremblant, craintif & refronché,
Mesme monstre en pechant le nom de son peché:
Tout vice tire à soi quelque prix, au contraire
Ce vice qui ne sent rien que la gibeciere,

Le coquin, le biſſac, a pour le dernier pris,
Par les veilles du corps & celle des eſprits,
La ruine des deux : le Ciel pur de ſa place,
Ne void rien ici bas qui trouble tant ſa face,
Rien ne noircit ſi toſt le Ciel ſerain & beau
Que l'haleine & que l'œil d'un tranſi macquereau.

 Il eſt permis aux Grands, pourveu que l'un ne face
De l'autre le meſtier, & ne change de place,
D'avoir renards, chevaux, & ſinges & fourmis,
Serviteurs eſprouvez, & fideles amis :
Mais le mal-heur advient que la ſage fineſſe
Des renards, des chevaux, la neceſſaire addreſſe,
La viſteſſe, la force, & le cœur aux dangers,
Le travail des fourmis vtiles meſnagers,
S'emploie aux vents aux coups, ils ſe plaiſent d'y eſtre,
Tandis le ſinge prend à la gorge ſon maiſtre,
Les fait hair s'il peut à nos Princes mignons,
Qui ont beaucoup du ſinge, & fort peu des lions :
Qu'advient-il de cela? le bouffon vous amuſe,
Vn renard ennemi vous faict cuire ſa ruſe,
On a pour œconome un plaiſant animal,
Et le Prince combat ſur un ſinge à cheval.

 Qu'ai je dit des lions? les eſlevez courages
De nos Rois abbaiſſoient & leurs forces & leurs rages,
Doctes à s'en ſervir, les ſens effeminez
De ceux-ci n'aiment pas les fronts determinez,
Tremblent de leurs lions : car leur vertu eſtonne
De nos coulpables Rois l'ame baſſe & poltronne :
L'eſprit qui s'emploioit jadis à commander,
S'emploie, degenere, à tout apprehender :

Pourtant ce Roi songeant que les griffes meurtrieres
De ses lions avoient crocheté leurs tasnieres.
Pour le deschirer vif, prevoiant à ces maux.
Fit bien mal à propos tuer ces animaux:
Il laissa le vrai sens, s'attachant au mensonge:
Vn bon Ioseph eut pris autrement un tel songe,
Et eust dit, les lions superbes, indomptez,
Que tu dois redouter, sont Princes irritez,
Qui briseront tes reins & tes foibles barrieres,
Pour n'estre pas tournez aux proies estrangeres:
Appren, Roi, qu'on nourrit de bien divers moiens
Les lions de l'Afrique, ou de Lion les chiens:
De ces chiens de Lion tu ne crains le courage,
Quand tu change des Rois, & l'habit & l'usage,
Quand tu blesses des tiens les cœurs à millions,
Mais tu tourne ta robbe aux yeux de tes lions,
Quand le Roial manteau se change en une aumusse,
Et la Couronne au froc d'un vilain Picque-puce.

 Les Rois aux chiens flatteurs donnent le premier lieu,
Et de cette canaille, endormis au milieu
Chassent les chiens de garde en nourrissant le vice,
S'assiegent de trompeurs: l'estrangere malice
Iette par quelque trou sa richesse & ses os,
Pour nourrir aux muets le dangereux repos,
On void sous tels vallets, ou plustost sous tels maistres
Du corps traistre les yeux, & les oreilles traistres:
Car les plus Grands qui sont des Princes le conseil,
Sont de Princes le cœur, le sens, l'oreille & l'œil.
Si ton cœur est meschant, ta cervelle insensee,
Si l'ouïr & le voir trahissent ta pensee,

I iiij

Qu'un precipice bas paroisse un lieu bien seur,
Qu'une amere poison te soit une douceur,
Le Scorpion un œuf, où auras-tu puissance
De fuir les dangers & guarder l'asseurence.

 Si quelque Prince un jour (justement curieux
D'ouïr de son oreill' & de voir de ses yeux
Ses pechez sans nul fard, desguisant son visage
Et son habit) vouloit faire quelque voyage,
Sçavoir du laboureur, du rançonné marchant
Si son Prince n'est pas exacteur & meschant,
Sçavoir de quel renom s'esleve sa prouesse,
S'il est le Roy des cœurs comme de la Noblesse:
Qu'il passe plus avant, & pour se descharger
Du vouloir de connoistre, aille voir l'estranger,
Où, ainsi qu'autres-fois ce tres-grand Alexandre,
Ce sage Germanic preindrent plaisir d'entendre,
Espions de leurs camps, soubs habits empruntez,
Dans l'obscur de la nuict, leurs claires veritez:
Desguizez, ils rouoyent les tentes des Armees,
Pour, sans deguizement, gouster leurs renommees:
Le Prince, defardé du lustre de son vent,
Trouvera tant de honte & d'ire en se trouvant
Tyran, lasche, ignorant, indigne de louange,
Du tiers estat, du Noble & au païs estrange:
Que s'il veut estre heureux, à son heur advisé,
A jamais il voudra demeurer desguizé:
Mais estant en sa Cour, des maquereaux la trouppe
Luy faict humer le vice en l'obscur d'une couppe.

 Les monts les plus hautains qui de rochers hideux
Fendent l'air & la nue, & voisinent les Cieux,
          Sont

Sont tous couverts de neige, & leurs cimes cornuës
De malices de l'air, des excremens des nuës,
Portent le froid chappeau, leurs chefs tous fiers & hauts
Sont braves & fascheux & steriles & beaux,
Leur cœur & leur milieu on oit bruire des rages
Des tigres, des lions, & des bestes sauvages,
Et de leurs pieds hideux aux rochers crevacez
Sifflent les tortillons des aspics enlassez:
Ainsi les chefs des Grands sont faicts par les malices
Steriles, sans raison, couverts d'ire & de vices,
Superbes, sans esprit, & leurs seins & leurs cœurs,
Sont tigres impuissants, rugissans de fureurs:
En leurs faux estomacs sont les noires tasnieres,
Dans ce creux, les desirs, comme des bestes fieres,
Desirs, dis-je, sanglants, grondent en devorant
Ce que l'esprit volage a ravi en courant:
Leurs pas sont venimeux, & leurs puissance impure
N'a soustien que le fer, que poison & qu'injures:
De ce superbe mont les serpents sont au bas,
La ruse du serpent conserve leurs estats,
Et le poison secret va destruisant la vie
Qui, brave, s'opposoit contre la Tyrannie.

 Dieu veut punir les siens, quand il leve sur eux,
Comme sur des meschans les Princes vicieux
Chefs de ses membres chers: par remede on asseure
Ce qui vient de dehors la plaie exterieure:
Mais si la noble part loge un pus enfermé,
C'est ce qui rend le corps & mort & consumé:
Mesme si le mal est au haut : car la cervelle
A sa condition tous les membres appelle.

Princes que Dieu choisit pour du milieu des feux,
Du service d'Egypte, & du joug odieux.
Retirer ses troupeaux, beaux pilliers de son temple:
Vous estes de ce temple, & la gloire & l'exemple:
Tant d'yeux sont sur vos pieds, & les ames de tous,
Tirent tant de plaisirs ou de plainctes de vous:
Vos pechez sont doublez, & vos mal-heurs s'accroissent,
D'un lieu plus eslevé plus hautains ils paroissent.
Ha que de sang se perd pour piteux payement
De ce que vous pechez! qu'il volle de tourment
Du haut de vos couppeaux! que de vos crimes hautes
Dessus le peuple bas roullent d'ameres fautes!
C'est pourquoy les sueurs & les labeurs en vain,
Sans force & sans conseil, delaissent vostre main:
Vous estes courageux, que sert vostre courage?
Car Dieu ne benist point en vos mains son ouvrage:
En vain, tous contristez, vous levez vers les cieux
Vos yeux, car ce ne sont que d'impudiques yeux:
Cette langue qui prie a parlé des ordures,
Les mains que vous joignez ce sont des mains impures,
Ce luth qui touche un Pseaume à un mestier nouveau,
Il ne plaist pas à Dieu, ce luth est maquereau:
Ces levres qui en vain marmottent vos requestes,
Vous les avez ternis en baizers deshonestes,
Et ces genoux ploiez dessus des licts vilains,
Prophanes, ont ploié parmi ceux des putains:
Si depuis quelque temps vos Rhymeurs hypocrites,
Desguizez, ont changé tant de phrazes escrittes
Aux prophanes amours, & de mesmes couleurs
Dont ils servoient Sathan, infames basteleurs,

Ils colorent encor leurs pompeuses prieres
De fleurs des vieux Paiens, & fables mensongeres:
Ces escoliers d'erreur n'ont pas le style appris,
Que l'Esprit de Lumiere apprend à nos esprits,
De quell' oreille Dieu prend les phrazes flatresses,
Desquelles ces pipeurs flechissoient leurs maistresses:
Corbeaux enfarinez, les colombes font choix
De vous, non à la plume, ains au son de la voix:
En vain vous desploiez harangue sur harangue,
Si vous ne prononcez de Canaam la langue:
En vain vous commandez & restez, esbahis
Que, desobeissants, vous n'estes obeïs:
Car Dieu vous faict sentir sous vous par plusieurs testes
En leur rebellion, que rebelles vous estes:
Vous secouez le joug du puissant Roy des Rois,
Vous mesprisez sa loy, on mesprise vos loix.

  Or si mon sein, rempli de creve-cœur extreme
Des taches de nos Grands, a tourné sur eux-mesmes
L'œil de la verité, s'ils sont picquez, repris,
Par le juste fouet de mes aigres escripts,
Ne tirez pas de là, ô Tyrans, vos louanges,
Car vous leur donnez lustre, & pour vous ils sont Anges.
Entre vos noirs pechez n'y a conformité:
Hommes, ils n'ont failli que par infirmité,
Et vous (comme jadis les bastards de la terre)
Blessez le Sainct-Esprit, & à Dieu faites guerre.

  Rois que le vice noir asservit sous ses loix,
Esclaves de peché, forçaires, non pas Rois
De vos affections quelle fureur despite
Vous corrompt, vous esmeut, vous pousse & vous agite?

A tremper dans le sang vos sceptres odieux,
Vicieux commencer, achever vicieux
Le regne insupportable & rempli de miseres,
Dont le peuple poursuit la fin par ses prieres,
Le peuple estant le corps & les membres du Roi,
Le Roi est chef du peuple, & c'est aussi pourquoi
La teste est frenetique, & pleine de manie,
Qui ne garde son sang pour conserver sa vie,
Et le chef n'est plus chef quand il prend ses esbats
A coupper de son corps les jambes & les bras:
Mais ne vaut-il pas mieux? comme les traistres disent,
Lors que les accidents les remedes mesprisent,
Quand la plaie noircit & sans mesure croist,
Quand premier à nos yeux la gangrene paroist:
Ne vaut-il pas bien mieux d'vn membre se deffaire,
Qu'envoier laschement tout le corps au suaire?
Tel aphorisme est bon alors qu'il faut curer
Le membre qui se peut sans la mort separer:
Mais non lors que l'amas de tant de maladies
Tient la masse du sang ou les nobles parties,
Que le cerveau se purge & sente que de soi
Coule du mal au corps, duquel il est le Roi:
Ce Roi donc n'est plus Roi, mais monstrueuse beste,
Qui au haut de son corps ne faict devoir de teste:
La ruine & l'amour sont les marques à quoi
On peut connoistre à l'œil le Tyran & le Roi:
L'un desbrise les murs & les loix de ses villes,
Et l'autre à conquerir met les armes civiles:
L'un cruel, l'autre doux, gouvernent leurs subjets
En valets par la guerr', en enfants par la paix:

L'un veut estre haï pourveu qu'il donne crainte,
L'autre se faict aimer, & veut la peur esteinte:
Le bon chasse les loups, l'autre est loup du troupeau:
Le Roy veut la toison, l'autre cerche la peau:
Le Roi faict que la voix du peuple le benie,
Mais le peuple en ses vœux maudit la Tyrannie.

 Voici quels dons du Ciel, quels Thresors, quels moiens,
Requeroient en leurs Rois les plus sages Paiens:
Voici quel est un Roy de qui le regne dure:
Qui establit sur soy pour Royne la Nature:
Qui craint Dieu, qui esmeut pour l'affligé son cœur,
Entreprenant prudent, hardi executeur,
Craintif en prosperant, dans le peril sans crainte,
Au conseil sans chaleur, la parole sans feinte,
Imprenable au flatteur, gardant l'ami ancien,
Chiche de l'or public, tres-liberal du sien,
Seigneur de ses subjects, aux amis secourable,
Terrible à ses haineux, mais à nul mesprisable,
Familier, non commun, aux Domestiques doux,
Effroyable aux meschants, equitable envers tous,
Debteur au vertueux, persecuteur du vice,
Iuste dans sa pitié, clement en sa justice.
Par ce chemin l'on peut, regnant en ce bas lieu,
Estre Dieu secondaire ou image de Dieu:

 C'à esté, c'est encor une dispute antique,
Lequel, du Roy meschant ou du conseil inique,
Est le plus supportable: hé nous n'avons dequoy
Choisir un faux conseil ni un inique Roy!
De ruiner la France au conseil on decide,
Le François en est hors, l'Espagnol y preside,

On foule l'orphelin, le pauvre y est vendu,
Point n'y est le tourment de la vefve entendu,
D'un cerveau fœmenin l'ambitieuse envie
Leur sert là de principe, & de tous est suivie:
Là un Prestre Apostat, prevoyant & ruzé,
Veut, en ployant à tous, de tous estre excusé:
L'autre, pentionnaire & vallet d'une femme,
Employe son Esprit à engager son ame:
L'autre faict le Royal, & flattant les deux parts,
Veut trahir les Bourbons, & tromper les Guisards:
Vn Charlatan de Cour y vend son beau langage,
Vn bourreau froid sans ire y conseille un carnage,
Vn boiteux estranger y bastit son thresor,
Vn autre faux François troque son ame à l'or,
L'autre, pour conserver le profitable vice,
Ne promet que justice & ne rend qu'injustice:
Les Princes là dessus achetent finement
Ces traistres, & sur eux, posent leur fondement.
On traitte des moyens & des ruses nouvelles
Pour succer & le sang, & les chiches moëlles
Du peuple ruiné, on fraude de son bien
Vn François naturel pour un Italien:
On traitte des moyens pour mutiner les villes,
Pour nourrir les flambeaux de nos guerres ciuiles,
Et le siege establi pour conserver le Roy
Ouvre au peuple un moyen pour lui donner la Loy,
Et c'est pourquoi on a pour cette Commedie
Vn asne Italien, un oyseau d'Arcadie,
Ignorant, & cruel, & qui pour en auoir
Sçait bien ne toucher rien, n'ouïr rien, ne rien voir,

C'est pourquoi vous voyez sur la borne de France
Passer à grands thresors cette chiche substance
Qu'on à tiré du peuple au milieu de ses pleurs.
François, qui entretiens & gardes tes valeurs,
Tu sens bien ces douleurs, mais ton esprit n'exede
Le sentiment du mal pour trouver le remede:
Le conseil de ton Roy est un bois arrangé
De familiers brigands, où tu es esgorgé.
    Encor ce——————au François redoubtable,
Qui s'est lié les poings pour estre miserable,
Te faict prendre le fer pour garder tes bourreaux
Inventeurs de tes maux journellement nouveaux:
Au conseil de ton Roy ces poincts encor on pense,
De te tromper tous-jours d'une vaine esperance,
On machine le meurtre & le poison de ceux,
Qui voudroyent bien chasser les loups ingenieux:
On traitte des moyens de donner recompense
Aux maquereaux des Rois & avant la sentence,
On confisque le bien au riche, de qui l'or
Sert en mesme façon de membre & de Castor:
On reconoist encor les bourreaux homicides,
Les verges des Tyrans aux despents des subsides,
Sans honte, sans repos, les serfs plus abbaissez,
Humbles pour dominer, se trouvent avancez
A servir, adorer : une autre bande encore,
C'est le conseil sacré qui la France devore,
Ce conseil est meslé de putains & garçons,
Qui, doublans & triplans en nouvelles façons,
Leur plaisir abruti du faix de leur ordure,
Jettent sur tout conseil leurs sentences impures:

Tous veillent pour nourrir cet infame traffic,
Cependant que ceux-la qui pour le bien public
Veillent à l'equité, deffendent la justice,
Establissent les loix, conservent la police,
Pour n'estre de malheurs coulpables artisans,
Et pour n'avoir vendu leur ame aux Courtisans
Sont punis à la Cour, & leur dure sentence
Sent le poix inegal d'une injuste balance.

 Ceux-la qui, despendans leurs vies en renom,
Ont prodigué leurs os aux rages du canon,
Lors que ces pauvres fols, esbranchez de leurs membres,
Attendent le conseil, & les Princes aux chambres,
Sont repoussez arriere, & un bouffon bravant
Blessera le blessé pour se pousser devant:
Pour ceux-la n'y a point de finance en nos comptes,
Mais bien les hochenez, les opprobres, les hontes,
Et au lieu de l'espoir d'estre plus renommez,
Ils donnent passetemps aux mugets parfumez.

 Nos Princes ignorants bouschent leurs tristes veües,
Courans à leurs plaisirs, ehontez, par les rües,
Tous ennuiez d'ouir tant de fascheuses voix,
De voir les bras de fer & les jambes de bois,
Corps vivants à demi, nez pour les sacrifices
Du plaisir de nos Rois ingrats de leurs services.

 Prince, coment peux-tu celuy abandonner,
Qui pour toy perd cela que tu ne peux donner?
Miserable vertu pour neant desyree,
Trois fois plus miserable, & trois fois enpiree,
Si la discretion n'apprend aux vertueux,
Quels Rois ont merité que l'on se donne à eux:

Pource

Pource que bien souvent nous souffrons peines telles,
Soustenans des plus grands les injustes querelles,
Valets de Tyrannie, & combattons exprés,
Pour establir le joug qui nous accable aprés:
Nos peres estoient francs: nous qui sommes si braves,
Nous lairrons des enfans qui seront nez esclaves!
Ce thresor precieux de nostre liberté
Nous est par les ingrats injustement osté:
Les ingrats insolens a qui leur est fidelle,
Et liberaux de crainte à qui leur est rebelle:
Car à la force un grand conduit sa volonté,
Dispose des bien-faicts par la necessité,
Tient l'acquis pour acquis, & pour avoir ouy dire
Que le premier accueil aux François peut suffire,
Aux anciens serviteurs leur bien n'est desparti,
Mais à ceux qui sans dons changeroient de parti:
Garder bien l'acquesté n'est une vertu moindre,
Qu'acquerir tous les jours & le nouveau adjoindre.
Les Princes n'ont pas sçeu, que c'est pauvre butin
D'esbranler l'asseuré pour cercher l'incertain:
Les habiles esprits, qui n'ont point de nature
Plus tendre que leur Prince, ont un vouloir qui dure
Autant que le subject, & en servant les Rois
Sont ardens comme feu tant qu'ils trouvent du bois.

 Quiconque sert un Dieu, dont l'amour & la crainte,
Soit bride à la jeunesse, & la tienne contrainte,
Si bien que vicieux, & non au vice né,
Dans le fucil du peché il se trouve estonné:
Se polluant moins libre au plaisir de son maistre
Il n'est plus agreable, & tel ne sçauroit estre.

L

Nos Rois qui ont appris à Machiaveliser,
Au temps & à l'Estat leur ame deguiser,
Ploians la pieté au joug de leur service,
Gardans religion pour ame de police.

   O quel mal-heur du Ciel, vengeance du Destin,
Donne des Rois enfans, & qui mangent matin!
O quel Phœnix du Ciel est un Prince bien sage,
De qui l'œil gracieux n'a forcené de rage!
Qui n'a point soif de sang, de qui la cruauté
N'a d'autrui la fureur par le sceptre herité!
Qui, Philosophe & Roi, regne par la science,
Et n'est faict impuissant par sa grande puissance!
Ceux-là regnent vraiment, ceux-là sont des vrais Rois,
Qui sur leurs passions establissent des loix,
Qui regnent sur eux-mesmes, & d'une ame constante
Domptent l'ambition volage, & impuissante:
Non les Hermaphrodits (monstres effeminez)
Corrompus, bourdeliers, & qui estoient mieux nez
Pour valets des putains, que seigneurs sur les hommes:
Non les monstres du siecle & du temps où nous sommes:
Non pas ceux qui sous l'or, sous le pourpre Roial,
Couvent la lascheté, un penser desloial,
La trahison des bons, un mespris de la charge
Que sur le dos d'un Roi un bon peuple descharge:
Non ceux qui souffrent bien les femmes avoir l'œil
Sur la saincte police & sur le sainct conseil,
Sur les faicts de la guerre, & sur la paix esmeüe
De plus de changemens que de vents une nüe.
Cependent que nos Rois doublement desguisez
Esmouuent une ruë en courant, attizez

A crocheter l'honneur d'une innocente fille,
Ou se faire estelons des bourdeaux de la ville:
Au sortir des palais le peuple ruiné
A ondes se prosterne, & le pauvre, estonné,
Coule honteusement, quand les plaisans renversent
Les foibles à genoux, qui sans profiter versent
Leurs larmes en leur sein, quand l'amas arrangé
Des gardes impiteux afflige l'affligé.

 En autant de mal-heurs qu'un peuple miserable
Traisne une triste vie en un temps lamentable,
En autant de plaisirs les Rois voluptueux,
Yvres d'ire & de sang, nagent, luxurieux,
Sur le sein des putains, & ce vice vulgaire
Commence desormais par l'usage à desplaire:
Et comme le peché qui le plus commun est
Sent par trop sa vertu, aux vicieux desplaist:
Le Prince est trop atteint de fascheuse sagesse
Qui n'est que ruffien d'une salle Princesse:
Il n'est pas gallant homme, & n'en sçait pas assez,
S'il n'a tous les bordeaux de la Cour tracassez:
Il est compté pour sot s'il eschappe quelqu'une
Qu'il n'ait ja mesprisee pour estre trop commune:
Mais pour avoir en Cour un renom grand & beau,
De son propre valet faut estre macquereau,
Esprouver toute chose, & hazardant le reste,
Imittant le premier commettre double inceste.

 Ha! Sarmates razez, qui vintes de si loin
Priser ce mesprisé lors qu'il avoit besoin!
Pour couvrir son malheur d'une telle advanture,
Vostre manteau Roial fut une couverture

D'opprobre & deshonneur, quand les bras desployez
Vengeoient la mort de ceux qui moururent liez.
Ha! si vous eussiez eu certaine connoissance
D'un fœmenin sanglant abbatu d'impuissance,
Si vous n'eussiez ouy mentir les seducteurs,
Qui pour luy se rendoyent mercenaires flatteurs,
Qu ceux qui en couvrant son orde vilenie
Par un mentir forcé, ont racheté leur vie,
Ou ceux qui vous faisant un cruel Tyran, doux,
Et un poltron vaillant, deschargerent en vous
Le faix qui leur pesoit : vous n'eussiez voulu mettre
Vos Loix, vostre couronne & les droicts & le sceptre,
En ces impures mains : si vous eussiez bien veu
En entrant à Paris les perrons & le feu
Meslé de cent couleurs, & les cahos estranges,
Bazes de ces Tableaux, où estoient vos louanges,
Vous aviez trouvé là un augure si beau,
Que vous n'emportiez rien de France qu'un flambeau,
Qui en cendre eust bien tost vostre force reduicte,
Sans l'heur qui vous advint de sa honteuse fuite:
Si vous eussiez ouy parler les vrais François:
Si des plus eloquents les plus subtiles voix
N'eussent esté pour vous feintes & mercenaires,
Vous n'eussiez pas tiré de France vos miseres,
Vous n'eussiez pas choisi pour dissiper vos loix,
Le monstre devorant la France & les François,
Nous ne verrons jamais les estranges provinces,
Eslire à leur mal-heur nos miserables Princes:
Celuy qui sans merite à obtenu cet heur
Leur donne eschantillon de leur peu de valeur:

Si leurs corps sont ———— ————, ———————leurs ames
Ne sentans plus le fer s'endurcissent aux flames:
Et si leurs corps sont laids, plus laid l'entendement
Les rend sots & meschans, vuides de sentiment.
 Encor la Tyrannie est vn peu supportable,
Qu'vn lustre de vertu faict paroistre agreable.
Bien heureux les Romains qui auoient les Cæsars,
Pour tyrans amateurs des armes & des arts:
Mais mal-heureux celui qui vit esclave infame
Soubs une femme hommace, & soubs vn homme femme:
Vne ———— ———— apres avoir esté
Macquerelle a ses fils, en a l'un arresté
Sauuage dans les bois, & pour belle conqueste,
Le faisoit triompher du sang de quelque beste:
Elle en fit un Esau, de qui le ris, les yeux
Sentoyent bien un Tyran, un traistre, un furieux:
Pour se faire cruel, sa jeunesse esgaree
N'aimoit rien que le sang, & prenoit sa curee
A tuer sans pitié les cerfs qui gemissoient,
A transpercer les Daims & les fans qui naissoyent,
Si qu'aux plus advisez cette sauvage vie
A faict prevoir de lui massacre & tyrannie.
 L'autre fut mieux instruict a juger des atours
Des putains de sa Cour, & plus propre aux amours,
Avoir ras le menton, garder la face pasle,
Le geste effeminé, l'œil d'un Sardanapale:
Si bien qu'un jour des Rois ce doubteux animal,
Sans cervelle, sans front, parut tel en son bal.
De cordons emperlez sa chevelure plaine,
Soubs un bonnet sans bord faict à l'Italienne,

L iij

Faisoit deux arcs voutez, son menton pinceté,
Son visage de blanc & de rouge empasté,
Son chef tout empoudré, nous firent voir l'idee,
En la place d'un Roy, d'une putain fardee :
Pensez quel beau spectacle, & comm' il fit bon voir
Ce Prince avec un busc, un corps de satin noir
Couppé à l'Espaignolle, où, des dechicquetures
Sortoient des passements & des blanches tireures,
Et affin que l'habit s'entresuivist de rang,
Il montroit des manchons gauffrez de satin blanc,
D'autres manches encor qui s'estandoient fenduës,
Et puis jusques aux pieds d'autres manches-perduës.
Pour nouveau parement, il porta tout ce jour
Cet habit monstrueux, pareil à son amour :
Si qu'au premier abord chacun estoit en peine
S'il voioit un Roy femme ou bien un homme Reyne.
 Si fut-il toutefois alaicté de poisons,
De ruzes, de conseils secrets & trahisons,
Rompu ou corrompu au trictrac des affaires,
Et eut, encor enfant, quelque part aux miseres :
Mais de ce mesme soin qu'autresfois il presta
Aux plus estroits conseils où, jeune, il assista,
Maintenant son esprit, son ame & son courage
Cerchent un laid repos, le secret d'un village,
Où, le vice triplé de sa lubricité,
Miserablement cache une orde volupté
De honte de la rage & orde vilenie
Dont il a pollué son renom & sa vie :
Si bien qu'à la Royalle il volle des enfans,
Pour s'eschauffer sur eux en la fleur de leurs ans,

Incitant son amour autre que naturelle,
Aux uns par la beauté & par la grace belle,
Autres par l'entregent, autres par la valeur,
Et la vertu au vice haste ce lasche cœur:
On a des noms nouveaux & des nouvelles formes
Pour croistre & desguiser ces passe-temps enormes,
Promettre & menacer, biens & tourments nouveaux,
Pressent, forcent, aprés les lasches macquereaux.
 Nous avons veu cela, & avons veu encore
Un Neron marié avec son Pytagore,
Lequel, aiant fini ses faveurs & ses jours,
Traine encor au tombeau le cœur & les amours
De nostre Roi en deuil, qui, de ses aigres plainctes,
Tesmoigne ses ardeurs n'avoir pas esté feinctes:
On nous faict voir encor un contract tout nouveau,
Signé du sang de d'O, son privé macquereau:
Disons comme l'on dist à Neron l'androgame,
Que ton pere jamais n'eust cognu d'autre femme:
Nous avons veu nos Grands en debat, en conflict
Accorder, reprocher, telles nopces, tel lict:
Nous avons veu nos Rois se desrober des villes,
Neron avoit comm' eux de petits Otinvilles
Où il cachoit sa honte, & eust encor comm' eux
Les Chicots en amour, les Hamons odieux:
Ils eurent de ce temps un' autre ~~cothurne~~ :
Mais nos Princes, au lieu de tuer Agrippine,
Massacrent l'autre mere, & la France a senti
De ses fils le couteau sur ell' appesanti:
De tous ces vipereaux les mains lui ont ravies
Autant de jours, autant de mille cheres vies:

Les Seneques chenus ont encor en ce temps,
Morts & mourans, servi aux Rois de passe-temps:
Les plus passionnez qui ont gemi, fidelles,
Des vices de leurs Rois, punis de leurs bons zelles,
Ont esprouvé le Siecle où il n'est pas permis
D'ouvrir son estomac à ses privez amis,
Et ou le bon ne peut, sans mort, sans repentence,
Ni penser ce qu'il void ni dire ce qu'il pense:
On pâlit rencontrant ceux qui vestent souvent
Nos sainctes passions, pour les produire au vent.
Les Latiares feincts, suppots de Tyrannie,
Qui, cerchants des Sabins la justice & la vie,
Prennent masque du vrai, &, fardés d'equité,
Au veritable font crime de verité.
Pour vivre, il faut fuïr de son proche la veuë,
Fuir l'œil incognu & l'oreill' incognuë:
Que di-je pour parler? on regarde trois fois,
Et les arbres muets & les pierres sans voix:
Si bien que de nos maux la complainte abolie
Eust d'un Siecle estouffé caché la Tyrannie,
Qui eust peu la memoire avec la voix lier,
A taire nous forçant, nous forcer d'oublier:
Tel fut le second fils qui n'herita du pere
Le cœur, mais les poisons & l'ame de la mere.
 Le tiers par elle fut nourri en faineant,
Bien fin, mais non prudent, & voulut l'enseignant
(Pour servir à son jeu) luy ordonner pour maistre
Vn Sodomite athee, un maquereau, un traistre.
 La discorde couppa le concert des mignons,
Et le vice croissant entre les compagnons

Briza

Brisa l'or de amitié: mesme par les ordures
Et l'impure union, par les choses impures,
Il s'enfuit despité, son vice avec lui court:
Car il ne laissa pas ses crimes à la Cour:
Il coloroit ses pas d'astuce nompareille,
Changea de lustre ainsi que jadis la corneille
Pour hanter les pigeons, le faict fut advoüé
Par la confession du gosier enroüé,
On lui remplit la gorge, & le Sinon infame
Fut mené par le poing triomphe d'une femme,
Que la mere tira d'entre tous les gluaux
Qu'elle a, pour à sa cage arrester les oiseaux:
Ceux qu'il avoit trouvez à son mal secourables,
Et pour lui & par lui devindrent miserables:
Sa foi s'envole au vent, mais il feignit apres,
Ce qu'il faisoit forcé, l'avoir commis exprés,
C'est pource qu'en ce temps c'est plus de honte d'estre
Mal-advisé qu'ingrat, mal pourvoyant que traistre,
Abusé qu'abuseur: bien plus est odieux
Le simple vertueux, qu'un double vicieux,
Le souffrir est bien plus que de faire l'injure:
« Ce n'est qu'un coup d'estat que d'estre bien parjuré: »
Ainsi, en peu de temps, ce lasche fut commis
Valet de ses haineux, bourreau de ses amis:
Sa ruse l'a trompé quand elle fut trompee,
Il vid sur qui, pour qui, il tournoit son espee:
Son inutile nom devint son parement,
Comme si c'eust esté quelque blanc vestement:
Ils tremperent au sang sa grand' robe Ducale,
Et la mirent sur lui du meurtre toute sale:

M

Quand ils eurent taché la serve authorité
De leur esclave chef du nom de cruauté,
Il tombe en leur mespris, à nous il fut horrible
Quand r'appeller sa foi il lui fut impossible:
Il fuit encore un coup : car les lievres craintifs
Ont debat pour le nom de legers, fugitifs:
Nos Princes des renards envient la finesse,
Et ne debattent point aux lions de prouesse.

 Il y avoit long temps que dans les païs-bas
Deux partis, harassez de ruineux combats
Haletoient les abois de leur force mi-morte,
C'ettui-ci print parti presqu'en la la mesme sorte,
Que le loup embusqué combattant de ses yeux
L'effort de deux taureaux, dont le choc furieux
Verse dans un chemin le sang & les entrailles,
Le poltron les regarde, & de ces deux batailles
Se faict une victoire, arrivant au combat
Quand la mort a vaincu la force & le debat:
Ainsi quelque advisé reveilla ceste beste,
D'un desespoir senti lui mit l'espoir en teste:
Mais quel espoir ? encor un rien au pris du bien,
Vn rien qui trouve lustre en ce siecle de rien:
On le pousse, on le traine aux inutiles ruses,
Il trame mille accords, mariages, excuses,
Il trompe, il est trompé, il se repend souvent,
Et ce cerveau venteux est le jouet du vent:
Ce vipere eschauffé porte la mort traistresse
Dedans le sein ami : mais quand le sein le presse,
Le trahi fut vainqueur, & le traistre pervers
Demeure fugitif, banni de son Anvers.

Non, la palme n'est point contenance des membres
De ceux qui ont brouillé les premiers de leurs chambres,
Pour loin d'eux en secret de venin s'engorger,
Caresser un Bathille, en son lict l'heberger,
N'ayant muet tesmoin de ses noires ordures
Que les impures nuicts & les couches impures.

Les trois en mesme lieu ont à l'envi porté
La premiere moisson de leur lubricité :
Des deux derniers aprés la chaleur aveuglee,
A sans honte herité l'inceste redoublee,
Dont les projects ouverts, les desirs comme beaux,
Font voleter l'erreur de ces crimes nouveaux
Sur les ailes du vent ; leurs Poëtes volages
Nous chantent ces douceurs comme amoureuses rages,
Leur soupper s'entretient de leurs ordes amours,
Les maquereaux enflez y vantent leurs beaux tours,
Le vice possedant pour eschaffaut leur table,
Y dechire à plaisir la vertu desirable.

Si depuis quelque temps les plus subtils esprits
A deguiser le mal, ont finement apris
A nos Princes fardez la trompeuse maniere
De revestir le Diable en Ange de lumiere :
Encor qu'à leurs repas il facent disputer
De la vertu, que nul n'oseroit imiter,
Qu'ils recerchent le los des affetez Poëtes,
Quelques Sedecias agreables Prophetes :
Le boute-feu de Rome en a bien fait ainsi,
Car il paioit mieux qu'eux, mieux qu'eux avoit souci
D'assembler, de cercher les esprits plus habiles,
Louer, recompenser leurs rencontres gentilles,

Et les graves discours des sages amassez,
Loüez & contrefaicts il a recompensez,
L'arsenic ensucré de leurs belles paroles,
Leurs seins meurtris du poing aux pieds de leur idoles,
Les ordres inventez, les chants, les hurlemens
Des fols capuchonnez, les nouveaux regiments
Qui en processions, sottement desguisees,
Aux villes & aux champs vont semer des risees:
L'austerité des vœux, & des fraternitez,
Tout cela n'a caché nos rudes veritez.

 Aigle né dans le haut des plus superbes aires,
Ou bien œuf supposé, puis que tu degeneres,
Degenere Henri, hypocrite, bigot,
Qui aime moins jouer le Roi que le cagot,
Tu vole un faux gibier, de ton droit tu t'eslongne,
Ces corbeaux se paistront un jour de ta charongne,
Dieu t'occira par eux : ainsi le fauconnier
Quand l'oiseau trop de fois a quitté son gibier,
Le bat d'une corneille, & la foule à sa veuë,
Puis d'elle (s'il ne peut le corriger) le tuë.
Tes prestres par la rue à grands troupes conduicts,
N'ont pourtant pû celer l'ordure de tes nuicts:
Les crimes plus obscurs n'ont pourtant peu se faire,
Qu'ils n'esclattent en l'air aux bouches du vulgaire:
Des citoiens oisifs l'ordinaire discours
Est de sollenniser les vices de nos cours:
L'un conte les amours de nos salles Princesses
Garces de leurs valets, autrefois leurs maistresses.
Tel fut le beau Senat des trois & des deux sœurs,
Qui iouoient en commun leurs gens & leurs faveurs,

Troquoient leurs estelons, estimoient à loüange
Le plaisir descouvert, l'amour libre & le change:
Vne autre n'ayant peu se saouler de François,
Se coule à la mi-nuict au lict des Escossois,
Le tison qui l'esveille & l'embrase, & la tue
Lui faict pour le plaisir mespriser bruit & veue:
Les jeunes gens la nuict pippez & enlevez
Du lict au cabinet, las & recreus trouvez,
Nos Princesses non moins ardentes que rusees,
Osent dans les bordeaux s'exposer desguisees:
Sous le chappron carré vont recevoir le prix
Des graces du Huleu, & portent aux maris
Sur le chevet sacré de leur sainct mariage,
La senteur du bordeau & quelque pire gage:
Elles esprouvent tout, on le void, on le dit,
Cela leur donne vogue & hausse leur credit:
Les filles de la Cour sont galantes, honnestes,
Qui se font bien servir, moins chastes, plus secrettes,
Qui sçavent le mieux feindre un mal pour accoucher:
On blasme celle-la qui n'a pas sçeu cacher:
Du Louvre les retraits sont hideux cimetieres,
D'enfans vuidez, tuez par les Apotiquaires:
Nos filles ont bien sçeu quelles receptes font
Massacre dans leur flanc des enfans qu'elles ont.

   Ie sens les froids tressauts de frayeur & de honte,
Quand sans crainte, tout haut le fol vulgaire conte
D'un coche qui courant Paris à la minuict,
Vole une sage femme, & la bande & conduit
Prendre, tuer l'enfant d'une Roine masquee,
D'une brutalité pour jamais remarquee,

                         M. iiij

Que je ne puis conter, croiant, comme François,
Que le peuple abusé envenime ses voix
De monstres inconnus : de la vie entamee
S'enfle la puanteur comme la renommee :
Mais je croi bien aussi que les plus noirs forfaicts
Sont plus secrettement & en tenebres faicts :
Quand on monstre celui, qui en voulant attendre,
Sa Dame au galetas fut pris en pensant prendre,
Et puis pour appaiser & demeurer amis
Le violeur souffrit ce qu'il avoit commis.

 Quand j'oi qu'un Roi transi, effraié du tonnerre,
Se couvre d'une voute & se cache sous terre,
S'embusque de lauriers, faict les cloches sonner :
Son peché poursuivi, poursuit de l'estonner,
Il use d'eau lustralle, il la boit, la consomme
En christeres infects, il faict venir de Rome
Les cierges, les agnus que le Pape fournit,
Bouche tous ses conduicts d'un charmé grain-benit :
Quand je voi composer une messe complette,
Pour repousser le Ciel, inutile amulette :
Quand la peur n'a cessé par les signes de croix,
Le brayer de Massé, ni le froc de François :
Tels spectres inconnus font confesser le reste,
Le peché de Sodome & le sanglant inceste
Sont reproches joyeux de nos impures cours.

 Triste, je trancherai ce tragique discours,
Pour laisser aux Pasquils ces effroiables contes,
Honteuses veritez, trop veritables hontes.

 Plustost peut-on conter dans les bords escumeux
De l'Ocean chenu le sable, & tous les feux

Qu'en paisible minuict le clair Ciel nous attize,
L'air estant balié des froids souspirs de Bize:
Plustost peut-on conter du Printemps les couleurs,
Les fueilles des forests, de la terre les fleurs,
Que les infections qui tirent sur nos testes
Du Ciel armé, noirci les meurtrieres tempestes:
Qu'on doute des secrets, nos yeux ont veu comment
Ces hommes vout bravant des femmes l'ornement,
Les putains de couleurs, les pucelles de gestes,
Plus de frisons tortus deshonorent les testes
De nos mignons parez, plus de fard sur leurs teins
Que ne voudroient porter les honteuses putains:
On invente tousiours quelque traict plus habile
Pour effacer du front toute marque virile:
Envieux de la femme, on trace, on vient souiller
Tout ce qui est humain qu'on ne peut despouiller:
Les cœurs des vertueux à ces regards transissent,
Les vieillards advisez en leur secret gemissent:
Des femmes les mestiers quittez & mesprisez
Se font pour parvenir des hommes desguisez.

  Au fil de ces fureurs ma fureur se consume,
Ie laisse ce sujet, ma main quitte la plume,
Mon cœur s'estonne en soi, mon sourcil refrongné,
L'esprit de son subiet se retire esloigné:
Ici je vai laver ce pappier de mes larmes:
Si vous prestez vos yeux au reste de mes carmes,
Ayez encor de moi ce tableau plein de fleurs,
Qui sur un vrai subject s'esgaie en ses couleurs.

  Vn pere, deux fois pere, emploia sa substance
Pour enrichir son fils des thresors de science,

M iiij

En couronnant ses jours de ce dernier dessein,
Ioieux, il espuiza ses coffres & son sein,
Son avoir & son sang : sa peine fut suivie
D'heur, à parachever le present de la vie :
Il void son fils sçavant, adroict, industrieux,
Meslé dans les secrets de Nature & des Cieux,
Raisonnant sur les loix, les mœurs & la police :
L'esprit sçavoit tout art, le corps tout exercice.
Ce vieil François, conduict par une antique loy,
Consacra cette peine & son fils à son Roy :
L'equippe, il vient en Cour : là cette ame nouvelle
Des vices monstrueux, ignorante & pucelle,
Void force hommes bien faicts, bien morgants, bien vestus,
Il pense estre arrivé à la foire aux vertus,
Prend les occasions qui sembloient les plus belles,
Pour estaller premier ses intellectuelles :
Se laisse convier, se conduisant ainsi
Pour n'estre ni entrant ni retenu aussi,
Tousiours respectueux, sans se faire de feste :
Il contente celui qui l'attaque & l'arreste,
Il ne trouve auditeurs qu'ignorans envieux,
Diffamans le sçavoir des noms ingenieux :
S'il trousse l'epigramme ou la stance bien faicte,
Le voila descouvert c'est faict, c'est un Poëte :
S'il dict un mot salé, il est bouffon, badin :
S'il danse un peu trop bien, saltarin, baladin :
S'il a trop bon fleuret, escrimeur s'appelle :
S'il prend l'air d'un cheval, c'est an salt ain bardelle :
Si avec art il chante, c'est un Musicien :
Philosophe, s'il presse en bon Logicien :

S'il frappe

S'il frappe là dessus & en met un par terre,
C'est un fendent qu'il faut saller apres la guerre:
Mais si on sçait qu'un jour à part en quelque lieu
Il mette genouil bas, c'est un prieur de Dieu.
Cet esprit offensé dedans soi se retire,
Et comme en quelque coin se cachant il souspire.
Voici un gros amas qui emplit jusqu'au tiers,
Le Louvre de soldats, de braves chevaliers,
De noblesse paree: au milieu de la nuë
Marche un Duc, dont la face au jeune homme inconnuë
Le renvoie au conseil d'un page traversant,
Pour demander le nom de ce Prince passant:
Le nom ne le contente, il pense, il s'esmerveille,
Tel mot n'estoit jamais entré en son oreille:
Puis cet estonnement soudain fut redoublé,
Alors qu'il vit le Louvre aussitost depeuplé
Par le sortir d'un autre, au beau milieu de l'onde
De Seigneurs l'adorans comm' un Roy de ce Monde:
Nostre nouveau venu s'accoste d'un vieillard,
Et pour en prendre langue il le tire à l'escart:
Là il apprit le nom, dont l'histoire de France
Ne lui avoit donné ne vent ne cognoissance:
Ce Courtisan grison, s'esmerveillant dequoi
Quelqu'un mesconnoissoit les mignons de son Roi,
Raconte leurs grandeurs, comment la France entiere,
Escabeau de leurs pieds, leur estoit tributaire:
A l'enfant qui disoit, sont-ils grands terriens
Que leur nom est sans nom par les historiens?
Il respond, rien du tout, ils sont mignons du Prince:
Ont-ils sur l'Espaignol conquis quelque Province?

N

Ont-ils par leurs conseils relevé un mal-heur?
Delivré leur pays par extreme valleur?
Ont-ils sauvé le Roy, commandé quelque armee,
Et par elle gaigné quelque heureuse journee?
A tout fut respondu, mon jeune homme je croi
Que vous estes bien neuf, ce sont mignons du Roy.
Ce mauvais courtisan guidé par la colere
Gaigne logis & lict, tout vient à lui desplaire,
Et repas, & repos : cet esprit transporté
Des visions du jour par idée infecté,
Void dans une lueur sombre, jaunastre & brune,
Sous l'habit d'un rezeul l'image de Fortune,
Qui entre a la minuict, conduisant des deux mains
Deux enfans nuds bandez : de ces freres germains
L'un se peint fort souvent, l'autre ne se void guere,
Pource qu'il a les yeux & le cœur par derriere :
La bravache s'avance, envoye brusquement
Les rideaux : elle accolle, & baize follement
Le visage effrayé : ces deux enfans estranges,
Sautez dessus le lict peignent des doids les franges.
Alors Fortune mere aux estranges amours
Courbant son chef paré de perles & d'atours,
Desploye tout d'un coup mignardises & langue,
Faict de baizers les poincts d'une telle harangue.

Mon fils qui m'as esté desrobé du berceau,
Pauvre enfant, mal-nourri, innocent jouvenceau,
Tu tiens de moy ta mere un assez haut courage,
Et j'ay veu aujourd'huy aux feux de ton visage
Que le dormir n'auroit pris n'y cœur n'y esprits.
En la nuict qui suivra le jour de ton mespris.

Embrasse, mon enfant mal-nourri par ton pere,
Le col & les desseins de Fortune ta mere
Comment mal conseillé, pipé, trahi, suis-tu
Par chemins espineux la sterile vertu?
Cette sotte, par qui me vaincre tu essayes
N'eut jamais pour loyer que les pleurs & les playes,
De l'esprit & du corps les assidus torments,
L'envie les soubsons & les bannissements:
Qui pis est, le desdain: car sa trompeuse attente
D'un vain espoir d'honneur la vanité contente:
De la pauvre vertu l'orage n'a de port
Qu'un havre tout vaseux d'une honteuse mort.
Es-tu poinct envieux de ces grandeurs Romaines:
Leurs rigoureuses mains tournerent par mes peines
Dedans leur sein vaincu leur fer victorieux.
Je t'espiois ces jours lisant, si curieux,
La mort du grand Seneque & celle de Thrasee,
Je lisois par tes yeux en ton ame embrazee
Que tu enviois plus Seneque que Neron,
Plus mourir en Caton que vivre en Ciceron,
Tu estimois la mort en liberté plus chere
Que tirer en servant une haleine precaire:
Ces termes specieux font tels que tu concluds
Au plaisir de bien estre ou bien de n'estre plus.
Or sans te surcharger de voir les morts, & vies
Des anciens qui faisoyent gloire de leurs folies,
Que ne vois-tu ton siecle, où n'aprehendes tu
Le succes des enfans aisnez de la vertu:
Ce Bourbon qui, blessé, se renfonce en la presse
Tost assommé, traisné sur le dos d'une asnesse:

L'Admiral pour jamais sans surnom trop connu,
Meurtri, precipité, traisné, mutilé, nu,
La fange fut sa vaye au triomphe sacree,
Sa couronne un colier, Mont-faucon son trophee,
Voy sa suitte aux cordeaux, à la roüe, aux posteaux,
Les plus heureux d'entre eux quitte pour les couteaux,
De ta Dame loyers, qui paye, contemptible,
De rude mort la vie hazardeuse & penible:
Lis, curieux, l'histoire en ne donnant poinct lieu,
Parmi ton jugement, au jugement de Dieu:
Tu verras ces vaillans en leurs vertus extremes
Avoir vescu gehennez & estre morts de mesmes.
 Encor pour l'advenir te puis-je faire voir
Par l'aide des Dæmons au Magicien mirouer
Tels loyers receus: mais ta tendre conscience
Te faict jetter au loin cette brave science:
Tu verrois des valeurs le bel or monnoyé,
Dont bien tost se verra le Parmesan payé,
En la façon que fut salarié Gonsalve,
Le brave Duc d'Austrie & l'enragé Duc d'Alve.
Ie voy un Prince Anglois courageux par excez,
A qui l'amour quitté fait un rude procez,
Licols, poizons, couteaux qui payent en Savoye
Les prompts executeurs: je voy cette monnoye
En France avoir son cours, je voy lances, escus,
Cœurs & non des vainqueurs soubs les pieds des vaincus:
O de trop de merite impiteuse memoire!
Ie voy les trois plus hauts instrumens de victoire,
L'un a qui la colere a pû donner la mort,
L'autre sur l'eschafaut, & le tiers sur le bord.

Iette l'œil droit ailleurs, regarde l'autre bande,
En large & beau chemin plus splendide & plus grande:
Au sortir des berçeaux ce prosperant troupeau
A bien tasté des Arts, mais n'en prit que la peau:
Eut pour borne ce mot, assez pour Gentil-homme,
Pour sembler vertueux comme un singe faict l'homme:
Ils ont veu des dangers assez pour en conter,
Ils en content autant qu'il faut pour se vanter:
Lisants ils ont pillé les poinctes pour escrire:
Ils sçavent en jugeant admirer ou sousrire,
Louer tout froidement, si ce n'est pour du pain,
Renier son salut quand il y va du gain:
Barbets des favoris, premiers a les connoistre,
Singes des estimez, bons Echos de leur maistre:
Voila a quel sçavoir il te faut limiter
Que ton Esprit ne puisse un Iupin irriter:
Il n'ayme pas son juge, il le frape en son ire:
Mais il est amoureux de celuy qui l'admire.
Il reste que le corps comme l'accoustrement
Soit aux loix de la Cour, marcher mignonnement,
Trayner les pieds, mener les bras, hocher la teste,
Pour bransler a propos d'un pennache la creste,
Garnir & bas & haut de roses & de nœuds,
Les dents de muscadins, de poudre les cheveux:
Fais-toi dedans la foulle une importune voye,
Te monstre ardant à voir afin que l'on te voye,
Lance regardz tranchants pour estre regardé,
Le teint de blanc d'Espagne & de rouge fardé,
Que la main que le sein y prennent leur partage,
Couvre d'un parasol en esté ton visage,

Iette (comme effrayé) en femme quelque cris,
Mesprise ton effroy par un traistre soubzris,
Fais-le begue, le las d'vne voix molle & claire,
Ouvre ta languissante & pesante paupiere,
Sois pensif, retenu, froid, secret & finet:
Voila pour devenir grace du Cabinet,
A la porte duquel laisse Dieu cœur & honte,
Ou je travaille en vain en te faisant ce conte:
Mais quand ton fard sera par le temps decelé,
Tu auras l'œi' rougi, le crane sec, pelé:
Ne sois point affranchi par les ans du service,
Ny du joug qu'avoit mis sur ta teste le vice:
Il faut estre garçon pour le moins par les vœux,
Qu'il n'y ait rien en toi de blanc que les cheveux:
Quelque jour tu verras un chauve, un vieux eunuque
Faire porter en Cour aux hommes la perruque:
La saison sera morte a toutes ces valeurs,
Vn servile courage infectera les cœurs,
La morgue fera tout, tout se fera pour l'aise,
Le haussecol sera changé en portefraise.

   Ne reviens a ce siecle où nos mignons vieillis
A leur dernier mestier voüez & accueillis
Pipent les jeunes gens, les gagnent les courtisent,
Eux, autresfois produicts, à la fin les produisent,
Faisans plus advisez moins glorieux que toy
Par le cul d'un coquin chemin au cœur d'un Roy.

   Ce fut assez, c'est là que rompit patience
La vertu qui de l'huis escoutoit la science
De Fortune: si tost n'eut sonné le loquet,
Que la folle perdit l'audace & le caquet:

Ell' avoit apporté une clarté de Lune,
Voici autre clarté que celle de Fortune :
Voici un beau Soleil qui, de rayons dorez
De la chambre & du lict vid les coins honorez:
La vertu paroissant en matrosne vestue,
La mere & les enfans ne l'eurent si tost veüe,
Que chascun d'eux changea en Damon decevant,
De Damon en fumee, & de fumee en vent,
Et puis de vent en rien : cette hostesse derniere
Prit au chevet du lict pour sa place une chaire :
Saisit la main tremblante a son enfant transi,
Par un chaste baiser l'asseure & dit ainsi.

 Mon fils n'attends de moy la pompeuse harangue
De la fausse Fortune, aussi peu que ma langue
Fascine ton oreille & mes presents tes yeux :
Ie n'esclatte d'honneur ni de dons precieux,
Ie foulle ces beautez desquelles Fortune use
Pour ravir par les yeux une ame qu'elle abuse :
Ce lustre de couleurs est l'esmail qui s'espand
Au ventre & a la gorge & au dos du serpent :
Tire ton pied des fleurs soubs lesquelles se cœuvre,
Et avec say la mort la glissante couleuvre.
I'ay voulu pour ta preuve un jour te despoüiller,
Voir sur ton sein les morts, & siffler & grouiller:
Sur toi, race du Ciel, ont esté inutiles
Les sissons des aspics ainsi que sur les Psylles :
Le Ciel faict ainsi choix des siens qui, sains & forts,
Sont a preuve du vice & triomphent des morts.
Psylie bien approuvé, leve plus haut ta veüe,
Ie veux faire voller ton esprit sur la nüe,

N iiij

Que tu voie la terre en ce poinct que la vid
Scipion quand l'amour de mon nom le ravit,
Ou mieux d'où Coligni se rioit de la foule
Qui de son tronc roullé se jouoit à la boulle,
Parmi si hauts plaisirs, que mesme en lieu si doux
De tout ce qu'il voioit il n'entroit en courroux:
Vn jeu lui fut des Rois la sotte perfidie,
Comique le succez de la grand tragedie:
Il vid plus, sans colere, un de ses enfans chers
Degenere lecher les pieds de ses bouchers:
Là ne s'estime rien des regnes l'exellence,
Le Monde n'est qu'un poix, un atome la France,
C'est là que mes enfans dirigent tous leurs pas,
Dés l'heure de leur naistre à celle du trepas,
Pas qui foullent sous eux les beautez de la terre,
Cueillans les vrais honneurs & de paix & de guerre,
Honneur au poinct duquel un chacun se deçoit:
On perd bien tost celui qu'aisement on reçoit:
La gloire qu'autrui donne est par autrui ravie,
Celle qu'on prend de soi vit plus loing que la vie:
Cerche l'honneur, mais non celui de ces Mignons,
Qui ne mordent au loup, bien sur leurs compagnons:
Qu'ils prennent le duvet, toi la dure & la peine,
Eux le nom de mignons, & toy de capitaine:
Eux le musc, tu auras de la meche le feu:
Eux les jeux, tu auras la guerre pour ton jeu.
Prenne donc ton courage à propos la carriere,
Et que l'honneur qui faict que tu laisses arriere
La lie du bas peuple & l'infame bourbier,
Soit la gloire de Prince, & non pas de barbier:
            Car c'est

Car c'est l'humilité qui à la gloire monte,
Le faux honneur acquiert la veritable honte.
Puis que ton cœur Roial veut s'asservir aux Rois,
Va suivre les labeurs du Prince Navarrois:
Et là tu trouveras mon logis chez Anange,
Anange que je suis & (qui est chose estrange)
Là où elle n'est plus, aussi tost je ne suis:
Ie l'aime en la chassant, la tuant je la suis:
Là où elle prend pied la pauvrette m'appelle:
Ie ne puis m'arrester n'y sans n'y avec elle:
Ie crains bien que l'ayant bannie de ce Roy
Tu n'y pourras plus voir bien tost elle ni moy.
Là tu imiteras ces eslevez courages
Qui cerchent les combats au travers des naufrages:
Là est le choix des cœurs & celui des esprits:
Là moi-mesme je suis de moi-mesme le prix,
Bref là tu trouveras par la perseverance
Le repos au labeur, au peril l'asseurance.
Va, bien heureux, ie suis ton conseil, ton secours,
I'offense ton courage avec si long discours.

 Que je vous plains, esprits, qui au vice contraires
Endurez de ces cours les sejours necessaires!
Heureux, si non infects en ces infections,
Rois de vous vous regnez sur vos affections:
Mais quoi que vous pensez gaigner plus de louange
De sortir impolus hors d'une noire fange,
Sans tache hors du sang, hors du feu sans brusler:
Que d'un lieu non souillé sortir sans vous souiller:
Pourtant il vous seroit plus beau en toutes sortes
D'estre les gardiens des magnifiques portes

Q

De ce temple Eternel de la maison de Dieu,
Qu'entre les ennemis tenir le premier lieu,
Plutost porter la croix, les coups & les injures,
Que des ords cabinets les clefs a vos ceintures:
Car Dieu pleut sur les bons, & sur les vicieux,
Dieu frappe les meschans & les bons parmi eux.

 Fuiez Lots de Sodome & Gomorre bruslantes,
N'enseveliffez pas vos ames innocentes
Avec ces reprouvez: car combien que vos yeux
Ne froncent le sourcil encontre les hauts Cieux,
Combien qu'avec les Rois vous ne hochiez la teste
Contre le Ciel esmeu armé de la tempeste:
Pource que des Tyrans le support vous tirez,
Pource qu'ils sont de vous comme Dieux adorez
Lors qu'ils veullent au pauvre & au juste mesfaire,
Vous estes compagnons du mesfaict pour vous taire.
Lors que le fils de Dieu vengeur de son mespris,
Viendra pour vandanger de ces Rois les Esprits,
De sa verge de fer brisant, espouvantable,
Ces petits Dieux enflez en la terre habitable:
Vous y serez compris. Comme lors que l'esclat
D'un foudre exterminant vient renverser à plat
Les chesnes resistans & les cedres superbes:
Vous verrez là dessous les plus petites herbes,
La fleur qui craint le vent, le naissant arbrisseau,
En son nid l'escurieu, en son aire l'oiseau,
Sous ce daix qui changeoit les gresles en rosees,
La bauge du sanglier, du cerf la reposee,
La ruche de l'abeille & la loge au berger,
Avoir eu part à l'ombre, avoir part au danger.

LA CHAMBRE DOREE.

LIVRE III.

AV Palais flamboyant, du haut Ciel empirée
Reluit l'Eternité en presence adorée
Par les Anges heureux : trois fois trois rāgs de vens,
Puissance du haut Ciel, y assistent servans:
Les Sainctes legions sur leurs pieds toutes prestes
Levent aux pieds de Dieu leurs precieuses testes
Sous un clair pavillon d'un grand arc de couleurs,
Au moindre clin de l'œil du Seigneur des Seigneurs
Ils partent de la main : ce trouppeau sacré vole
Comme vent descoché au vent de la parole,
Soit pour estre des Saincts les bergers curieux,
Les preserver de mal, se camper autour d'eux,
Leur servir de flambeau en la nuict plus obscure,
Les defendre d'injure, & destourner l'injure
Sur le chef des Tyrans : soit pour d'un bras armé
Desploier du grand Dieu le courroux animé:
D'un coutelas ondé, d'une main juste & forte
L'un defend aux pecheurs du Paradis la porte:
Vn autre fend la mer : par l'autre sont chargez
Les pauvres de thresors, d'aise les affligez,
De gloire les honteux, l'ignorant de science,
L'abbatu de secours, le transi d'esperance:

Quelqu' autre va trouver un Monarque en haut lieu
Bardé de mille fers, & au nom du grand Dieu,
Asseuré, l'espouvante : esleve, l'extermine :
Le faict vif devorer à la salle vermine.
L'un veille un regne entier, une ville, un chasteau,
Vne personne seulle, un pasteur, un troupeau :
Gardes particuliers de la troupe fidele
De la maison de Dieu ilz sentent le vray zele
Portent dedans le Ciel leurs larmes, les souspirs
Et les gemissemens des bien-heureux Martyrs.
  A ce Throsne de gloire arriva gemissante
La Iustice fuitive en sueurs pantelante,
Meurtrie & deschirée aux yeux serains de Dieu,
Les Anges retirez lui aians donné lieu :
La pauvrete couvrant sa face desolee
De ses cheveux trempez faisoit, eschevelee,
Vn voile entre elle & Dieu, puis souspirant trois fois
Elle pousse avec peine & à genoux ces voix.
  Du plus bas de la terre, & du profond du vice,
Vers toi j'ai mon recours, te voici, ta Iustice
Que sage tu choisis pour le droict enseigner,
Que Roine tu avois transmise pour regner :
La voici à tes pieds en piece deschiree,
Les humains ont meurtri sa face reveree :
Tu avois en sa main mis le glaive trenchant
Qui aujourd'hui forcene en celle du meschant :
Remets ô Dieu ta fille en son propre heritage,
Le bon sente le bien, le meschant son ouvrage :
L'un reçoive le prix, l'autre le chastiment,
Afin que devant toi, chemine droictement

La terre ci aprés: baiſſe en elle ta face,
Et par le poing me logé en ma premiere place.
   A ces mots intervient la blanche Picté,
Qui de la terre ronde au haut du Ciel vouté
En courroux s'envola, de ſes luiſantes ailes
Elle accreut la lueur des voutes eternelles:
Ses yeux eſtinceloyent de feux & de courroux:
Elle s'advance a coup, elle tombe a genoux,
Et le juſte deſpit qui ſa belle ame affole
Lui fit dire beaucoup en ce peu de parolle.
   La terre eſt elle pas ouvrage de ta main?
Elle ſe meſconnoiſt contre ſon Souverain:
La felonne blaſpheme, & l'aveugle inſolente
S'endurcit & ne ploye à ta force puiſſante.
Tu la fis pour ta gloire, à ta gloire deffaicts
Celle qui m'a chaſſé. Sur ce poinct vint la Paix,
La paix fille de Dieu. I'ai la terre laiſſee
Qui me laiſſe (dict elle) & qui m'a dechaſſee:
Tout y eſt abruti, tout eſt de moi quitté
En ſommeil l'eſtargie, d'une tranquillité
Que le monde cherit, & n'a pas connoiſſance
Quelle eſt fille d'Enfer, guerre de conſcience,
Fauſſe paix qui voulloit deſrober mon manteau
Pour cacher deſſous lui le feu & le couteau,
Apporter dans le ſein des agneaux de l'Egliſe
Et la guerre & la mort qu'un nom de paix deſguiſe.
   A ces mots le troupeau des eſprits fut ravi:
Ce propos fut reprins, & promptement ſuivi
Par les Anges, deſquels la plaintive priere
Eſmeut le front du Iuge & le cœur du vray Pere:

Ils s'ameutent ensemble, & firent, gemissans,
Fumer cette oraison d'un precieux encens.

  Grand Dieu, devant les yeux duquel ne sont cachees
Des cœurs plus endurcis les premieres pensees,
Desploye ta pitié en ta justice, & fais
Trouver mal au meschant, au paisible la paix:
Tu voy que les Geants, foibles Dieux de la terre,
En tes membres te font une insolente guerre,
Que l'innocent perit par l'inique trenchant,
Par le couteau qui doit effacer le meschant:
Tu voi du sang des tiens les rivieres changees,
Se rire les meschans des ames non vangees,
Ton nom foullé aux pieds, nom que ne peut nommer
L'atheiste, sinon quand il veut blasphemer:
Ta patience rend son entreprise ferme,
Et tes jugements sont en mespris pour le terme:
Ne void ton œil vengeur esclatter en tous lieux
Sur ses tendres agneaux les effroyables feux?
Dont l'ardeur par les tiens se trouve consumee,
Et nous sommes lassez d'en boire la fumee:
Tes patiens tesmoins souffrent sans pleurs & cris,
Et sans trouble le mal qui trouble nos esprits:
Nous sommes immortels, peu s'en faut que ne meure
Chacun qui les visite en leur noire demeure,
Aux puantes prisons ou les saincts zelateurs
Quand nous les consolons nous sont consolateurs.

  Là les bandes du Ciel humbles, agenouillees
presenterent à Dieu mil ames despouillees
De leur corps par les feux, les cordes, les couteaux,
Qui, libres au sortir des ongles des bourreaux,

Toutes blanches au feu volent avec les flames,
Pures dans les Cieux, purs, le beau pays des ames,
Passent L'Ether, le feu, percent le beau des Cieux,
Les orbes tournoyans sonnent, armonieux:
A eux se joinct la voix des Anges de lumiere,
Qui menent ces presens en leurs places premiere:
Avec elles voloyent, comme troupes de vents,
Les prieres, les cris & les pleurs des vivants,
Qui du nuage espais d'une amere fumee
Fit des nareaux de Dieu sortir l'ire alumee.

  De mesme en quelques lieux vous pouvez avoir leu,
Et les yeux des vivants pourroient bien auoir veu
Quelque Empereur ou Roy tenant sa Cour planiere
Au milieu des festins, des combats de barriere,
En l'esclat des plaisirs, des pompes: & alors
Qu'à ses Princes cheris il monstre ses tresors,
Voici entrer à coup une vefue esploree
Qui foulle tout respect, en dueil demesuree,
Qui conduict le corps mort d'un bien aimé mari:
Ou porte d'un enfant le visage meurtri,
Fait de cheveux jonchee, accorde à sa requeste
Le trouble de ses yeux, qui trouble ceste feste:
La troupe qui la void change en plainte ses ris,
Elle change leur chants en l'horreur de ses cris.
Le bon Roi quitte lors le sceptre & la seance,
Met l'espee au costé & marche à la vengeance.
  Dieu se leve en courroux & au travers des Cieux
Perça, passa son chef à l'esclair de ses yeux,
Les Cieux ce sont fendus tremblans, suans de crainte,
Les hauts monts ont croullé cette Majesté saincte,

Paroissant fit trembler les simples Elements,
Et du monde esbransla les stables fondements:
Le tonnerre grondant frappa cent fois la nuë:
Tout s'enfuit, tout s'estonne & gemit à sa veuë:
Les Rois qui l'ont haï laissent cheoir, pallissants,
De leurs sanglantes mains les sceptres rougissants:
La mer fuit & ne pût trouver une cachette:
Devant les yeux de Dieu les vents n'ont de retraitte
Pour parer ses fureurs: l'Vnivers arresté
Adore en fremissant sa haulte Majesté:
Et lors que tout le Monde est en fraieur ensemble,
Il n'y à rien ça bas si ferme qui ne tremble:
Les Chrestiens seulement affligez, sont ouis
D'une voix de louange & d'un Pseaume esjouis,
Au tocquement des mains faire comme une entree
Au Roy de leur secours & victoire asseuree:
Le meschant le sentit plein despouuentement,
Mais le bon le connut plein de contentement.

 Le Tout-puissant plana sur le hault de la nuë
Long temps, jettant le feu & l'ire de sa veuë
Sur la terre: & voici, le Tout-voiant ne void,
En tout ce que la terre en son orgueil avoit,
Rien si prés de son œil que la brave rencontre
D'un gros amas de tours qui eslevé se monstre
Dedans l'air plus hautain; cet orgueil tout nouveau
De pavillons dorez faisoit un beau chasteau
Plein de lustre & d'esclat, dont les cimes poinctues,
Braves, contre le Ciel mipartissoient les nues:
Sur ce premier object Dieu teint longuement l'œil,
Pour de l'homme orgueilleux voir l'ouvrage & l'orgueil:
            Il void

Il void les vents esmeus, postes du grand Eole
Faire en virant gronder la girouette folle:
Il descend, il s'approche, & pour voir de plus prés
Il met le doigt qui juge & qui punit aprés,
L'ongle dans la paroi, qui de loin reluisante
Eut la face & le front de brique rougissante:
Mais Dieu trouva l'estoffe & les durs fondemens
Et la pierre commune a ces fiers bastimens
D'os de testes de morts, au mortier execrable
Les cendres des bruslez avoyent servi de sable,
L'eau qui les detrempoit estoit du sang versé,
La chaux vive dont fut l'edifice enlacé
Qui blanchit ces tombeaux & les salles si belles,
C'est le meslange cher de nos tristes moëlles.

 Les Poëtes ont feint que leur Dieu Iupiter
Estant venu du Ciel les hommes visiter,
Punit un Lycaon mangeur d'homme execrable,
En le changeant en loup à sa tragique table:
Dieu voulut visiter cette roche aux lions,
Entra dans la taniere & vit ces Lycaons,
Qui lors au premier mets de leurs tables exquises
Estoient servis en or, avoient pour friandises
Des enfans desguisez: il trouva la dedans
Des loups cachez aians la chair entre les dents.
Nous avons parmi nous cette gent Canibale,
Qui de son vif gibier le sang tout chaud avalle,
Qui au commencement par un trou en la peau
Succe sans escorcher le sang de son troupeau,
Puis acheve le reste, & de leurs mains fumantes
Portent à leurs palais bras & mains innocentes,

P

Font leur chair de la chair des orphelins occis:
Mais par desguisemens comme par un hachis,
Ostans l'horreur du nom cette brute canaille
Fait tomber sans effroi entrailles dans entrailles,
Si que des l'œuf rompu, Thiestes en repas,
Tel s'abeche d'humain qui ne le pense pas,
Des tais des condamnez & coulpables sans coulpes
Ils parent leurs buffets, & font tourner leur coupes,
Des os plus blancs & nets leurs meubles marquetez
Resjouissent leurs yeux de fines cruautez:
Ils hument à longs traits dans leurs couppes dorees
Suc, laict, sang & sueurs des vefves esplorees,
Leur barbe s'en parfume, & aux fins du repas,
Yvres, vont degouttant cette horreur contre bas:
De si aspres forfaicts l'odeur n'est point si forte
Qu'ils ne facent dormir leur conscience morte
Sur des matras enflez du poil des orphelins,
De ce piteux duvet leurs oreillers sont plains:
Puis de sa tendre peau faut que l'enfant vestisse
Le meurdrier de son pere en tiltre de justice:
Celle qu'ils ont fait vefve arrache ses cheveux
Pour en faire un tissu horrible & precieux:
C'est le dernier butin que le volleur desrobe
A faire paremens de si funeste robe.

   Voila en quel estat vivoyent les justiciers
Aux meurdriers si benins, des benins les meurdriers
Tesmoins du faux tesmoin, les pleiges des faussaires,
Receleurs des larrons, maquereaux d'adulteres,
Mercenaires, vendans la langue, la faveur,
Raison, authorité, ame, science & cœur.

Encor falut-il voir cette chambre dorée,
De justice jadis, d'or maintenant parée
Par dons, non par raison : là ce void decider
La force & non le droit, la void-on presider
Sur un throsne eslevé l'Injustice impudente,
Son parement estoit d'escarlate sanglante
Qui goutte sans repos, elle n'a plus aux yeux
Le bandeau des Anciens mais l'esclat furieux
Des regards fourvoyans, inconstamment se vire
En peine sur le bon, en loier sur le pire :
Sa balance aux poix d'or trebusche faussement :
Prés d'elle sont assis au lict de jugement
Ceux qui peuvent monter par marchandise impure,
Qui peuvent commencer par notable parjure
Qui d'ame & de salut ont quitté le souci :
Vous les verrez depeints au tableau que voici.

 A gauche avoit seance une vieille harpye,
Qui entre ses genoux grommeloit, acroupie :
Comptoit & racomptoit, aprochoit de ses yeux
Noirs, petits, enfoncez les dons plus precieux
Qu'elle recache au plis de sa robe rompue :
Ses os en mille endroits repoussans sa chair nue,
D'ongles rouillez, crochus son tappi tout cassé
A tout propos panchant par elle estoit dressé :
L'avare en mangeant tout est tousjours affamee :
La Iustice à ses pieds, en portraict diffamee,
Lui sert de marchepied : là soit à droit à tort
Le riche a la vengeance & le pauvre à la mort.
A son costé triomphe une peste plus belle,
La jeune Ambition folle & vaine cervelle,

A qui les yeux flambans, enflez, sortent du front
Impudent, enlevé, superbe, fier & rond,
Aux sourcils rehaussez : la prudente & ruzee
Se pare d'un manteau de toile d'or frisee,
Alors qu'elle trafique & pratique les yeux
Des dames, des galands & des luxurieux :
Incontinent plus simple elle vest, desguisee,
Vn modeste maintien, sa manteline usee :
Devant un cœur hautain rude à l'Ambition,
  Tout servil pour gaigner la domination :
Vne perruque feinte en vieille elle apparelle,
C'est une Alcine fausse & qui n'a sa pareille,
Soit à se transformer ou cognoistre comment
Doit la commediante avoir l'accoustrement :
La gloire la plus grande est sans gloire paroistre,
L'Ambition se tue en ce faisant cognoistre.

  L'on void en l'autre siege estriper les serpents,
Les crapaux, le venin entre les noires dents
Du conseiller suivant : car la mimarte Envie
Sort des Rochers hideux & traine là sa vie.
  On cognoist bien encor ceste teste sans front,
Pointue en piramide & cet œil creux & rond,
Ce nez tortu, plissé, qui sans cesse marmotte,
Rid à tous en faisant de ses doids la marotte.

  Là de ses yeux esmeus esmeut tous en fureur
L'Ire empourpree : il sort un feu qui donne horreur
De ses yeux ondoyans, comme au travers la glace
D'un chrystal se peut voir d'un gros rubi la face.
Elle a dans la main droite un poignard attaché
De sang qui ne s'efface, elle le tient caché

Dessous un voille noir, duquel elle est pourveüe
Pour offusquer de soy & des autres la veüe,
De peur que la pitié ne volle dans le cœur
Par la porte des yeux. Puis la douce Faveur
De ses yeux affetez, chascun pipe & regarde,
Fait sur les fleurs de lis des bouquets, la mignarde
Oppose ses beautez au droict, & aux flateurs
Donne à baizer l'azur, non à sentir ses fleurs.

 Comment d'un pas douteux en la trouppe Bacchante,
Estourdie au matin, sur le soir violante,
Porte dans le Senat un tizon enflambé,
Folle, au front cramoisi, nez rouge, teint plombé,
Comment l'Yvrongnerie en la foulle, eschauffee
N'oiant les douces voix met en pieces Orfee,
A l'esclat d'un cornet d'un vineux Evoüé,
Bruit un arrest de mort d'un gosier enroüé?

 Il y falloit encor cette seiche, tremblante,
Pasle, aux yeux chassieux, de qui la peur s'augmente
Pour la diversité des remedes cerchez:
Elle va traffiquant de peché sur pechez,
A pris faict d'un chascun veut paier Dieu de fueilles,
De mots non entendus bat l'air & les oreilles:
Ceinture, doids & sein sont plains de grains benits,
De comptes, de bougie & de bagues fournis:
Le temple est pour ses fats, la boutique choisie
Maquerelle aux autels, telle est l'Hypocrisie
Qui parle doucement: puis sur son dos bigot
Va par zelle porter au buscher un fagot.

 Mais qu'elle est cette teste ainsi longue en arriere,
Aux yeux noirs, enfoncez sous l'espesse paupiere,

P iij

Si ce n'est la Vengeance au teint noir, palissant,
Qui croist & qui devient plus forte en vieillissant.
 Que tu changes soudain, tremblante Ialousie,
Pasle comme la mort, comme feu cramoisie:
A la crainte, à l'espoir tu souhaitte cent yeux,
Pour à la fois percer cent sujets & cent lieux:
Si tu sens l'esguilon de quelque conscience,
Tu te metz au devant, tu trouble, tu t'advance,
Tu encheris du tout & ne laisse dequoi
Ton scelerat voisin se pousse devant toi.
 Cette fresle beauté qu'un vermeillon desguise
A l'habit de changeant, sur un costé assise:
Ce fin cuir transparant qui trahit sous la peau
Mainte veine en serpent, maint arthere nouveau:
Cet œil l'ousche brillant n'est-ce pas l'Inconstance?
 Sa voisine qui enfle une si lourde panse
Ronfle la joue en paume & d'un acier rouillé
Arme son estomac, de qui l'œil resveillé
Semble dormir encor ou n'avoir point de vie:
Endurcie, au teint mort, des hommes ennemie,
Pachuderme de corps, d'un esprit indompté,
Astorge, sans pitié, c'est la Stupidité.
 Ou fuis-tu en ce coin, Pauvreté demi vive?
As-tu la chambre d'or pour l'hopistal, chetive,
Asile pour fuir la poursuivante faim?
Veux-tu poictrir de sang ton execrable pain?
Ose ici mendier ta rechigneuse face,
Et faire de ses lis tappis a ta besace?
 Et puis pour couronner ceste liste de Dieux
Ride son frond estroit, offusqué de cheveux,

Pres="présent des Courtisans, la cheveche du reste,
L'Ignorance qui n'est la moins fascheuse peste:
Ses petits yeux charnus sourcillent sans repos,
Sa grand bouche demeure ouverte à tous propos,
Elle n'a sentiment de pitié ni misere:
Toute cause lui est indifferente & claire,
Son livre est le commun, sa loi ce qu'il lui plaist:
Elle dit ad idem puis demande que c'est.

Sur l'autre banc paroist la contenance enorme,
D'une impiteuse More, à la bouche difforme,
Ses levres a gros bords, ses yeux durs de travers,
Flambans veineux, tremblans, ses naseaux hauts, ouvers,
Les sourcils joints, espais, sa voix rude, enroüee:
Tout convient à sa robe à l'espaule noüee
Qui couvre l'un des bras gros & nerveux & courts,
L'autre tout nud paroist semé du poil d'un ours:
Ses cheveux mi-bruslez sont frisez comme laine,
Entre l'œil & le nez s'enfle une grosse veine,
Vn portraict de pitié a ses pieds est jetté:
Dessus ce throsne sied ainsi la Cruauté.

Aprés la Passion, aspre fusil des ames,
Porte un manteau glacé sur l'estomac de flames:
Son cuir trop deslié, tout doublé de fureurs,
Changé par les objects en diverses couleurs:
La brusque sans repos brusle en impatience,
Et n'attend pas son tour à dire sa sentence.

La Haine partisane envoye avec courroux
Ses regards aux advis qui lui semblent trop doux,
Menace pour raisons ou du chef ou du maistre:
Ce qui n'est violent est criminel ou traistre:

Encores en changeant d'un & d'autre costé
Tient là son rang la fade & sotte Vanité
Qui porte au sacré lieu tout a nouvelle guise,
Ses cheveux Affriquains, les chausses en valise,
La rotonde, l'empoix, double colet perdu,
La perruque du crin d'un honneste pendu,
Et de celui qui part d'une honteuse place
Le poulet enlacé autour du bras s'enlace,
On l'ouvre aux compagnons, tout y sent la putain,
Le geste effeminé, le regard incertain:
Fard & ambre par tout, quoi qu'en la saincte chambre
Le fard doit estre laid, puant doit estre l'ambre,
Maschant le muscadin: le begue on contrefaict,
On fait paigne des mains, la gorge s'y desfaict,
Sur l'espaulle se joue une longue moustache:
Par fois le conseiller devient soldat bravache,
Met la robe & l'estat à repos dans un coin,
S'arme d'esprons dorez pour n'aller gueres loin,
Se fourre en un berlan, d'un procez il renvie,
Et s'il faut s'acquitter fait reste d'une vie,
Le tout pour acquerir un vent, moins que du vent,
La Vanité s'y trompe, & c'est elle souvent
Qui, voulant plaire à tous, est de tous mesprisee:
  Mesmes la Servitude, à la teste rasee,
Sert sur le tribunal ses maistres, & n'a loy
Que le juste plaisir ou desplaisir d'un Roy.
  Voici dessus les rangs une autre courtisane,
Dont l'œil est attrayant & la bouche est profane:
Preste beauté à tout, qui rid & ne rid point,
Qui n'a de serieux n'y de seur un seul point,

C'est

C'est la Bouffonnerie imperieuse, folle:
Son infame boutique est plaine de parolle
Qui delecte l'oreille en offensant les cœurs:
Par elle ce Senat est au banc des mocqueurs.

　Il se faut bien garder d'oublier en ce compte
Le front de passereau, sans cheveux & sans honte,
De la chauve Luxure, à qui l'obiect nouveau
D'une beauté promise à mis les yeux en eau:
Elle a pour faict & droict & pour l'ame l'idee
Du but impatient d'une putain fardee.

　Et que faict la Foiblesse au Tribunal des Rois?
Car tout lui sert de crainte, & ses crainctes de loix:
Elle tremble, elle espere, elle est rouge, elle est blesme:
Elle ne porte rien & tombe sous soi-mesme.

　Faut-il que cette porque y tienne quelque rang?
La Paresse accrouppie au marchepied du banc,
Qui le menton au sein, les mains à la pochette,
Feint de voir & sans voir juge sur l'etiquette.

　Quel Dæmon sur le droict par force triomphant,
Dans le rang des vieillards à logé cet enfant?
Quel Senat d'escoliers, de bouillante cervelles
Qu'on choisit par exprés aux causes criminelles?
Quel faux astre produit en ces fades saisons
Des conseillers sans barbe & des l'acquais grisons:
La Ieunesse est ici un juge d'advanture,
A sein debouttonné, qui sans loi ni ceinture
Rit en faisant virer un moullinet de noix:
Donne dans ce conseil sa temairaire voix,
Resve au jeu, court ailleurs, & respond tout de mesme
Des advis esgarez à l'un des deux extremes:

Son nom seroit Hebe si nous estions Païens:
C'est cet esprit qui meut par chauds & prompts moiens
Nos jeunes Roboans à une injuste guerre:
C'est l'eschanson de sang pour les Dieux de la terre.

Là, sous un sein d'acier, tient son cœur en prison
La taciturne, froide & lasche Trahison,
De qui l'œil esgaré à l'autre ne s'affronte:
Sa peau de sept couleurs faict des taches sans compte:
De voix sonore & douce & d'un ton feminin
La magique en l'oreille attache son venin,
Prodigue avec serment, chere & fausse monnoie
Et des ris de despit & des larmes de joie.

Sans desir, sans espoir à volé dans ce train
De la plus vile boüe au throsne souverain,
Qui mesme en s'y voyant encor ne si peut croire:
L'Insolense camuse & honteuse de gloire:
Tout vice fasche autrui, chascun le veut oster:
Mais l'insolent ne peut soi-mesme se porter.

Quel monstre voi-je encor? une dame bigotte,
Maquerelle du gain, malicieuuse & sotte:
Nulle peste n'offusque & ne trouble si fort
Pour subvertir le droit, pour establir le tort,
Pour jetter dans les yeux des juges la poussiere
Que cette enchanteresse autresfois estrangere:
Son habit de couleurs & chiffre bigarré,
Sous un vieil chapperon un gros bonnet carré:
Ses faux poids, sa fausse aulne & sa regle tortue
Deschiffrent son enigme & la rendent connüe
Pour present que d'Enfer la Discorde à porté
Et qui difforme tout, c'est la Formalité.

LA CHAMBRE DORÉE, LIV. III.

Erreur d'authorité, qui par normes enormes
Oste l'estre à la chose au contraire des formes:
Qui la hait, qui la fuit n'entend pas le palais.
(Honorable reproche à ces doctes Harlais,
De Thou, Gillot, Thurin, ⸺⸺⸺⸺
⸺⸺⸺⸺⸺⸺⸺⸺⸺⸺⸺⸺
⸺⸺⸺⸺⸺⸺⸺⸺⸺⸺⸺⸺
⸺⸺⸺⸺⸺⸺⸺⸺⸺⸺⸺⸺
⸺⸺⸺⸺⸺ *& autres que je laisse*
Inmunes de ces maux horsmis de la foiblesse,
Foiblesse qui les rend esclaves & contraints,
Bien que tordans le col, faire signe des mains,
Ce qu'abhorre le sens & puis l'ame tourmente)
Cette formalité eut pour pere un Pedante,
Vn Charlatan vendeur, porteur de rogatons
Qui devoit de son dos user tous les bastons.

Au dernier coin se sied la miserable Crainte:
Sa paslissante veüe est des autres esteinte,
Son œil morne & transi en voiant ne void pas,
Son visage sans feu a le teint du trespas:
Alors que tout son banc en un amas s'assemble,
Son advis ne dit rien qu'un triste oui qui tremble:
Elle a sous un tetin la plaie où le Mal-heur
Ficha ses doids crochus pour lui oster le cœur.

Mais encor pour mieux voir entiere la boutique
Où de vie & de biens l'Injustice traffique,
L'occasion s'offrit que Henri second Roi
En la Mercuriale ordonna par sa loi
Le feu pour peine deüe aux ames plus constantes:
Là parurent en corps & en robes sanglantes

Ceux qui furent jadis Iuges & Senateurs,
Puis du plaisir des Rois lasches executeurs :
De la se peut la Cour, en se faisant esgalle
A Mercure maqreau, dire Mercurialle,
Ce jour nos Senateurs à leur maistre vendus
Lui presterent serment en esclaves tondus.

 Ce Palais du grand Iuge avoit tiré la veüe
Par le lustre & l'esclat qui brilloit dans la rue :
En voici un second, qui se fit par horreur
Voir de tous Empereurs au supreme Empereur,
Vn funeste chasteau, dont les tours assemblees
Ne monstroient par dehors que grilles redoublees,
Tout obscur, tout puant, c'est le Palais le fort
De l'inquisition, le logis de la mort :
C'est le taureau d'erain dans lequel sont esteintes
Et les justes raisons & les plus tendres plaintes :
La mesme aux yeux de Dieu l'homme veut estouffer
La priere & la foi, c'est l'abregé d'Enfer :
Là parmi les crapaux en devinant leurs fautes
Trempent les enchainez, des prisons les plus hautes
Est banni le sommeil : car les grillons ferrez
Sont les tapis velus & mattras embourrez :
La faim plus que le feu esteint en ces tanieres
Et la vie & les pleurs des ames prisonnieres :
Dieu au funeste jour de leurs actes plus beaux
Voit leurs Throsnes levez, l'amas de leurs posteaux,
Les arcs, les eschaffaux dont la pompe estoffee
Des paremens dorez preparoit un Trophee :
Puis il vid desmarcher à trois ordres divers
Les rangs des condamnez de sambenits couverts :

Dessous ces paremens les heritiers insignes
Du manteau, du roseau & couronne d'espines,
Portent les Diables peints, les Anges en effect
Leur vont tenant la main autremeut qu'en portraict:
Les hommes sur le corps desployent leurs injures:
Mais ne donnent le Ciel ne l'Enfer qu'en peintures:
A leur Dieu de papier il faut un appareil
De Paradis, d'Enfer & Damons tout pareil.

Aprés Dieu vid marcher de contenances graves
Ces guerriers hazardeux dessus leurs mules braves,
Les Trompettes devant: quelque plus vieil soldat
Porte dans le milieu l'Infernal estendart,
Où est peint Ferdinand, sa compagne Ysabelle
Et Sixte Pape autheurs de la secte bourrelle:
Cet Oriflan superbe en ce point arboré
Est du peuple tremblant à genoux adoré:
Puis au fond de la troupe à l'orgueil esquippee
Entre quatre heraux porte un Conte l'espee
Ainsi fleurit le choix des artisans cruels,
Hommes desnaturez, Castilans naturels:
Ces mi-mores hautains honorez, effroiables,
N'ont d'autres points d'honneur que d'estre impitoiables.

Dieu vid non sans fureur ces Triomphes nouveaux
Des pourvoteurs d'Enfer magnifiques bourreaux,
Et receut en son sein les ames infinies
Qu'en secret, qu'en public trainoient ces tragedies
Où le Pere en l'Oreste a produict sans effroy
L'heritier d'un Royaume, & l'unique d'un Roi.

Les docteurs accusez du changement extreme
Qui parut à la mort du grand Charles cinquiesme

Marchent de ce troupeau: Contes & grands Seigneurs,
Dames, filles, enfans compagnons en honneurs
D'un Triomphe sans lustre & de plus d'efficace
Font au Ciel leur entree où ils trouvent leur place.

 Et vous qui le faux nom de l'Eglise prenez,
Qui de faits criminels, sobres, vous abstenez,
Qui en oster les mains & y trempez les langues,
Qui tirez pour couteau vos meurtrieres harangues,
Qui jugez en secret, publics soliciteurs,
N'estes-vous pas Iuifs, race de ces docteurs
Qui confessoient tousiours en criant, crucifie,
Que la loi leur deffend de juger une vie.

 Ce venin Espagnol aux autres nations
Communique en courant telles inventions:
L'Europe se monstra, Dieu vid sa contenence
Fumeuse par les feux esmeus sur l'innocence:
Vid les publiques lieux, les palais les plus beaux
Plains de peuples bruians, qui pour les jeux nouveaux
Estaloient à la mort les plus entieres vies
En spectacles plaisans & feintes tragedies.
Là le peuple amassé n'amolissoit son cœur
L'esprit preocuppé de faux zelle d'erreur,
D'injures & de cris estouffoit la priere
Et les plaints des mourans:là, de mesme maniere
Qu'aux theatres on vid s'eschauffer les Romains,
Ce peuple desbauché aplaudissoit des mains:
Mesme au lieu de vouloir la sentence plus douce,
En Romains ils tournoient vers la terre le pouce:
Ces barbares esmeus des tisons de l'Enfer
Et de Rome ont crié, qu'il reçoive le fer.

Les corps à demi-morts sont trainez par les fanges:
Les enfans ont pour jeu ces passetemps estranges:
Les satellites fiers tout autour arrangez
Estouffoient de leurs cris les cris des affligez:
Puis les empoisonneurs des esprits & des ames,
Ignorans, endurcis, conduisent jusqu'aux flames
Ceux qui portent de Christ en leurs membres la croix:
Ils la souffrent en chair, on leur presente en bois:
De ces bouches d'erreur les orgueilleux blasphemes
Blessent l'Agneau lié plus fort que la mort mesme.
Or de peur qu'a ce poinct les esprits delivrez,
Qui ne sont plus de crainte ou d'espoir enyvrez,
Des-ja proches du Ciel, lesquels par leur constance
Et le mespris du monde ont du Ciel connoissance,
Comme cygnes mourans ne chantent doucement,
Les subtils font mourir la voix premierement:
Leur priere est muette, au pere seul s'envolle,
Gardans pour le loüer le cœur non la parolle:
Mais ces hommes cuidans avoir bien arresté
Le vrai par un baillon preschent la verité:
La verité du Ciel ne fut onc baillonnée,
Et cette race à veu (qui l'a plus estonnee)
Que Dieu à ses tesmoings à donné maintesfois
(La langue estant couppee) une celeste voix.
(Merveilles qui n'ont pas esté au siecle vaines)
   Les cendres des bruslez sont precieuses graines
Qui aprés les hyvers noirs d'orage & de pleurs
Ouvrent au doux printemps d'un million de fleurs
Le baume salutaire, & sont nouvelles plantes
Au milieu des parvis de Sion florissantes.

Tant de sang que les Rois espanchent à ruisseaux
S'exalle en douce pluie & en fontaines d'eaux,
Qui, coulantes aux pieds de ces plantes Divines,
Donnent de prendre vie & de croistre aux racines:
Des obscures prisons, les plus amers souspirs
Servent à ces beautez de gracieux Zephirs,
L'oüvrier parfaict de tous, cet Artisan supreme
Tire de mort la vie & du mal le bien mesme:
Il reserre nos pleurs en ces vases plus beaux,
Escript en son regist, eternel tous nos maux:
D'Italie, d'Espagne, Albion, France & Flandres
Les Anges diligens vont ramasser nos cendres:
Les quatre pars du monde & la terre & la mer
Rendront compte des morts qui lui plaira nommer:
Ceux la mesmes seront vos tesmoins sans reproches:
Iuges, où seront lors vos fuittes, vos acroches,
Vos exoines, delaiz, de chicane les tours?
Serviront-ils vers Dieu qui tiendra ses grands jours
Devant un jugement si absolu, si ferme,
Lequel vous ne pourriez m'espriser pour le terme?
Si vous sçaviez comment il juge dès-ici
Ses bien-aimez enfans, & ses haineux aussi!
Sachez que l'innocent ne perdra point sa peine,
Vous en avez chez vous une marque certaine
Dans vostre grand Palais, ou vous n'avez point leu,
Oiants vous n'oïez point, voïans vous n'avez veu
Ce qui pend sur vos chefs en sa voute effacee,
Par un Prophete ancien une histoire tracee
Dont les traits par dessus d'autres traits desguisez
Ne se descouvrent plus qu'aux Esprits advisez.

C'est

C'est la mutation qui se doit bien tost faire
Par la juste fureur de l'esmeu populaire,
Accidents tous pareils à ceux-la qu'ont soufferts
Les Prestres de Babel pour estre descouverts
Non seulement fauteurs de l'ignorance inique,
Mais sectateurs ardentz du meurtrier Dominique.
 C'est le triomphe sainct de la sage Themis,
Qui abat à ses pieds ses pervers ennemis:
Themis vierge au teint net, son regard tout ensemble
Faict qu'on desire & craint, qu'on espere & qu'on tremble:
Ell' ha un triste & froid, mais non rude maintien:
Nemesis l'accompagne & lui sert d'entretien:
On void aux deux costez & devant & derriere
Des gros de Cavaliers de diverses maniere:
Les premiers sont anciens juges du peuple Hebrieu
Qui n'ont point desmenti leur estat ni leur lieu:
Mais justement jugé. Premier de tous Moyse,
Qui n'avoit que la Loi de la Nature apprise:
Puis apporta du haut de l'effroiant Sina
Ce que le doit de Dieu en deux pierres signa:
Et puis executant du Seigneur les vengeances
Prend en un poing l'espee, en l'autre les balances:
Le vaillant Iosué, Iepthé que la rigueur
De son vœu eschappé fit desolé vainqueur:
Samuel tient son rang juge & Prophete sage
A qui ce peuple sot, friant de son dommage
Demande un Roi: lui donc instituant les Rois
Anonce leurs deffauts que l'on prend pour leurs droicts.
 David s'advance après gueres loin de la teste,
Salomon decidant la doubteuse requeste,

Là sont peintes les mains qui font mesme serment:
L'une juste dit vrai, l'autre perfide ment.
On void l'enfant en l'air par deux soldats suspendre,
L'affamé cautelas qui brille pour le fendre:
De deux meres les fronts, l'un pasle & sans pitié,
L'autre la larme à l'œil toute en feu d'amitié:
De ce Roi qui pecha point n'empesche le vice
Qu'il ne paroisse au rang des maistres de justice
Iosaphat, Ezechie & Iosias en sont,
Nehemias, Esdras la retraitte parfont:
Avec eux Daniel des condamnez refuge,
Espeluchant les cœurs, bon & celeste juge,
Trouveur des veritez, inquisiteur parfaict,
Procedent sans reproche en question de faict.

 A la troupe des Grecs je voi luire pour guide
Sa coquille en la main l'excellent Aristide,
Agesilan de Sparte, Ochus l'Egyptien,
Thomiris a sa place avec ce peuple ancien,
Crœsus y boit l'or chaud, Crassus sarouche beste
Noie dedans le sang son impiteuse teste:
Solon legislateur & celui qui eut dueil
Desbrancher une loi plus qu'arracher son œil:
Cyrus est peint au vif, prés de lui Assuere,
Agatocle se rend dessous cette banniere.

 Aussi de ceux qui ont gardé les droicts humains
En un autre scadron desmarchent les Romains,
La race des Catons de justice l'escolle,
Manlius qui gagna son nom du Capitole,
Ces Fabrices contans, ces Princes laboureurs
Qu'on tiroit de l'aree à les faire Empereurs:

Pour autrui & pour soi, le tresheureux Auguste,
Qui regna justement en sa conqueste injuste,
Posseda par la paix ce qu'en guerre il conquit:
Soubs lui le Redempteur le seul juste nasquit:
Les Brutes, Scipions, Pompees & Fabies
Qui de Rome prenoient les causes & les vies
Des orphelins d'Egypte & des vefues qu'un Roi
Des Bactres veut priver de ce que veut la loi:
Iustinian se void legislateur severe,
Qui clost la troupe avec Antonin & Severe:
Les Adrians, Trajans seroient bien de ce rang
S'ils ne s'estoient polus des fideles au sang.
I'en voi qui n'aians point les sainctes loix pour guides
Furent justes mondains: ceux-la sont les Druides:
Charlemagne s'esgaie entre ces vieux François,
Les Saliens autheurs de nos plus sainctes loix:
Dans ces justes cerveaux entre ces mains fideles,
Les Princes estrangers deposoient leurs querelles,
Les procez plus doubteux, & mesmes ceux en quoi
Ils avoient pour partie & la France & le Roi.
  Voici venir après des modernes la bande,
Qui plus elle est moderne & moins se trouve q̃ ide.
Que rares sont ceux-la qui font au grand besoin
De l'outragé servir l'adresse de tesmoin!
Vous y voyez encor un vieil juge d'Alsace
Auquel l'ami privé ne peut trouver de grace
Du perfide lartin que par un sage tour
Ce Daniel second mit de la nuict au jour.
Encor les nations de ces Alpes cornues,
De ces fermes cerveaux ne sont pas despourveües:

R iĳ

Vn Sforce continent est au rang des Anciens,
Et de cet ordre on void les libres Venitiens,
Le bon Prince de Melphe apparoist d'avantage
Excellent ornement, mais rare de nostre aage:
Vn indigne mari força de sa moitié
Par larmes le grand cœur, l'honneur par la pitié:
Vn Tyran fit sa foy & le coulpable pendre,
Diffamant un renom: lors sçeut le Prince rendre
Iustice entiere à Dieu, vengeance à la douleur,
L'honneur à la surprise & la mort au volleur.
 De la fille du Ciel telle paroist l'escorte,
A plus d'heur que d'esclat, moins pompeuse, plus forte,
Avec tels serviteurs & fidelles amis
Rien n'arreste les pas de la blanche Themis:
Son chariot vainqueur, effroiable & superbe
Ne foulle en cheminant ni le pavé ni l'herbe:
Mais roulle sur les corps & va faisant un bris
Des monstres avortez par l'infidelle Vbris,
Vbris fille d'Ate que les forces & fuittes
N'ont peu sauver devant les poursuivantes Lites,
Que le vrai Iupiter decoupla sur ses pas:
Les joyaux de Mammon à cette fois n'ont pas
Corrompu les soldats qui font cette jonchee:
Ce sont les Cherubins par qui fut detranchee
La grand' force d'Assur, voyez comme ces corps
De leurs boiaux crevez ne jettent que thresors!
Quel grincement de dents & rechigneuses moües
Les visages mourans font soubs les quatre roües!
L'une des dextres prend au poinct du droit pouvoir,
L'autre meine des loix la regle & le sçavoir:

Des gauches la plus grande au poinct du faict s'engage,
Et va poussant la moindre ou est le tesmoignage.
La fille de la Terre & du Ciel met ses poix
En ses justes balances, & ses poix sont ses loix:
Elle a sous le bandeau sur les choses la veüe:
Mais la personne n'est à ses beaux yeux connüe
Encor pour les presens ne s'ouvre le bandeau,
Son glaive tousjours prest n'est jamais au fourreau.
Elle met a la fange & biens-faicts & injures.
Qui tire ce grand Char? quatre licornes pures:
La vefve l'accompagne & l'orphelin la suit,
L'usurrier tire ailleurs, le Chicaneur la fuit,
Et fuit sans que derriere un des fuiards regarde,
De la formalité la race babillarde,
Tout interlocutoire, arrest, appointement,
A plaider, a produire un gros enfantement
De procez, d'intendits, de griefs, un compulsoire:
Puis le desrogatoire à un desrogatoire:
Visa pareatis, replicques, exceptions,
Revisions, duplique, objects, salvations,
Hipothecques, guerer, deguerpir, prealables,
Fin de non recepvoir. Fi des puants vocables
Qui m'ont changé mon style & mon sens à l'envers!
Cerchez les au parquet & non plus en mes vers:
Tout fuit, les uns tirans en basse Normandie,
Autres en Avignon où ce mal prit sa vie
Quand un contre-Antechrist de son style Romain
Paya nos Rois bigots qui lui tenoient la main,
Ie craints bien que quelqu'un plus viste & plus habille
Dans le Poictou plaideur cerchera son azylle,

Vous ne verrez jamais le train que nous disons
Se sauver en Suisse ou entre les Grisons,
Nation de Dieu seul & de nulle autre serve,
Et qui le droict divin sans autre droict observe:
Ces vices n'auront point de retraitte pour eux
Chez l'invincible Anglois, l'Escossois valeureux:
Car les Nobles & Grands la justice y ordonnent,
Les estats non vendus comme charges se donnent:
Heureuse Elizabet la justice rendant,
Et qui n'as point vendu tes droicts en la vendant!

 Et puis que ce nom sainct de tous bons Rois l'idee
Prend sa place en ce rang qui lui estoit gardee
Au roolle des Martyrs, je dirai en ce lieu
Ce que sur mon papier dicte l'Esprit de Dieu.
 La main qui te ravit de la geole en ta salle,
Qui changea la sellette en la chaire Roiale,
Et le sueil de la mort en un degré si haut,
Qui fit un tribunal d'un funeste eschafaut:
L'œil qui vid les desirs aspirans à la flame
Quand tu gardas ton ame en voulant perdre l'ame,
Cet œil vid les dangers, sa main porta le faix,
Te fit heureuse en guerre & ferme dans la paix:
Le Paraclet t'apprit a respondre aux harangues
De tous Ambassadeurs, mesme en leurs propres langues:
C'est lui qui destourna l'encombre & le meschef
De vingt mortels desseins du regne & de ton chef,
T'acquit le cœur des tiens, & te fit par merveilles
Tes lions au dehors domestiques oüeilles:
Ces braves abatus au throsne ou tu te sieds,
Sont les lions que tient prosternez à ses pieds

La tendre humilité: ton giron est la dorne
De la vierge à qui rend ses armes la licorne:
Tels antiques tableaux predisoient sans sçavoir
Ta vertu virginale & ton secret pouvoir:
Par cet esprit tu as repos en tes limites,
Tes haineux à tes bords brisent leurs exercites:
Les mers avec les vents, l'air haut, moien & bas,
Et le Ciel partizans liguez à tes combats,
Les foudres & les feux choquent pour ta victoire,
Quand les tonnerres sont trompettes de ta gloire,
Tes guerriers hazardeux perdent, joieux, pour toi
Ce que tu n'eus regret de perdre pour la foi.
La Rose est la premiere heureuse sans seconde
Qui a repris ses pas circuissant le monde:
Tes triomphantes nefs vont te faire nommer
En tournoiant le tout grand' Roine de la mer:
Puis il faut qu'en splendeur neuf lustres te maintiennent,
Et qu'apres septante ans (à quoi nos jours reviennent)
Debora d'Israël, Cherub sur les pervers,
Fleau des Tyrans, flambeau luisant sur l'Vnivers,
Pour regner bien plus haut tout achevé tu quitte
Dans les sçavantes mains d'un successeur d'eslitte,
Ton estat au dehors & dedans appuié
Le cœur saoulé de vivre & non pas ennuié.

   Bien au rebours promet l'Eternel aux faussaires
De leur rendre sept fois & sept fois leur salaires.
Lisez persecuteurs le reste de mes chants,
Vous y pourrez gouster le breuvage aux meschants:
Mais, aspics, vous avez pour moi l'oreille close.
Or, avant que de faire à mon œuvre une pose,

R iiij

Entendez ce qui suit, tant d'outrages commis.
Vous ne m'escoutez plus, stupides endormis!
Debout ma voix, se taist : oyez sonner pour elle
La Harpe qu'animoit une force eternelle :
Oyez David esmeu sur des juges plus doux,
Ce qu'il dist a ceux-la nous l'adressons a vous.

 Et bien vous Conseillers des grandes compagnies,
Fils d'Adam qui joüez & des biens & des vies,
Dittes vrai, c'est à Dieu que compte vous rendez,
Rendez vous la justice ou si vous la vendez?

 Plutost ames sans loi, perjures desloiales,
Vos balances qui sont balances inesgalles
Pervertissent la terre & versent aux humains
Violence & ruine, ouvrage de vos mains.

 Vos meres ont conceu en l'impure matrice,
Puis avorté de vous tout d'un coup & du vice,
Le mensonge qui fut vostre lait au berceau,
Vous nourrit en jeunesse & abeche au tombeau.

 Ils semblent le serpent à la peau marquetee
D'un jaune transparant de venin mouchetee,
Ou l'aspic embusché qui veille en sommeillant
Armé de soi, couvert d'un tortillon grouillant :

 A l'aspic cauteleux ceste bande est pareille,
Alors que de la queüe il s'estouppe l'oreille :
Lui contre les jargons de l'Anchanteur sçavant,
Eux pour chasser de Dieu les paroles au vent.

 A ce troupeau, Seigneur, qui l'oreille se bouche
Brise leurs grosses dents en leurs puantes bouche :
Pren ta verge de fer, fracasse de tes fleaux
La machoüere fumante a ces fiers lyonceaux,

Que comme l'eau se fond ces orgueilleux se fondent:
Au camp leurs ennemis sans peine les confondent:
S'ils bandent l'arc, que l'arc avant tirer soit las,
Que leur traits sans frapper s'en volent en esclats.

La mort dés leur Printemps ces chenilles suffoque
Comme le limaçon seche dedans la coque,
Ou comme l'averton qui n'aist en perissant,
Et que la mort reçoit de ses mains en naissant.

Brusle d'un vent mauvais jusques dans leur racines
Les boutons les premiers de ces tendres espines:
Tout pourrisse, & que nul ne les prenne en ses mains,
Pour de ce bois maudit rechauffer les humains.

Ainsi faut que le juste apres ses peines voye
Desploier du grand Dieu les salaires en joie,
Et que baignant ses pieds dans le sang des pervers
Il le jette dans l'air en esclattant ces vers.

Le bras de l'Eternel aussi doux que robuste
Fait du mal au meschant & fait le bien au juste,
Et en terre ici bas exerce iugement
En attendant le jour de peur & tremblement.

La main qui fit sonner cette harpe divine
Frappa le Goliath de la gent Philistine,
Ne trouvant sa pareille au rond de l'Vnivers,
En duel, en bataille, en Propheticques vers.

Comme elle nous crions, vien Seigneur & te haste:
Car l'homme de peché ton Eglise desgaste:
Vien, (dit l'esprit) accours pour deffendre le tien:
Vien dit l'espouse, & nous avec l'espouse, vien.

S

LES FEVX

LIVRE IIII.

Oici marcher de rang par la porte dorees
L'enseigne d'Israel dans le Ciel arboree,
Les vainqueurs de Siõ, qui au pris de leur
   sang   (blanc:
Portans l'escharpe blanche ont pris le caillou
Ouvre, Ierusalem, tes magnifiques portes,
Le Lion de Iuda suivi de ses cohortes
Veut regner, triompher & planter dedans toi
L'estendart glorieux, l'Auriflam de la foy.
Valeureux Chevaliers, non de la table ronde:
Mais qui estes devant les fondemens du Monde
Au roolle des esleus, allez, suivez de rang
Le fidelle, le vray, monté d'un cheval blanc:
Le Paradis est prest, les Anges sont vos guides,
Les feux qui vous brusloient vous ont rendus candides:
Tesmoins de l'Eternel, de gloire soyez ceints,
Vestus de crespe net (la justice des Saincts)
De ceux qui à Satan la bataille ont livree,
Robe de nopce ou bien casaque de livree.
 Condui mon œuvre, ô Dieu, à ton nom: donne moy
Qu'entre tant de Martyrs, Champions de la foy,
De chasque sexe, estat ou aage à ton sainct temple
Ie puisse consacrer un tableau pour exemple.

       S ij

Dormant sur tel desseing en mon esprit ravi,
I'eus un songe au matin parmi lequel je vi
Ma conscience en face ou au moins son image,
Qui au visage avoit les traicts de mon visage :
Elle me prend la main en disant, Mais comment
De tant de dons de Dieu ton foible entendement
Veut-il faire le choix ? osés-tu bien eslire
Quelques Martyrs choisis, leur triomphe descrire ?
Et laisser à l'oubli comme moins valeureux
Les vainqueurs de la mort comme eux victorieux ?
I'ai peur que cette bande ainsi par toi choisie
Serv' au style du siecle & à sa Poësie,
Et que les rudes noms d'un tel style ennemis
Aie entre les pareils la difference mis.
 Ie responds, Tu sçais bien que mentir je ne t'ose,
Miroüer de mon esprit, tu as touché la cause
La premiere du choix, joinct que ma jeun' ardeur
A de ce haut desseing espoinçonné mon cœur
Pour au siecle donner les boutons de ces choses
Et l'envoier ailleurs en amasser ces roses :
Que si Dieu prend à gré ces premices, je veux
Quand mes fruicts seront meurs lui paier d'autres vœux,
Me livrer aux travaux de la pesante histoire,
Et en prose coucher les hauts faits de sa gloire :
Alors ces heureux noms sans eslite & sans choix
Luiront en mes escrits plus que les noms des Rois.
 Ainsi je fis la paix avec ma conscience :
Ie m'advance au labeur avec cette asseurance
Que plus riche & moins beau, j'escris fidellement
D'un style qui ne peut enrichir l'argument.

Ames dessous l'autel, victime des Idolles,
Ie preste à vos courroux le fiel de mes paroles,
En attendant le jour que l'Ange delivrant
Vous aille les portaux du Paradis ouvrant.
 De qui puis-je choisir l'exemple & le courage ?
Tous courages de Dieu, j'honorerai vostre aage :
Vieillards de qui le poil à donné lustre au sang
Et de qui le sang fut decoré du poil blanc.
Hus, Hyerome de Prague, images bien cogneües
Des tesmoins que Sodom a traisné par ses rues
Couronnez de papier, de gloire couronnez
Par le siege qui a d'or mitrez & ornez
Ceux qui n'estoient pasteurs qu'en papier & en tiltres,
Et aux Evesques d'or faict de papier les mitres:
Leurs cendres qu'on jetta au vent, à l'air, en l'eau
Profiterent bien plus que le puant monceau
Des charognes des Grands que, morts, on emprisonne
Dans un marbr' ouvragé : le vent leger nous donne
De ces graines par tout, l'air presqu'en toute part
Les esparpille, & l'eau à ses bords les despart.
 Les pauvres de Lyon avoient mis leur semence
Sur les peuples d'Albis l'invincible constance
Des Albigeois frappez, de deux cens mille morts
S'espandit par l'Europe, & en peupla ses bords :
L'Angleterre eut sa part, eut Gerard & sa bande,
Condamnez de mourir à la rigueur plus grande
De l'impiteux hyver, sans que nul cœur esmeu
Leur osast donner pain, eau ny couvert ny feu :
Ces dixhuit tous nuds a Londres par les rues
Ravirent des Anglois les esprits & les veües,

Et chanterent ce vers jusqu'au point de mourir.
Heureux qui pour justice à l'honneur de souffrir.

   Ainsi la verité par ces mains devoilee
Dans le Septentrion estendit sa volee :
Dieu ouvrit sa prison & en donna la clef,
La clef de liberté a ce viellard Vviclef :
De luy fut l'ouverture aux tesmoins d'Angleterre,
Encor' plus honoree en martyre qu'en guerre.

   Là on vid un Bainam qui de ses bras pressoit
Les fagots embrasez, qui mourant embrassoit
Les outils de sa mort, instrumens de sa gloire,
Baisant, victorieux, les armes de victoire :
D'un celeste brasier ce chant brasier esmeu
Renflamma ces fagots par la bouche de feu.

   Fricht aprés l'imita, quand sa main deliee
Fut au secours du feu, il print une poignee
De bois & la baiza, tant luy semblerent beaux
Ces eschallons du Ciel comm' ornemens nouveaux.

   Puis l'Eglize acoucha comme d'une ventree
De Thorb, de Bevverland, de l'invaincu Sautree,
Les uns doctes prescheurs, les autres Chevaliers,
Tous adroict couronnez de celestes lauriers.

   Bien que trop de hauteur esbranlast ton courage,
(Comme les monts plus hauts souffrent le plus d'orage)
Ta fin pourtant me fait en ce lieu te nommer
Excellent Conseiller & grand Primat Krammer,
Pour ta condition plus haute & plus aimable :
La vie te fut douce & la mort detestable.
A quoy semblent les cris dont esclatent si fort
Ceux qui a col retors sont trainez à la mort,

LES FEVX LIV. IIII.

Sinon aux plaintes qu'ont les enfans à la bouche,
Quand ils quittent le jeu pour aller à la couche?
Les laboureurs lassez trouvent bien à propos
Et plus doux que le jeu le temps de leur repos:
Ainsi ceux qui sont las des langoureuses vies,
Sont ravis de plaisir quand elles sont ravies:
Mais ceux de qui la vie à passé comme un jeu,
Ces cœurs ne sont point cœurs à digerer le feu:
C'est pourquoy de ces grands les noms dedans ce temple
Ne sont pour leur grandeur: mais pour un rare exemple,
Rare exemple de Dieu, quand par le chaz estroict
D'un aiguille il enfille un cable qui va droict.

 Poursuivons les Anglois qui de succez estranges
Ont faict nommer leur terre à bon droict terre d'Anges:
Tu as icy ton rang, ô! invincible Haux,
Qui pour avoir promis de tenir les bras hauts.
Dans le milieu du feu, si du feu la puissance
Faisoit place à ton zele & à ta souvenance:
Sa face estoit bruslee, & les cordes des bras
En cendres & charbons estoient cheutes en bas,
Quand Haux en octroyant aux freres leur requeste
Des os qui furent bras fit couronne à sa teste.

 O quels cœurs tu engendre! ô quels cœurs tu nourris,
Isle saincte qui eus, pour nourrigeon Norris!
On dict que le Chrestien qui à gloire chemine
Va le sentier estroict qui est jonché despine:
Cettuy-ci sans figure a, pieds nuds, cheminé
De l'huis de sa prison au supplice ordonné:
Sur ces tapis aigus ainsi iusqu'à sa place
A ceux qui la suivront il a rougi la trace,

S iiij

Vraye trace du Ciel, beau tapis, beau chemin,
A qui veut emporter la couronne à la fin:
Les pieds deviennent cœur, l'ame du Ciel apprise
Fait mespriser les sens, quand le Ciel les mesprise.

Dieu vid en mesme temps (Car le prompt changement
De cent ans, de cent lieux ne luy est qu'un moment)
Deux rares cruautez, deux constances nouvelles
De deux cœurs plus que d'homme en sexe de femelles,
Angloises toutes deux, deux precieux tableaux,
Deux spectacles piteux, mais specieux & beaux:
L'une croupit long temps en la prison obscure,
Contre les durs tourmens elle fut la plus dure:
Elle fit honte au Diable & aux noires prisons:
Elle alloit appuyant d'exemple & de raisons
Les esprits desfaillans: nul inventeur ne treuve
Nul tourment qui ne soit surmonté par Askeuve,
Quand la longueur du temps, la laide obscurité
Des cachots eut en vain sondé sa fermeté:
On presente à ses yeux l'espouvantable gehenne,
Et elle avoit pitié en souffrant de la peine,
De ces faux justiciers qui ayans essayé
Sur son corps delicat leur courroux desployé
Elle se teut, & lors furent bien entendues
Au lieu d'elle crier les cordes trop tendues,
Achevé tout l'effort de tout leur appareil,
Non pas troublé d'un pleur le lustre de son œil,
(Oeil qui fiché au Ciel, au tourment qui la tue
Ne jette un seul regard pour eslongner sa veüe
Du seul bien qu'elle croit, quelle aspire & pretend)
Le juge se despite, & luy mesme retend

La corde à double nœud, il met à part sa robe:
L'inquisiteur le suit: la passion desrobe
La pitié de leur yeux: ils viennent remonter
La gehenne, tourmentez en voulant tourmenter:
Ils dissipent les os, les tendons & les veines:
Mais ils ne touchent point à l'ame par les gehennes:
La foy demeure ferme & le secours de Dieu
Mit les tourmens à part, le corps en autre lieu:
Sa plainte seullement encor ne fut ouie,
Hors l'ame toute force en elle esvanouie,
Le corps fut emporté des prisons comme mort,
Les membres desfaillans, l'esprit devint plus fort:
Du lict elle instruisit & consola ses freres
Du discours animé de ses douces miseres:
La vie la reprit & la prison aussi:
Elle acheva le tout, car aussi tost voici
Pour du faux justicier couronner l'injustice,
De gloire le Martyr, on dresse le supplice.
Quatre Martyrs trembloient au nom mesme du feu,
Elle leur despartit des presens de son Dieu,
Avec son ame encor elle mena ces ames
Pour du feu de sa foy vaincre les autres flames.
Où est ton aiguillon? où est ce grand effort?
O Mort! où est ton bras? (disoit elle a la mort)
Où est ton front hideux dequoy tu espouvantes
Les hures des Sangliers: les bestes ravissantes?
Mais c'est ta gloire ô Dieu, il n'y a rien de fort
Que toy qui sçays tuer la peine avec la mort:
Voicy les Cieux ouverts, voicy son beau visage:
Freres ne tremblez pas, courage amis, courage.

(*Elle disoit ainsi*) & le feu violent
Ne brusloit pas encor son cœur en la bruslant:
Il court par ses costez, en fin, leger, il vole
Porter dedans le Ciel & l'ame & la parolle.

 Or l'autre avec sa foy garda aussi le rang
D'un esprit tout Royal comme Royal le sang:
Vn Royaume l'attend, un autre Roy luy donne
Grace de mespriser la mortelle couronne
En cherchant l'immortell', & luy donna des yeux
Pour troquer l'Angleterre au Royaume des Cieux:
Car elle aima bien mieux regner sur elle mesme,
Plustost que vaincre tout surmonter la mort blesme:
Prisonniere çà bas: mais Princesse là haut,
Elle changea son Throsne empour un eschafaut
Sa chaire de parade en l'infime sellete,
Son carrosse pompeux en l'infame charrette,
Ses perles d'Orient, ses brassarts esmaillez
En cordeaux renouez & en fers tous roüillez:
Ce beau chef couronné d'oprobres & d'iniures
Et ce corps enlassé de chaines pour ceintures
Par miracle fit voir que l'amour de la croix
Au sang des plus chetifs mesla celuy des Roys:
Le peuple gemissant portoit part de sa peine
En voyant demi-mort mourir sa jeune Reyne,
Qui dessus l'eschaffault se voyant seulement
Ses gands & son livret pour faire testament,
Elle arrache ses mains & maigres & menues
Des cordes avec peine, & de ses deux mains nues
Fit present de ses gands à sa Dame d'atour,
Puis donna son livret aux gardes de la tour,

Avec ces mots escrits. Si l'ame deschargee
Du fardeau de la terre au Ciel demi-changee
Prononce verité sur le seuil du repos,
Si tu fay quelque honneur à mes derniers propos,
Et lors que mon esprit pour le monde qui laisse
Desja vivant au Ciel tout plain de sa richesse
Doibt monstrer par la mort qu'il ayme verité,
Pren ce dernier present sceau de ma volonté:
C'est ma main qui t'escrit ces dernieres parolles.
Si tu veux suyvre Dieu fuy de loin les Idoles,
Hay ton corps pour l'aimer, aprens à le nourrir
De façon que pour vivre il soit prest de mourir,
Qu'il meure pour celuy qui est rempli de vie,
N'aiant pourtant de mort ni crainte ni envie:
Tous-jours regle à la fin de ton vivre le cours,
Chascun de tes jours tende au dernier de tes jours:
De qui veut vivre au Ciel l'aize soit la souffrance
Et le jour de la mort celuy de la naissance:
Ces doids victorieux ne graverent ceci
En cire seulement, mais en l'esprit aussi:
Et faut que se gardant captif de sa captive
Bien tost à mesme cause & mesme fin la suive:
Achevant ces presens l'executeur vilain
Pour la joindre au posteau voulut prendre sa main:
Ell'eut horreur de rompre encor la modestie
Qui iusqu'au beau mourir orna sa belle vie:
Ell' aprehenda moins la mort & le couteau
Que le salle toucher d'un infame bourreau:
Elle appelle au sesours ses pasles Damoiselles
Pour descouvrir son col, ces fillettes nouvelles

Au funeste mestier: ces piteux instrumens
Sentirent jusqu'au vif leur part de ses tourmens.
 Cesar voyant, sentant sa poictrine blessee
Et non sa gravité par le fer abbaissee,
Le sein & non l'esprit par les coups enferré,
Le sang plus tost du corps que le sens retiré:
Par honneur il couvrit de sa robe percee
Et son cœur offensé & sa grace offensee,
Et ce cœur d'un Cesar sur le sueil inhumain
De la mort choisissoi, non la mort mais la main:
Les mains qui la paroient la parerent encore:
Sa grace & son honneur quand la mort la devore
N'abandonnent son front, elle prend le bandeau:
Par la main on l'amene embrasser le posteau:
Elle demeure seulle en agneau despouillee:
La lame du bourreau de son sang fut mouillee:
L'ame s'en vole en hault: les Anges gracieux
Dans le sein d'Abraham la ravirent aux Cieux.
 Le ferme doigt de Dieu tint celuy de Bilnee,
Qui à sa penultime & craintive journee
Voulut prouver au soir s'il estoit assez fort
Pour endurer le feu instrument de la mort:
Le Geolier sur le soir en visitant le treuve
Faisant de la chandelle & du doigt son espreuve:
Ce feu lent & petit d'indicible douleur
A la premiere fois luy affoiblit le cœur:
Mais apres il souffrit brusler à la chandelle
La peau, la chair, les nerfs, les os & la moëlle.
 Le vaillant Gardiner me contrainct cette fois
D'animer mon discours de ce courage Anglois:

Tout son sang escuma luy reprochant son aise
En souffrant adorer l'Idolle Portugaise :
Au magnifique appreſt des nopces d'un grand Roy
La loy de Dieu luy fit mettre aux pieds toute loi,
Toute crainte & reſpect, les tourmens & ſa vie,
Et puis il mit aux pieds & l'idolle & l'hoſtie
Du Cardinal ſacrant : là entre mille fers
Il deſdaigna le front des portes des Enfers :
Il vainquit en ſouffrant les peines les plus dures :
Les ſerfs des queſtions ſe laſſa de tortures :
Contre ſa fermeté rebouſcha le tourment,
Le fer contre ſon cœur d'un ferme diamant :
Il avalla trois fois la ſerviette ſanglante :
Les yeux qui le voyoient ſouffroient peine evidente :
Il beut plus qu'en humain les inhumanitez,
Et les ſupplices lents finement inventez :
On le traine au ſupplice, on coupe ſa main dextre
Il la porte a la bouche auec ſa main ſeneſtre,
La baiſe : l'autre poing luy eſt couppé ſoudain,
Il met la bouche abas & baiſe l'autre main :
Alors il eſt guindé d'une haute poulie
De cent nœuds à cent fois ſon ame ſe deſlie :
On bruſle ſes deux pieds, tant qu'il eut le ſentir
On cerche ſans trouver en luy le repentir :
La mort à petit feu luy oſte ſon eſcorce,
Et luy à petit feu oſte à la mort la force.

    Paſſeray-ie la mer de tant de longs propos
Pour enrooller icy ceux là qui en repos
Sont morts ſur les tourmens des gehennes debriſantes
Par la fin ſans pitié, par les priſons puantes ?

                                    T   iij

Les tenailles en feu, les enflambez tonneaux,
Les pleurs d'un jeune Roy, trois Agnez, trois agneaux:
Ailleurs nous cueillerons ces fleurons d'Angleterre,
Peuple qui a faict veoir aux peuples de la terre
Des Anges en vertus: Mais ces vainqueurs Anglois
Me donneront congé de detourner ma voix
Aux barbares esprits d'une terre deserte.
  Dieu poursuivit Satan & luy fit guerre ouverte
Iusques en l'Amerique, où ces peuples nouveaux
Ont esté spectateurs des faicts de nos bourreaux:
Leurs flots ont sceu noyer, ont servi de supplices,
Et leurs rochers hautains presté leurs precipices:
Ces aigneaux eslongnez en ce sauvage lieu
N'estoient pas esgarez, mais dans le sein de Dieu,
Lors qu'eslevez si haut leurs languissantes veuës
Vers leur païs natal furent de loin tenduës:
Leurs desseings impuissants pour n'estre assez legers
Eurent secours des vents, ces ælez messagers
En apporterent l'air aux rives de la France:
La mer ne devora le fruict de leur constance.
Ce n'est en vain que Dieu desploya ses thresors
Des bestes du bresil aux solitaires bords,
Afin qu'il n'y ait cœur ni ame si sauvage
Dont l'oreille il n'ait peu frapper de son langage:
Mais l'œil du Tout-puissant fut en fin r'amené,
Aux spectacles d'Europe, il la vit, retourné,
A soy mesme estrangere, à ses bourgeois affreuse,
De ses meurtres roüillee & des brasiers fumeuse:
Son premier object fut un laboureur caché
Treize mois par moitie en un cachot panché,

Duquel la voute estroitte avoit si peu de place
Qu'entre ses deux genoux elle ploioit la face
Du pauvre condamné : ce naturel trop fort
Attendit treize mois la trop tardive mort.

Venot quatre ans lié fut en fin six sepmaines
En deux vaisseaux pointus, continuelles gehennes:
Ses deux pieds contremont avoient ployé leurs os,
En si rude posture il trouva du repos:
On vouloit desrober aux peuples & aux veues
Vne si claire mort : mais Dieu trouva les grues
Et les tesmoins d'Irus, il demandoit à Dieu
Qu'au bout de tant de maux il peust au beau milieu
Des peuples l'anoncer en monstrant ses merveilles
Aux regards aveuglez & aux sourdes oreilles,
Non que son cœur vogast aux flots de vanité,
Mais bruslant il falloit luire à la verité.
L'homm' est un cher flambeau, tel flambeau ne s'alume
Afin que soubs le muys sa lueur se consume:
Le Ciel du triomphant fut le dais, le Soleil
Y presta volontiers les faveurs de son œil:
Dieu l'ouit, l'exauça, & sa peine cachee
N'eust peu jamais trouver heure mieux recerchee:
Il fut la belle entree & spectacle d'un Roy,
Ayant Paris entier spectateur de sa foy.

Dieu des plus simples cœurs estoffa ses loüanges
Faisant revivre au Ciel ce qui vivoit aux fanges:
Il mit des cœurs de Rois aux seins des artisans,
Et aux cerveaux des Rois des esprits de Paisans:
Il se choisit un Roy d'entre les brebiettes:
Il frape un Pharaon par les mouches infectes,

Il esveilla celui dont les discours si beaux
Donnerent cœur aux cœurs des quatorze de Meaux,
Qui (en voiant passer la charrette enchainee
En qui la saincte trouppe à la mort fut menee)
Quitta là son mestier, vint les voir, s'enquerir:
Puis jnstruict de leur droict les voulut secourir:
Se fit leur compagnon, & en fin il se jette
Pour mourir avec eux luy mesme en la charrette.

 C'est Dieu qui poinct ne laisse au milieu des tourments
Ceux qui sonfrent pour luy: les Cieux, les Elements
Sont serfz de cettuy-la qui a ouy le langage
Du Paumier d'Avignon logé dans une cage
Suspendue au plus hault de la plus haute tour:
La plus vive chaleur du plus chaud & grand jour
Et la nuict de l'hyver la plus froide & cuisante
Luy furent du Printemps une haleine plaisante:
L'appuy le plus douillet de ses rudes carreaux
Estoit le fer trenchant des endurcis barreaux:
Mais quand c'est pour son Dieu que le fidelle endure,
Lors le fer s'amolit ou sa peau vient plus dure:
Sur ce corps nud la Bise attiedist ses glaçons,
Sur sa peau le Soleil rafraichist ses rayons,
Tesmoin deux ans six mois qu'en chaire si hautaine
Ce prescheur effraya ces Iuges de sa peine:
De vers continuels joyeux il loüoit Dieu.
S'il s'amassoit quelqu'un pour le voir en ce lieu:
Sa voix forte preschoit: le franc & clair ramage
Des pures veritez sortoit de cette cage:
Mais sur tout on oyoit ses exhortations
Quand l'idolle passoit en ses professions

Sous

Soubs les pieds de son throsne, & le peuple prophane
Trembloit à cette voix plus qu'à la tramontane:
Les hommes cauteleux vouloient laisser le tort
De l'inique sentence & de l'injuste mort
Au Ciel, aux vents, aux eaux, que de l'air les injures
Servissent de bourreaux: mais du Ciel les mains pures
Se ployerent au sein, & les trompeurs humains
Parfirent le procez par leurs impures mains:
Au bout de trente mois estouffant cette vie
Qu'ils voyoient par les Cieux trop longuement cherie:
Mains que contre le Ciel arment les mutinez
Quand la faveur du Ciel couvre les condamnez:
Non pas que Dieu ne puisse accomplir son ouurage,
Mais c'est pour reprocher à ces mutins leur rage.

 Les Lyonnois ainsi resisterent à Dieu,
Lors que deux freres saincts se virent au milieu
Des feux estincelans, où le Ciel & la terre
Par contraires desseings se livrerent la guerre:
Vn grand feu fut pour eux aux Terreaux preparé,
Chacun donna du bois dont l'amas asserré
Sembloit devoir pousser la flam' & la fumée
Pour rendre des hauts Cieux la grand voute allumee:
Ce qui fit monstrueux ce monceau de fagots,
C'est que deux Iacopins envenimez cagots
Crioyent, vrais escolliers du meurtrier Dominique,
Bruslons mesme le Ciel s'il fait de l'heretique:
Ces deux freres prioient quand pour rompre leur voix
Le peuple forcenant porta le feu au bois:
Le feu leger s'enleve & bruyant se courrouce
Quand contre luy un vent s'esleve & le repousse

V.

Mettant ce mont du feu & ſa rage à l'eſcart:
Les freres achevans leurs prieres à part
Demeurent ſans ardeur: la priere finie
Le peuple envenimé entreprend ſur leur vie,
Perce de mille coups des fidelles les corps,
Les couvre de fagots: ceux qu'on tenoit pour morts
Quand le feu eut bruſlé leurs cables ſe leverent,
Et leurs poulmons bruſlans pleins de feu s'eſcrierent
Par pluſieurs fois, Chriſt, Chriſt, & ce mot bien ſonné
Dans les coſtes ſans chair fit le peuple eſtonné:
Contre ces faicts de Dieu dont les ſpectateurs vivent
Eſtonnez non changez, leurs fureurs ils pourſuivent.

 Autre cinq de Lyon liez de meſme nœuds
Ne furent poinct diſſous par les fers & les feux:
Au fort de leurs tourmens ils ſentirent de l'aize,
Franchiſe en leurs liens, du repos en la braize.
L'amitié dans le feu vous ſceut bien embraſer,
Vous baiſates la mort tous cinq d'un ſainct baiſer,
Vous baiſates la mort: cette mort gracieuſe
Fut de voſtre union ardemment amoureuſe.

 Ce ſtoient (ce diroit on) des hommes endurcis,
Acablez de labeurs & de poignans ſoucis:
Mais cerchons d'autres cœurs nez & nourris plus tendres,
Voyons ſi Dieu les peut endurcir juſqu'aux cendres:
Que rien ne ſoit exempt en ce terreſtre lieu
De la force, du doigt & merveilles de Dieu.

 Heureuſe Graveron qui ne ſceus ton courage,
Qui ne cogneus ton cœur non plus que ton voyage,
L'homage fut à Dieu qu'en vain tu apreſtois
A un vain Cardinal, ce fut au Roy des Rois,

Qui en ta foy mimorte, en ame si craintive
Trouva si brave cœur & une foy si vive:
Dieu ne donna sa force à ceux qui sont si forts,
Le present de la vie est pour les demi-morts.

 Il despart les plaisirs aux vaincus de tristesse,
L'honneur aux plus honteux, aux pauvres la richesse:
Cette-cy en lisant avec frequents souspirs
L'incroyable constance & l'effort des Martirs
Doubtoit la verité en mesurant la crainte:
L'esprit la visita, la crainte fut esteinte:
Frise, elle abandonna des l'huis de sa prison
Pour les raisons du Ciel la mondaine raison:
Sa sœur la trouve en pleurs finissant sa priere,
Elle en se relevant dict en telle maniere,
Ma sœur voy tu ces pleurs, voy tu ces pleurs ma sœur:
Ces pleurs sont toute l'eau qui me restoit au cœur:
Ce cœur ayant jetté son humide foiblesse,
Tout feu saute de joye & volle d'allegresse:
La brave se para aux derniers de ses jours,
Disant, je veux joüir de mes sainctes amours,
Ces joyaux sont bien peu, l'ame à bien autre gage
De l'espoux qui luy donne un si haut mariage.

 Son visage luisit de nouvelle beauté
Quand l'arrest luy fut leu: le bourreau presenté,
Deux qui l'acompagnoient furent pressez de tendre
Leurs langues au couteau: ils les vouloient deffendre
Aux termes de l'arrest: elle les mit d'accord,
Disant, le tout de nous est sacré à la mort:
N'est-ce pas bien raison que les heureuses langues
Qui parlent avec Dieu, qui portent les harangues

      V ij

Au sein de l'Eternel, ces organes que Dieu
Tient pour les instrumens de sa gloire en ce lieu,
Qu'elles, quand tout le corps à Dieu se sacrifie
Sautent dessus l'autel pour la premiere hostie:
Nos regards parleront, nos langues sont bien peu
Pour l'esprit qui s'explique en des langues de feu.
Les trois donnent leur langue, & la voix en leur bouche:
Les parolles de feu sortirent de leur bouche:
Chasque goutte de sang que le vent fit voller
Porta le nom de Dieu & aux cœurs vint parler.
Leurs regards violans engraverent leurs zelles
Aux cœurs des assistans hors-mis des infidelles.

 Le feu tant mesprizé par ces cœurs indomptez
Fit à ces Leopards changer de cruautez,
Et pour tout esprouver les inventeurs infames
Pour un exquis supplice enterrerent les femmes
Qui, viues, sans paslir & d'un cœur tout nouveau
D'un œil non effrayé regardoient leur tombeau,
Prenoient à gré la mort dont cette gent faussaire
Diffamoit l'estomac de la terre leur mere
Le feu avoit servi tant de fois à brusler,
Ils avoient fait mourir par la perte de l'air,
Ils avoient changé l'eau à deuenir cruelle:
Il falloit que la terre aussi fust leur bourrelle.

 Parmy les roolles saincts, dont les noms glorieux
Reproches de la terre ont esjouy les Cieux,
Ie veux tirer à part la constante Marie
Qui (voyant en mespris le tombeau de sa vie
Et la terre & le coffre & les barres de fer
Où elle alloit le corps & non l'ame estouffer)

Cest (ce dict elle) ainsi que le beau grain deslite
Et s'enterre & se seme affin qu'il ressuscite:
Si la moitié de moy pourrit devant mes yeux,
Ie diray que cela va le premier aux Cieux:
La belle impatience & le desir du reste
C'est de haster l'effect de la terre celeste.
Terre tu ez legere & plus douce que Miel:
Saincte terre tu es le droict chemin du Ciel.
Ainsi la noire mort donna la claire vie,
Et le Ciel fut conquis par la terre ennemie

 Entre ceux dont l'esprit peut estre traversé
De l'espoir du futur, du loyer du passé,
Du Bourg aura ce rang, son cœur pareil à laage,
A sa condition l'honneur de son courage,
Son esprit indompté au Seigneur des Seigneurs
Sacrifia son corps, sa vie & ses honneurs:
Des promesses de Dieu il vainquit les promesses
Des Rois & sage à Dieu des hommes les sagesses.
En allant à la mort tout plain d'authorité
Il prononça ces mots. O Dieu de verité
Monstre à ces Iuges faux leur stupide ignorance,
Et je prononceray condemné leur sentence.
Vous n'estes, compagnons, plus Iuges, mais bourreaux
Car en nous ordonnant tant de tourmens nouveaux
Vous prestez vostre voix : vostre voix inhumaine
Souffre peine en donnant la sentence de peine:
Comme à lexecuteur le cœur s'oppose en vain
Au coup forcé qui sort de lexecrable main:
Sur le siege du droict vos faces sont transies
Quand demi-vifs, il faut que vous ostiez les vies,

V iij

*Qui seules vivent bien: ie prends tesmoins vos cœurs
Qui de la conscience ont resenti les pleurs:
Mais ce pleur vous tourmente & vous est inutile
Et ce pleur n'est qu'un pleur d'un traistre crocodille:
La crainte vous domine, ô! Iuges criminels,
Criminels estes vous puis que vous estes tels:
Vous dictes que la loy du Prince publiee
Vous a lié les mains: l'ame n'est pas liee:
Le front du Iuge droict, son severe sourci
Deust-il souffrir ces mots? le Roy le veut ainsi.*

    *Ainsi as-tu, Tyran, par ta fin miserable
En moy fini le coup d'un regne lamentable:
Dieu l'avoit abatu, & cette heureuse mort
Fut du persecuteur tout le dernier effort:
Il avoit faict mentir la superbe parole
Et fait voler en vain le jugement frivole
De ce Roy qui avoit juré que de ses yeux
Il verroit de Du-bourg & la mort & les feux:
Mais il faut advoüer que prés de la bataille
Ce cœur tremblant revint à la voix d'une Caille:
Pauvre femme mais riche, & si riche que lors
Vn plus riche trouva l'aumosne en ses Tresors.*

    *O Combien d'efficace est la voix qui console,
Quand le Conseiller joinct l'exemple à la parole,
Comme fit celle-la qui pour ainsi prescher
Fit en ces mesmes jours sa chaire d'un buscher.*

    *Du-Bourg prés de la mort sans qu'un visage blesmé
L'habillast en vaincu se devestit soy-mesme
La robe, en s'escriant, cessez voz bruslemens,
Cessez, ô! Senateurs, tirez de mes tourmens*

Ce proffit le dernier de changer de courage
En repentance à Dieu, puis tournant son visage
Au peuple, il dist, Amis, meurtrier je ne suis poinct:
C'est pour Dieu l'immortel que je meurs en ce poinct.
Puis comme on l'eslevoit, attendant que son ame
Laissast son corps heureux au licol, à la flame.
Mon Dieu vray juge & pere, au milieu du trespas
Ie ne t'ay poinct laissé, ne m'abandonne pas:
Tout puissant de ta force assiste ma foiblesse:
Ne me laisse, Seigneur, de peur que je te laisse.
 O François, ô Flamens, (car je ne fay de vous
Qu'un peuple qu'une humeur, peuple, benin & doux)
Anvers, Cambray, Tournay, Mons & Valanciennes,
De voz braves tesmoings nos histoires sont plaines:
Pourrois-je desployer vos morts, vos brulements
Vos tenailles en feu, vos vifs enterremens!
Ie ne fay qu'un indice à un plus gros ouvrage
Auquel vous ne pourrez qu'admirer davantage
Comment ce peuple tendre à trouvé de tels cœurs,
Si fermes en constance ou si durs en rigueurs.
 Mais Dieu voulut encor à sa gloire immortelle
Prescher dans l'Italie & en Rome infidelle,
Donner à ces felons les cœurs de ses agneaux
Pour mourir par leurs mains prophetes de leurs maux:
Vous avez veu du cœur, voullez-vous de l'adresse,
Et veoir le fier Satan vaincu par la finesse.
 Montalchine, l'honneur de Lombardie, il faut
Qu'en ce lieu je t'esleve un plus brave eschafaut
Que celuy sur lequel aux portes du grand temple
Tu fus, Martyr de Dieu & des Martyrs l'exemple.

L'Antechrist descouvrant que peu avoient servi
Les vies que sa main au jour avoit ravi:
Voyant qu'au lieu publics de Dieu les tesmoignages,
Au lieu de donner peur redoubloient les courages,
Resolut de cacher ces meurtres desormais
De la secrette nuict soubs les voiles espais:
Le Geolier qui alors detenoit Montalchine,
Voyant que contre luy l'injustice machine
Vne secrette mort, l'en voulut advertir:
Ce viel soldat de Christ feignit un repentir:
Fait ses juges venir & aprés la sentence
Leur promet d'anoncer l'entiere repentance
De ses fausses erreurs, & que publicquement
Il se desisteroit de ce que faussement
Il avoit enseigné: on asseura sa vie,
Et sa promesse fut de promesses suivie
Or, pour tirer de luy un plus notable fruict,
On publia par tout sur les aisles du bruit
L'heure & le lieu choisi: chacun vient pour s'instruire,
Et Montalchie fut conduict pour se desdire
Sur l'eschafaut dressé: là du peuple il fut veu
En chemise tenant deux grands torches en feu:
Puis ayant de sa main commandé le silence
D'un grand peuple amassé, en ce poinct il commence.

Mes freres en amour & en soin mes enfans,
Vous m'avez escouté des-ja par divers ans
Preschant & enseignant une vive doctrine,
Qui à troublé vos sens; vous voicy Montalchine,
Lequel homme & pecheur subiect à vanité
Ne peut avoir tousjours prononcé verité:

Vous orrez sans murmure à la fin la sentence
Des deux oppinions & de leur difference.
　Trois mots feront par tout le vray departement
Des contraires raisons, seul, seulle & seulement.
I'ay presché que Iesus nous est seul pour hostie,
Seul sacrificateur, qui seul se sacrifie:
Les docteurs autrement disent que le vray corps
Est sans pain immolé pour les vifs & les morts,
Que nous avons besoin que le prestre sans cesse
Resacrifie encor Iesus Christ en la Messe.
I'ay dict que nous prenons, prenans le sacrement,
Cette manne du Ciel par la foy seulement:
Les Docteurs, que le corps en chair & en sang entre
Ayant souffert les dents aux offices du ventre.
I'ay dict que Iesus seul est nostre intercesseur,
Qu'a son pere l'accez par luy seul nous est seur:
Les docteurs disent plus, & veulent que lon prie
Les saincts mediateurs & la vierge Marie:
I'ay dict qu'en la foy seule on est justifié,
Et qu'en la seule grace est le salut fié:
Les Docteurs autrement, & veulent que lon face
Les œuvres pour aider, & la Foy & la grace.
I'ay dict que Iesus seul peut la grace donner.
Qu'autre que luy ne peut remettre & pardonner:
Eux que le Pape tient soubs ses clefs & puissances
Tous thresors de l'Eglise & toutes indulgences.
I'ay dict que l'ancien & nouveau Testament
Sont la seule doctrine & le seul fondement:
Les docteurs ont glosé ces regles tres-certaines,
Et veulent adjouster les doctrines humaines.

J'ay dict que l'autre siecle a deux lieux seulement,
L'un le lieu des heureux, l'autre lieu de tourment:
Les Docteurs trouvent plus & jugent qu'il faut croire
Le Lymbe des enfans, des grands le Purgatoire.
J'ay presché que le Pape en terre n'est poinct Dieu
Et qu'il est seulement Evesque d'un seul lieu:
Les Docteurs luy donnans du Monde la maitrise
Le font visible chef de la visible Eglise.
 O Chrestiens choisissez: vous voyez d'un costé
Le mensonge puissant, d'autre la verité:
D'une des parts l'honneur, la vie & recompense:
De l'autre ma premiere & derniere sentence:
Soyez libres ou serfs sous les dernieres loix
Ou du vray ou du faux: pour moy j'ay faict le choix.
Vien Evangile vray, vatan fausse doctrine.
Vive Christ, vive Christ: & meure Montalchine.
 Les peuples tous esmeus commençoient à troubler:
Il jette gayement ses deux torches en lair,
Demande les liens, & cette ame ordonnee
Pour l'estouffer de nuict triomphe de journee.
 Tels furent de ce siecle en Sion les agneaux
Armez de la priere, & non poinct des couteaux:
Voyci un autre temps quand des pleurs & des larmes
Israel irrité courut aux justes armes:
On vint des feux au fer lors il s'en trouva peu,
Qui de lions aigneaux vinssent du fer au feu:
En voicy qui la peau du fier lion poserent,
Et celle des brebis encores espouserent.
 Vous Gastine & Croquet, sortez de voz tombeaux
Icy je planteray voz chefs luisants & beaux:

Au milieu de vous deux je logeray l'enfance
De vostre commun fils, beau mirouer de constance:
Il se fit grand docteur en six mois de prisons,
Dans l'obscure prison par les claires raisons
Il vainquit l'obstiné, redressa le debile,
Asseuré de sa mort il prescha l'Evangile:
L'escole de lumiere en cette obscurité,
Donnoit aux enferrez l'entiere liberté:
Son ame de l'Enfer au Paradis ravie,
Aux ombres de la mort eut la voix de la vie:
A Dieu il consacra sa premiere fureur,
Il fut vif & joyeux: mais la jeune verdeur
De son enfance tendre & l'aage coustumiere
Aux folles gayetez n'eut sa vigueur premiere
Qu'a consoler les bons & s'ejoüir en Dieu:
Cette estoile si claire estoit au beau milieu
Des compagnons captifs, quand du seuil d'une porte
Il se haussa les pieds pour dire en cette sorte,

 Amis, voicy le lieu d'où sortirent jadis
De l'Enfer des cachots dans le hauts Paradis
Tant de braves tesmoings dont la mort fut la vie,
Les tormens les plaisirs, gloire l'ignominie:
Ici on leur donnoit nouvelle du trespas:
Marchons sur leurs desseins ainsi que sur leurs pas:
Nos pechez ont chassé tant de braves courages,
On ne veut plus mourir pour les saincts tesmoignages:
De nous senfuit la honte & s'aproche la peur:
Nous nous vantons de cœur & perdons le vray cœur:
Degeneres enfans à qui la fausse crainte
Dans le foüier du sein glace la braize esteinte,

X y

Vous perdez le vray bien pour garder le faux bien,
Vous craignez un exil qui est rien, moins que rien:
Et, pensans conserver ce que Dieu seul conserve
Aux serfs d'iniquité vendez vostre ame serve.
Ou vous qui balancez dans le choisir douteux
De l'un ou l'autre bien cognoissez bien les deux:
Vous perdez la richesse & vaine & temporelle:
Choisissez: car il faut perdre le Ciel ou elle:
Vous serez appauvris en voulans servir Dieu,
N'estes vous point venus pauvres en ce bas lieu?
Vous aurez des douleurs, vos douleurs & vos doubtes
Vous lairront sans douleur ou vous les vaincrez toutes:
Car de cette tourmente il n'y a plus de port
Que les bras estendus du havre de la mort:
Cette mort des Payens bravement desprisée,
Quoy qu'elle fust d'horreurs fierement desguisée,
N'espouvantoit le front, mais ils disoient ainsi.
Si elle ne fait mieux elle oste le souci,
Elle esteint nos tourmens si mieux ne peut nous faire,
Et n'y a rien si doux pour estre necessaire.
L'ame cerche tousjours de sa prison les huis
D'où, pour petis qu'ils soient, on trouve les pertuis:
Combien de peu de peine est grand aise ensuyuie
A moins de mal on sort que l'on n'entre en la vie:
La coustume rend douce une captivité:
Nous trouvons le chemin bref à la liberté:
L'amere mort rendra toute amertume esteinte:
Pour une heure de mort avoir vingt ans de crainte!
Tous les pas que tu fais pour entrer en ce port
Ce sont autant de pas au chemin de la mort:

Mais crains-tu les tourmens qui à ta derniere heure
Te font mourir de peur avant que tu te meure?
S'ils sont doux à porter la peine n'est qu'un jeu,
Où s'ils sont violens ils dureront fort peu.
Toy donc, disoit Seneque, avec tes larmes feintes
Qui vas importunant le grand Dieu de tes plaintes,
Par toy tes maux sont maux, qui sans toy ne sont tels:
Pourquoy te faches-tu? car entre les autels
Où tu ouvres de cris ta poitrine entamee,
Où tu gaste le bois l'encens & la fumee:
Venge-toy de tes maux, & au lieu des odeurs
Fais y fumer ton ame avec tous tes malheurs.
Par la ces braves cœurs devindrent autochires:
Les causes seulement manquoient à leurs martires:
Cet ignorant troupeau estoit precipité
De la crainte de craindre en l'autre extremité:
Sans sçavoir quelle vie iroit aprés leurs vies
Ils mouroient doucement pour leurs douces patries:
Par là Caton d'Vtique & tant d'autres Romains
S'occirent (mais malheur!) car c'ettoit par leurs mains.
Quels signalez tesmoings du mespris de la vie
De Lucresse le fer, les charbons de Porcie.
Le poison de Socrate estoit pure douceur:
Quel vin qui ait cerché la plus froide liqueur,
Des glaçons enterrez, & quelle autre viande
De cent desguisemens se fit onc si friande?

  Mais vous qui d'autres yeux que n'avoient les Payens
Voyez les Cieux ouverts, les vrais maux, les vrais biens;
Quels vains noms de l'honneur de liberté, de vie
Qu'd'aize vous ont peu troubler la fantasie?

Serfs de Satan le serf, estes vous en horreur?
Aurez-vous liberté enchainans vostre cœur?
Deslivrez-vous vos fils, vos filles & vos femmes
Les livrant à la gehenne, aux enfers & aux flames?
Si la prosperité dont le meschant joüit
Vous trompe & vous esmeut, vostre sens s'esbloüit,
Comme l'œil d'un enfant qui en la tragedie
Voit vn coquin pour Roy: cet enfant porte envie
Aux habits empruntez que de peur de soüiller
Mesme à la catastrophe il faudra despoüiller.
Ce meschant de qui l'heur à ton deuil tu compare
N'est pas en liberté, c'est qu'il court & s'esgare:
Car si tost qu'il pecha en ce temps, en ce lieu
Pour jamais il fut clos en la prison de Dieu:
Cette prison le suit quoy qu'il coure à la chasse,
Quoy que mille païs comme vn cain il trasse,
Qu'il fende au gré du vent les fleuves & les mers,
Sa conscience n'est sans cordes & sans fers:
Il ne faut esgaller à l'eternelle peine,
Et aux souspirs sans fin un poinct de courte haleine.
Vous regardez la terre & vous laissez le Ciel!
Vous succez le poizon & vous crachez le miel!
Vostre corps est entier & l'ame est entamee!
Vous sautez dans le feu esquivans la fumee!
Haïssez las meschans, l'exil vous sera doux:
Vous estes bannis d'eux, bannissez-les de vous:
Vous estes enferrez, ce qui plus vous consolle
L'ame le plus de vous ou elle veut s'enroolle:
S'ils vous ostent vos yeux, vos esprits verront Dieu,
Vostre langue s'en va, le cœur parle en son lieu.

L'œil meure fans auoir eu peur de la mort blefme,
La langue foit couppee auant qu'elle blafpheme.
Or fi d'exquifes morts les rares cruautez,
Si tormens fur tormens à vos yeux prefentez
Vous troublent, c'eſt tout un quel front, quel efquipage
Rend à la laide mort encor plus laid vifage?
Qui mefprife la mort, que luy fera de tort
Le regard affeuré des outils de la mort?
L'ame : des yeux du Ciel, void au Ciel l'inuifible
Le mal horrible au corps : ne luy eſt pas horrible,
Les ongles de la mort n'apporteront que feu
A qui fe fouuiendra que ce qu'elle oſte eſt peu :
En-terre nous peut oſter chofe pareille,
Nous en perdons autant d'une douleur d'oreille,
Vne humeur corrompue, un petit vent mauuais,
Vne veine picquee ont de pareils effects :
Et ce fafcheux appreſt pour qui le poil nous dreffe,
C'eſt ce qu'à pas contez traine à foy la vieilleffe :
L'affaffin condamné à fouffrir feulement
Sur chafque membre un coup, pour languir longuement,
Demande le cinquiefme à l'eſtomach, & penfe
Par ce coup plus mortel adoucir la fentence :
Les feueres Preuofts choififfans les tourmens,
Tiennent les courts plus doux, & plus durs les plus lents,
Et quand la mort à nous d'un braue coup fe iouë,
Nous defirons languir long temps fur noſtre rouë :
Le fang de l'homme eſt peu, fon mefpris eſt beaucoup :
Qui le mefprifera pourra voir tout à coup
Les canons, la fumee & les fronts des batailles :
Ou mieux les fers, les feux, les couteaux, les tenailles,

X iiij

La roüe & les cordeaux, cettuy-la pourra voir,
Le precipice bas dans lequel il doibt choir:
Mespriser la montagne, & de libre secousse,
En regardant en haut sauter quand on le pousse:
Noz freres bien instruicts ont l'appel reffuzé,
Et le Brun, Dauphinois, doctement advisé:
Quand il eut sa sentence avec plaisir ouye,
Respondit qu'on l'avoit condamné à la vie.
  Tien ton ame en tes mains : tout ce que les Tyrans
Prennent n'est poinct la chose, ains seulement le temps:
Que le nom de la mort autrement effroyable,
Bien cogneu, bien pesé, nous devienne agreable.
Heureux qui la cognoist ! Or il faut qu'en ce lieu,
Plain de contentement je donne gloire à Dieu.
  O Dieu quand tu voudras cette charongne prendre,
Par le couteau en piece ou par le feu en cendre,
Dispose ô Eternel, il ny à nul tombeau,
Qui à l'œil & au cœur ne soit beau s'il t'est beau.
  Il faisoit ces leçons, quand le Geolier l'appelle,
Pour recevoir sentence en la noire chappelle:
L'œil de tous fut troublé, le sien en fut plus beau,
Ses yeux devindrent feu ceux des autres de l'eau,
Lors serenant son front, & le teint de sa face,
Il rit à ses amis, pour à Dieu les embrasse,
Et à peu de loisir, redoubloit ce propos.
  Amis vous me voyez, sur le seuil du repos:
Ne pleurez pas mon heur : car la mort inhumaine,
A qui vaincre la sçait ne tient plus rang de peine:
La douleur n'est le mal, mais la cause pourquoy:
Or je voy qu'il est temps d'aller prouver par moy

Les propos de ma bouche, il est temps que je treuve
En ce corps bien-heureux la pratique & l'espreuve.
Il vouloit dire plus, l'huissier le pressa tant
Qu'il courut tout dispos vers la mort en sautant:
Mais dés le sueil de l'huis le pauvre enfant advise
L'honnorable regard & la vieillesse grise
De son pere & son oncle à un posteau liez:
Alors premierement les sens furent ployez:
L'œil si gay laisse en bas tomber sa triste veüe:
L'ame tendre s'esmeut, encores non esmeüe:
Le sang sentit le sang, le cœur fut transporté
Quand le pere rempli de mesme gravité
Qu'il eut en un Conseil, d'une voix grosse & grave
Fit à son fils pleurant cette harangue brave.
C'est donc en pleurs amers que j'iray au tombeau
Mon fils mon cher espoir, mais plus cruel bourreau
De ton pere affligé: Car la mort pasle & blesme
Ne brise point mon cœur comme tu fais toy mesme:
Regretteray-ie donc le soing de te nourrir?
N'as tu peu bien vivant à prendre à bien mourir?
L'enfant rompt ces propos: seullement mes entrailles
Vous ont senti dit-il, & les rudes batailles
De la prochaine mort n'ont point espouvanté
L'esprit instruit de vous, le cœur par vous planté:
Mon amour est esmeu, l'ame n'est pas esmeüe,
Le sang non pas le sens se trouble à vostre veüe:
Vostre blanche vieillesse a tiré de mes yeux
De l'eau, mais mon esprit est un fourneau de feux:
Feux pour brusler les feux que l'homme nous appreste,
Que puisse-ie trois fois pour l'un' & l'autre teste

De vous & de mon oncle, & plus jeun' & plus fort
Aller faire mourir la mort avec ma mort:
Donc, dict l'autre viellard, ô que ta force est molle,
O Mort, à ceux que Dieu entre tes bras console!
Mon neveu ne plain pas tes peres perissans:
Ils ne perissent pas, ces cheveux blanchissants,
Ces vieilles mains ainsi en malfaicteurs liees
Sont de la fin des bons à leurs fins honorees:
Nul grade, nul estat ne nous leve si haut
Que donner gloire à Dieu au haut d'un eschafaut,
Mourons, peres, mourons, ce dict l'enfant à l'heure
L'homme est si inconstant à changer de demeure,
La nouueauté luy plaist, & quand il est au lieu
Pour changer cette fange à la gloire de Dieu,
L'homme commun se plainct de pareille parolle:
Ils consolent leur fils, & leur fils les console.
Voicy entrer l'amas des sophistes docteurs,
Qui aux fronts endurcis s'aprochent seducteurs,
Pour vaincre de raisons les precieuses ames
Que la raison celeste a mené dans les flames,
Mais l'esprit tout de feu du braue & docte enfant
Voloit dessus l'erreur d'un sçauoir triumphant,
Et malgré leurs raisons, leurs fuites & leurs ruzes,
Il laissoit les caphards sans mot & sans excuses,
La mort n'apeloit point ce bel entendement
A regarder son front, mais sur chasque argument
Prompt, aigu, aduizé, sans doubte & sans refuge,
En les rendant transis il eut grace de juge:
A la fin du combat ces deux Eleazars
Sur l'enfant à genoux couchent leurs chefs vieillards,

Sortirent les premiers du monde & des miseres,
Et leur fils en chantant courut aprés ses peres.
 O cœurs mourans à vie indomptez & vainqueurs,
O combien vostre mort fit revivre de cœurs!
 Nostre grand Beroald' à veu, docte Gastine,
Avant mourir ces traits fruicts de sa discipline,
Ton privé compagnon d'escoles & de jeux
L'escript: le face Dieu ton compagnon de feux.
 O bien-heureux celuy qui, quand l'homme le tue,
Arrache de l'erreur tant d'esprits par sa veüe:
Qui monstre les thresors & graces de son Dieu,
Qui butine en mourant tant d'esprits au milieu
Des spectateurs esleus: telle mort est suivie
Presque tousjours du gain de mainte belle vie,
Mais les Martyrs ont eu moins de contentement,
De qui la laide nuict cache le beau tourment:
Non que l'ambition y soit quelque salaire:
Le salaire est en Dieu à qui la nuict est claire,
Pourtant beau l'instrument de qui l'exemple sert
A gaigner en mourant la brebis qui se perd.
 Ie ne t'oublieray pas, ô ame bien-heureuse,
Ie tireray ton nom de la nuict tenebreuse,
Ton martyre secret, ton exemple caché
Sera par mes escrits des ombres arraché.
 Du berceau, du tombeau je releve une fille,
De qui je ne diray le pays ni la famille:
Le Pere encor vivant plain de graces de Dieu,
En païs estranger l'ira en quelque lieu
Quelle fut cette mort dont il forma la vie.
 Le subject du massacre & non pas la furie,

Laiſſoit dedans Paris repoſer les couteaux,
Les lames, & non pas les ames des bourreaux:
D'entre les ſons piteux de la grand boucherie
Vn pere avoit tiré ſa miſerable vie,
Sa femme le ſuivit, & hors des feux ardants
Sauva le moins aagé de trois de ſes enfants:
Deux filles qui cuidoient que le nœu de la race
Au ſein de leurs parens trouveroit quelque place,
Se vont jetter aux bras de ceux de qui le ſang
De la tendre pitié devoit bruſler le flanc:
Ces parens, mais bourreaux, par leurs douces paroles,
Par menaces apres, contraignoient aux idoles
Ces cœurs voüez à Dieu, puis l'aveugle courroux
Des inutiles mots les fit courir aux coups:
Par trente jours entiers ces filles deſchirees
De verges & fers chauds demeurent aſſeurees:
La nuict on les eſpie, & leurs ſanglantes mains
Ioinctes tendoient au Ciel: ces proches inhumains,
Deſſus ces tendres corps impiteux ſendurcirent,
Si que hors de l'eſpoir de les vaincre ils ſortirent.
En plus noire mi-nuict, ils les jettent dehors,
La plus jeune n'ayant place entiere en ſon corps
Eſt priſe de la fievre & tombe à demi-morte.
Sans poulx, ſans mouvement ſur le ſueil d'une porte,
L'autre s'enfuit deffroy, & ne peut ce diſcours
Pourſuivre plus avant le ſucces de ſes jours.
Le jour eſtant levé le peuple eſmeu adviſe
Cet enfant que les coups & que le ſang deſguiſe,
Inconnu, pour autant qu'en la nuict elle auoit
Fuy de ſon logis plus loin quelle pouvoit,

On porte à l'hospital cette ame esvanoüie,
Mais si tost qu'elle eut pris la parolle & la vie,
Elle crie en son lict, ô Dieu double ma foy,
C'est par les maux aussi que les tiens vont à toy.
Ie ne t'oublieray poinct, mais mon Dieu fay en sorte
Qu'ainsi que le mal croist je deviene plus forte.
Ce mot donna soupçon, on pense incontinent
Que les esprits d'erreur n'alloient pas enseignant
Les enfans de neuf ans, pour de chansons si belles
Donner gloire au grand Dieu au sortir des mamelles.
Iesus-Christ vray berger sçait ainsi faire choix
De ses tendres brebis, & les marque à la voix.
Au bout de quelque mois des-ja la maladie
Eut pitié de l'enfant, & luy laissoit la vie :
La fievre s'enfuit, & le dard de la mort
Laissa ce corps si tendre avec un cœur si fort.
L'aveugle cruauté enflamma au contraire
A commettre la mort que la mort n'a peu faire.
Les gardes d'hospital, qui un temps par prescheurs,
Par propos importuns d'impiteux seducteurs,
Par menaces apres, par piquantes injures
S'essayerent plonger cette ame en leurs ordures.
L'enfant aux seducteurs disoit quelques raisons:
Contre les menaçans se targuoit d'oraisons:
Et comme ces tourmens changeoient de leur maniere,
D'elle mesme elle avoit quelque propre priere :
Pour dernier instrument ils osterent le pain,
La vie à la mi-morte, en cuidant par la faim,
En ses plus tendres ans l'attirer ou contraindre :
Il fut plus malaisé la forcer que l'esteindre :

La vie & non l'envie ils presserent si fort
Quelle donne en trois jours les signes de la mort.
Cet enfant non, enfant, mais ame des-ja saincte
De quelque beau discours, de quelque belle plainte,
Estonnoit tous les jours & n'amollissoit pas
Les vilains instrumens d'un languissant trespas:
Il advint que ses mains encores deschirees
Receloient quelque sang aux playes demeurees:
A l'effort de la mort sa main gauche seigna,
Entiere dans son sang inocent se baigna:
En l'air elle haussa cette main degouttante,
Et pour derniere voix elle dist, gemissante,
O Dieu, prens-moy la main, prens-la Dieu secourant,
Soustien-moy, conduy moy au petit demeurant
De mes maux achevez: il ne faut plus qu'une heure
Pour faire qu'en ton sein à mon aise je meure,
Et que je meure en toy comme en toy j'ay vescu:
Le mal gaigne le corps, pren l'esprit invaincu:
Sa parole affoiblit, à peine elle profere
Les noms demi-sonnez, de sa sœur & sa mere,
D'un visage plus gay elle tourna les yeux
Vers le Ciel de son lict, les plante dans les Cieux:
Puis à petis souspirs l'ame vive s'advance,
Et aprés les regards & aprés l'esperance:
Dieu ne refuza point la main de cet enfant,
Son œil vid l'œil mourant, le baisa triumphant,
Sa main luy prit la main, & sa derniere halaine
Fuma au sein de Dieu qui present à sa peine
Luy sousteint le menton, l'esveilla de sa voix,
Il larmoya sur elle, il ferma de ses doits

La bouche de loüange, achevant sa priere,
Baissant des mesmes doits pour la fin la paupiere:
L'air tonna, le Ciel plut, les simples elemens
Sentirent à ce coup tourment de ces tourmens.
  O François desreglez, où logent vos polices
Puis que vos hospitaux servent à tels offices?
Que feront vos bourdeaux & vos berlans pilleurs,
La forest, le rocher, la caverne aux voleurs?
  Mais quoy? des saincts tesmoins la constance affermie
Avoit lassé les poings d: la gent ennemie,
Noyé l'ardeur des feux, seché les cours des eaux,
Emoussé tous les fers, usé tous les cordeaux,
Quand des autels de Dieu, l'inextinguible zele,
Mit en feu l'estomac de maint & maint fidele:
Sur tout de trois Anglois, qui en se complaignant
Que des affections le grand feu s'esteignant,
Avec luy s'estouffoit l'autre flame ravie,
Qui est l'ame de l'ame & l'esprit de la vie,
Ces grands cœurs ne voulans que l'ennemi ruzé
Par un siecle de guerre eust plus fin desguizé.
  En des combats de fer les combats de l'Eglise,
Poussez du doigt de Dieu ils firent entreprize,
D'aller encor livrer un assaut hazardeux
Dans le nid de Satan: mais de ces trois les deux
Prescherent en secret, & la ruze ennemie
En secret estouffa leur martyre & leur vie:
Le tiers aprés avoir essayé par le bruit
A cueillir sur leur cendre encore quelque fruict,
Rendit son coup public & publique sa peine.
  Humains qui prononcez une sentence humaine,

Contre cette action nommans temerité
Ce que le Ciel despart de magnanimité.
Vous dictes que ce fut un effort de manie
De porter de si loin le thresor de sa vie,
Aller iusques dans Rome, & aux yeux des Romains
Attaquer l'Antechrist, luy arracher des mains
L'idole consacree, aux pieds l'ayant foullee,
Consacrer à son Dieu son ame consolee;
Vous qui sans passion jugez les passions
Dont l'esprit tout de feu esprend nos motions,
Lians le doigt de Dieu aux principes ethiques:
Les tesmoignages saincts ne sont pas politiques
Assez à vostre gré: vous ne cognoissez point
Combien peut l'Esprit sainct quand les esprits il poinct.
Que blasmez vous ici? l'entreprise boüillante,
Le progrez sans changer, ou la fin triomphante?
Est-ce entreprendre mal d'aller anoncer Dieu
Du grand siege d'erreur au superbe milieu?
Est-ce mal avancé la chose encommencee
De changer cinq cens lieux sans changer de pensee?
Est-ce mal achever de piller tant de cœurs
Dedans les seins tremblans des pasles spectateurs?
Nous avons veu les fruicts, & ceux que cette escole
Fit en Rome quitter & Rome & son Idole.
Ouy mais c'est desespoir avoir la liberté
En ses mains, & choisir une captivité:
Les trois enfans vivoient libres & à leur aises:
Mais l'aise leur fut moins douce que la fournaise.
On refusoit la mort à ces premiers Chrestiens
Qui recerchoient la mort sans fers, & sans liens:

Paul mis

Paul mis en liberté d'un coup du Ciel refuse
La douce liberté, qui est-ce qui l'accuse ?
Aprenez cœurs transis, esprits lents, juges froids
A prendre loy d'enhaut, non y donner des loix:
Admirez le secret que l'on ne peut comprendre,
En loüant Dieu jettez des fleurs sur cette cendre.

 Ce tesmoin endura du peuple esmeu les coups,
Il fut laissé pour mort non esmeu de courroux,
Et puis voyant cercher des peines plus subtiles,
Pour desguiser sa peine il dict cerchez, Perilles:
Cerchez quelques tourmens longs & ingenieux,
Le coup de l'Eternel n'en paroistra que mieux:
Mon ame contre qui la mort n'est gueres forte,
Aime à la mettre bas de quelque brave sorte:
Sur un asne on le lie, & six torches en feu
Le vont de rue en rue assechant peu à peu:
On brusle tout premier & sa bouche & sa langue:
A un des boutte-feux il fit cette harangue.
Tu n'auras pas l'esprit: qui t'a chetif, appris
Que Dieu n'entendra poinct les voix de nos esprits?
Les flambeaux traversoient les deux jouës rosties
Qu'on entendit. Seigneur pardonne à leurs folies:
Ils bruslent son visage, ils luy crevent les yeux
Pour chasser la pitié en le monstrant hideux:
Le peuple s'y trompoit, mais le Ciel de sa place
Ne contempla jamais une plus claire face:
Iamais le paradis n'a ouvert ses thresors
Plus riant à esprit separé de son corps:
Christ luy donna sa marque, & le voulut faire estre
Imitateur privé des honneurs de son maistre,

Z

Estant ainsi monté pour entrer tout en paix
Dans la Hierusalem permanente à jamais.
 Oui, le Ciel arrosa ces graines espanduës,
Les cendres que fouloit Rome parmi ses rues:
Tesmoin ce blanc viellard que trois ans de prisons
Avoient mis pardela le roolle des grisons:
Qui à ondes couvroit de neiges sans froidure
Les deux bras de cheveux, de barbe la ceinture:
Ce cygne fut tiré de son obscur estuy
Pour gagner par l'effroy ce que ne peut l'ennuy:
De prés il vit briser si douloureuse vie,
Et tout au lieu de peur anima son envie:
Le docte confesseur qui au feu l'assista,
Changé, le lendemain en chaire presenta
Sa vie au mesme feu: maintenant l'innocence
De son viellard client: la paisible assistance
Sans murmure escouta les nouvelles raisons,
Apprit de son prescheur comment dans les prisons,
Celuy qui eut de solde un escu par iournée,
Avoit entre les fers sa despence ordonnee,
Vivant d'un sol de pain; ainsi le prisonnier
En un pauvre craton le fit riche ausmosnier.
Ce peuple pour oüir ces choses eut oreilles,
Mais n'eut pour l'accuser de langue. Les merveilles
De Dieu font quelquesfois en la constante mort
Ou en la liberté quelque fois leur effort.
 De mesme escole vint aprés un peu despace
Le maigre Capucin: cestuicy en la face
Du Pape non Clement, l'appella Ante-Chrit,
Faisant de vive voix ce qu'autre par escrit.

Il avoit recerché dedans le cloistre immonde
La separation des ordures du monde:
Mais y ayant trouvé du monde les retraits,
Quarante jours entiers il desploia les traits
En la chaire d'erreur de la verité pure,
La robbe de mensonge estant sa couverture:
Vn sien juge choisi, par lui jugé, appris
Et depuis fugitif, nous donna dans Paris
La suitte de ces morts, à esclorre des vies,
Pour l'honneur des Anglois contre les calomnies:
Mais il se ravissoit sur ce qu'avoit presché
L'esprit sans corps, par qui le corps brusle, seiché,
N'estoit plus sa maison, mais quelque tendre voile:
Comme un guerrier parfaict campant dessous la toile.
Qu'on menasse de feu ces corps des-ja brisés:
O combien sont ces feux par ceux la mesprisez!
Ceux la battent aux champs, ces ames militantes,
Pour aller au combat mettent le feu aux tentes.

Le printemps de l'Eglise & l'esté sont passez,
Si serez vous par moi vers bouttons amassez,
Encor, esclorrez vous, fleurs si franches, si vives,
Bien que vous paroissiez dernieres & tardives:
On ne vous lairra pas, simples, de si grand pris,
Sans vous voir & flairer au celeste pourpris.
Vne rose d'automne est plus qu'une autre exquise:
Vous avez esjouy l'automne de l'Eglise:
Les grands feux de la chienne oublioient à bruler,
Le froid du scorpion rendoit plus calme l'air,
Cet air doux qui tout autre en malices excede
Ne fit tiede vos cœurs en une saison tiede:

Ce fut lors que l'on vid les lions s'embrazer
Et chasser, barriquez, leur Nebucadnezer,
Qui à son vieil Bernard remonstra sa contraincte
De l'exposer au feu si mieux n'aymoit par feinte
S'accommoder au temps: le vieillard chevelu
Respond, Sire, i'estois en tout temps resolu
D'exposer sans regret la fin de mes annees,
Et ores les voyant en un temps terminees
Ou mon grand Roy à dict, Ie suis contrainct, ces voix
M'osteroient de mourir le dueil si i'en avois.
Or vous & tous ceux-la qui vous ont peu contraindre,
Ne me contraindrez pas, car je ne sçay pas craindre
Puis que je sçay mourir. La France avoit mestier
Que ce potier fust Roy, que ce Roy fust potier.
Vous eustes ce vieillard Conseiller en vos peines,
Compagnon de liens, ames parisiennes:
On vous offrit la vie aux despens de l'honneur:
Mais vostre honneur marcha soubs celuy du Seigneur
Au triumphe immortel, quand du tyran la peine
Plustost que son amour vous fit choisir la haine
Nature s'employant sur cette extremité
En ce jour vous para d'angelique beauté:
Et pource qu'elle avoit en son sein preparees
Des graces pour vous rendre en vos jours honorees,
Prodigue, elle versa en un pour ses enfans
Ce qu'elle reservoit pour le cours de vos ans.
Ainsi le beau Soleil monstre un plus beau visage,
Faisant un soutire clair soubs l'espais du nuage,
Et se faict par regrets, & par desirs aymer,
Quand ses rayons du soir, se plongent en la mer.

On dit du perelin, quand de son lict il bouge,
Qu'il veut le matin blanc, & avoir le soir rouge.
Vostre naissance, enfance, ont eu le matin blanc:
Vostre couché heureux rougit en vostre sang.
Beautez, vous advanciez d'où retournoit Moïse
Quand sa face parut si claire & si exquise.
D'entre les couronnez, le premier couronné
De tels rayons se vid le front environné.
Tel en voyant le Ciel, fut veu, ce grand Estienne,
Quand la face de Dieu brilla dedans la sienne.
O astres bien-heureux, qui rendes à nostre œil
Ses mirouers & rayons livrés du grand Soleil!

 Dieu vid donc de ses yeux, d'un moment dix mil ames
Rire à sa verité, en despitant les flames:
Les vns qui tous chenus d'ans & de saincteté,
Mouroient blancs de la teste & de la pieté.
Les autres mesprisans au plus fort de leur aage
L'effort de leurs plaisirs, eurent pareil courage.
A leurs virilitez, & les petis enfans
De qui l'ame n'estoit tendre comme les ans,
Donnoient gloire au grand Dieu, & de chansons nouvelles
S'en couroient à la mort au sortir des mamelles
Quelques uns des plus grands de qui Dieu ne voulut
Le salut impossible, & d'autres qu'il esleut,
Pour prouver par la mort constamment recerchee,
La docte verité comme ils l'avoient preschee:
Mais beaucoup plus à plain qu'aux doctes & aux grands,
Sur les pauvres abjects sainctement ignorans
Parut sa grand bonté, quand les braves courages
Que Dieu voulut tirer des fanges des villages,

Vindrent faire rougir devant les yeux des Rois
La folle vanité, l'esprit donna des voix
Aux muets pour parler, aux ignorans des langues,
Aux simples des raisons, des preuves, des harangues,
Ne les fit que l'organe à prononcer les mots
Qui des docteurs du monde effaçoient les propos.
Des inuenteurs subtils les peines plus cruelles,
N'ont attendri le sein des simples damoiselles:
Leurs membres delicats ont souffert en maint lieu
Le glaive & les fagots en donnant gloire à Dieu:
Du Toutpuissant la force au cœur mesme des femmes
Donna vaincre la mort & combattre les flames:
Les cordes des geoliers deviennent leurs carquants,
Les chaines des posteaux leurs mignards jaserantz,
Sans plaindre leurs cheveux, leur vie & leurs delices,
Elles les ont à Dieu rendus en sacrifices.
 Quand la guerre, la peste & la faim s'aprochoient,
Les trompettes d'Enfer plus eschauffez preschoient
Les armes, les fagots, & pour appaiser l'ire
Du Ciel on presentoit un fidelle au martyre.
Nous serions disoient-ils paisibles, saouls & sains,
Si ces meschans vouloient faire priere aux saincts:
Vous eussiez dict plus vray, langues fausses & foles,
En disant ce mal vient de servir aux Idoles:
Parfaicts imitateurs des abusez Payens,
Apaisez vous le Ciel par si tristes moyens?
Vous deschirez encor & les noms & les vies
Des inhumanitez & mesmes calomnies
Que Romme la Payenne infidelle inventa
Lors que le fils de Dieu sa banniere y planta.

Nous sommes des premiers images veritables:
Imprudens vous prenez des Nerons les vocables:
Encontre ces Chrestiens tout s'esmeut par un bruict
Qu'ils mangeoient les enfans, qu'ils s'assembloient la nuict
Pour tuer la chandelle & faire des meslanges
D'inceste, d'adultere & de crimes estranges:
Ils voyoient tous les jours ces Chrestiens accusez
Ne cercher que l'horreur des grands feux embrasez,
Et Ciprian disoit, les personnes charnelles
Qui aiment leurs plaisirs cherchent ilz des fins telles?
Comment pourroit la mort loger dans les desirs
De ceux qui ont pour Dieu la chair & les plaisirs?
Iugez de quel crayon de quelle couleur vive
Nous portons dans le front l'Eglise primitive.

O bien heureux esprits qui en changeant de lieu
Changez la guerre en paix, & qui aux yeux de Dieu
Souffrez, mourez pour tel de qui la recompense
N'a le vouloir borné non plus que la puissance!
Ce Dieu là vous à veus & n'a aimé des Cieux
L'indicible plaisir pour approcher ses yeux
Et sa force de vous: cette constance extreme
Qui vous à faict tuer l'enfer & la mort blesme,
Qui à faict les petis resister aux plus grands,
Qui à faict les bergers vainqueurs sur les Tyrans
Vient de Dieu, qui present au milieu de vos flames
Fit mespriser les corps pour delivrer les ames:
Aussi en ces combats ce grand chef souverain
Commande de la voix & combat de sa main:
Il marche au rang des siens, nul champion en peine
N'est sans la main de Dieu qui par la main le meine.

Z iiij

Quand Dieu eut tournoyé la terre toute en feu
Contre sa verité, & aprés qu'il eut veu
La souffrance des siens, au contraire il advise
Ceux qui tiennent le lieu & le nom de l'Eglise
Yvres de sang, de vin, qui enflez au milieu
Du monde & des malheurs blasphement contre Dieu,
Presidants sur le fer, commandent a la guerre,
Possedants les grandeurs, les honneurs de la terre
Portoient la croix en l'or & non pas en leurs cœurs,
N'estoient persecutez mais bien persecuteurs :
Au conseil des tyrans ils eslevoient leurs crestes,
Signoient & reffusoient du peuple les requestes,
Iugeoient & partageoient en grondans comme chiens
Des pauvres de l'Eglise & les droicts & les biens :
D'ailleurs, leurs fautes sont descouvertes & nues :
Dieu les vid à travers leurs fueilles mal cousues,
Se disans conseillers desquels l'ordre & le rang
Ne permet de tuer & de juger au sang :
Ceux la changeans de nom & ne changeans d'office,
Aprés soliciteurs non juge des supplices,
Furent trouvez sortans des jeux & des festins
Ronfler aux seins enflés de leurs pasles putains.

    Dieu voulut en veoir plus, mais de regret & d'ire
Tout son sang escuma : il fuit, il se retire,
Met ses mains au devant de ses yeux en courroux,
Le Tout-puissant ne peut resider entre nous :
Sa barbe & ses cheveux de fureur herisserent,
Les sourcis de son front en rides s'enfoncerent,
Ses yeux changez en feu jetterent pleurs amers,
Son sein enflé de vent vomissoit des esclairs.

Il se repentit donc d'avoir formé la terre:
Tantost il prit au poing une masse de guerre,
Une boëte de peste & de famine un vent,
Il veut mesler la mer & l'air en un moment
Pour faire encor un coup en une arche recloze,
L'eslection des siens: il pense, il se propose
Son alliance saincte: il veut garder sa foy
A ceux qui n'en ont point, car ce n'est pas un Roy
Tel que les Tyranneaux qui remparent leur vie
De glaives, de poizons & de la perfidie:
Il tient encor serrez les maux, les eaux, les feux,
Et pour laisser combler le vice au vicieux
Souffrit & n'aima pas, permit & ne fut cause
Du reste de nos maux: puis d'une longue pause
Pensant profondement courba son chef dolent,
Finit un dur penser d'un sanglot violant:
Il croisa ses deux bras, vers le Ciel les releve:
Son cœur ne peut plus faire avec le monde treve:
Lors d'un pied depité refrapant par sept fois
La poudre, il fit venir quatre vents soubs les loix
D'un chariot volant, puis sans ouvrir sa veüe
Il sauta de la terre en l'obscur de la nuë:
La terre se noircit d'espais aveuglement,
Et le Ciel rayonna d'heureux contentement.

Aa

LES FERS
LIVRE V.

DIEV retira ses yeux de la terre ennemie:
La justice & la foy, la lumiere & la vie
S'envolerent au Ciel: des tenebres l'espais
Iouissoit de la terre & des hommes en paix:
Comme un Roy justicier quelquesfois abandône
La royalle cité siege de sa couronne
Pour en faisant le tour de son royaume entier
Voir si ses vices-rois exercent leur mestier:
Aux lieux plus eslongnez refrener la licence
Que les peuples mutins prennent en son absence:
Puis, ayant parfourni sa visite & son tour,
S'en reva desiré en son premier sejour:
Son Parlement, sa Cour, son Paris ordinaire
A son heureux retour ne sçavent quelle chere
Ne quels gestes mouvoir pour au Roy tesmoigner
Que tout plaisir voulut avec luy s'eslongner,
Tout plaisir retourner au retour de sa face.
Ainsi (sans difinir de l'Eternel la place,
Mais comme il est permis aux tesmoignages saincts
Comprendre le celeste aux termes des humains)
Ce grand Roy de tous Rois, ce Prince de tous Princes
Lassé de visiter ses rebelles Provinces,

Aa

Se rassit en son throsne, & d'honneur couronné
Fit aux peuples du Ciel voir son chef rayonné.
Les celestes bourgeois affamez de sa gloire,
Volent par milions à ce palais d'ivoire:
Les habitans du Ciel comparurent à l'œil
Du grand Soleil du monde & de ce beau Soleil:
Les Seraphins ravis le contemploient à veüe,
Les Cherubins couverts (ainsi que d'une nüe)
L'adoroient soubs un voile: un chacun en son lieu
Extatic reluisoit de la face de Dieu:
Cet amas bien-heureux mesloit de sa presence
Clarté dessus clarté, puissance sur puissance:
Le haut pouvoir de Dieu sur tout pouvoir estoit,
Et son throsne eslevé sur les throsnes montoit.
   Parmi les purs esprits survint l'esprit immonde,
Quand Satan haletant d'avoir tourné le monde
Se glissa dans la presse: aussi tost l'œil divin,
De tant desprits benins tria l'esprit malin:
Il n'esbloüit de Dieu la clarté singuliere
Quoy qu'il fust desguisé en Ange de lumiere:
Car sa face estoit belle & ses yeux clairs & beaux,
Leur fureur adoucie, il desguisoit ses peaux
D'un voile pur & blanc de robes reluisantes:
Sur ses reins retroussez les pennes blanchissantes
En ælles se croisoient sur l'eschine en repos:
Ainsi que ses habits il farda ses propos,
Et composoit encor sa contenance douce
Quand Dieu l'empoigne au bras, le tire, se courouce,
Le separe de tous & l'interrogue ainsi.
D'où viens-tu faux Satan? que viens-tu faire icy?

Lors le trompeur trompé d'asseuré devint blesme,
L'enchanteur se trouva desenchanté luy mesme,
Son front se seillonna, ses cheveux herissez,
Ses deux yeux en la teste horribles, enfoncez,
Le crespe blanchissant qui les cheveux luy cœuvre
Se change en mesme peau que porte la couleuvre
Qu'on appelle coëffee, ou bien en telle peau
Que le serpent mué despoüille au temps nouveau:
La bouche devint pasle, un changement estrange
Luy donna front de Diable & osta celuy d'Ange:
L'ordure le flestrit, tout au long se repent,
La teste se descoëffe & se change en serpent:
Le pennache luisant & les plumes si belles
Dont il contrefaisoit les Angeliques alles,
Tout ce blanc se ternit, ces alles peu à peu
Noires se vont tachans de cent marques de feu.
En Dragon Affriquain, lors sa peau mouchetee
Comme un ventre d'aspic se trouve marquetee:
Il tomba sur la voute, ou son corps s'alongeant
De diverses couleurs & venin se changeant,
Le ventre jaunissant & noirastre la queüe
Pour un Ange trompeur mit un serpent en veüe:
La parolle luy faut, le front de l'effronté
Ne pouvoit supporter la saincte majesté.
Qui à veu quelquesfois prendre un coupeur de bourse
Son œuvre dans ses mains, qui ne peut à la course
Se sauver, desguisant ou niant son forfaict?
Satan n'a plus les tours desquels il se desfaict:
S'il fuit, le doit de Dieu par tout le monde vole:
S'il ment, Dieu preuve tout & connoist sa parole.

Aa iij

Le criminel pressé, repressé plusieurs fois,
Tout enroué trouva l'usage de la voix,
Et respond en tremblant : Ie vien de voir la terre
La visiter, la ceindre & y faire la guerre,
Tromper, tenter, ravir, tascher à decevoir
Le riche en ses plaisirs, le pauvre au desespoir :
Ie vien de redresser emprise sur emprise,
Les fers aprés les feux encontre ton Eglise :
Ie vien des noirs cachots tristes d'obscurité,
Piper les foibles cœurs du nom de liberté,
Fasciner le vulgaire en estranges merveilles,
Assieger de grandeur des plus grands les oreilles,
Peindre aux cœurs amoureux le lustre des beautez,
Aux cruels par mes feux doubler les cruautez,
Apaster (sans saouler) le vicieux de vice,
D'honneurs l'ambition, de presens l'avarice.

 Pourtant (dit l'Eternel) si tu as esprouvé
La constance des miens, Satan, tu as trouvé
Toute confusion sur ton visage blesme,
Quand mes saincts champions en tuant la mort mesme
Des cœurs plus abrutis arrachent les souspirs :
Tu as grincé les dents en voyant ces Martyrs
Te destruire la chair, le monde & ses puissances
Et les tableaux hideux de leurs noires offences
Que tu leur affrontois, & quand je t'ay permis
De les livrer aux mains de leurs durs ennemis,
La peine & la douleur sur leur chair augmentee
A veu le corps destruit, non l'ame espouvantee.

 Le calomniateur respondit : Ie sçay bien
Qu'à un vivre fascheux la mort est moins que rien :

Ces cerveaux à qui l'heur & le plaisir tu ostes
Sechez par la vapeur qui sort des fausses costes
S'affligent de terreurs, font en soy des prisons
Qui ferment le guichet aux humaines raisons:
Ils sont chassez par tout & si las de leur fuite
Qu'au repos des crotons la peine les invite:
On leur oste les biens, ils sont pressez de faim,
Ils aiment la prison qui leur donne du pain:
Puis vivants sans plaizir n'auroient ilz point envie
De guerir par la mort une mortelle vie?
Aux cachotz estouffez on les va secourir,
Quand on leur va donner un peu d'air pour mourir:
La pesanteur des fers quand on les en delivre
Leur est quelque soulas au changement de vivre:
L'obscur de leurs prisons à ces desesperez
Faict desirer les feux dont ilz sont esclairez:
Mais si tu veux tirer la preuve de ces ames,
Oste-les des couteaux, des cordeaux & des flames:
Laisse l'aize venir, change l'adversité
Au favorable temps de la prosperité,
Mets-les à la fumee & au feu des batailles,
Verse de leurs haineux à leurs pieds les entrailles,
Qu'ilz manient du sang, enflame un peu leurs yeux
Du nom de conquerans ou de victorieux,
Pousse les Gouverneurs des villes & Provinces,
Iette dans leurs troupeaux l'excellence des Princes,
Qu'ils soient solliciteurs de l'honneur & du bien,
Meslons l'estat des Rois un peu avec le tien,
Le vent de la faveur passe sur ces courages,
Que je les ploye au gain & aux maquerelages?

Aa iiij

Qu'ils soient de mes prudens, & pour le faire court
Ie leur montre le Ciel au mirouër de la Court:
Puis après tout soudain que ta face changee
Abandonne sans cœur la bande encouragee,
Et lors pour essayer ces haults & braves cœurs
Laisse les chatouiller d'ongles de massacreurs,
Laisse-les deschirer, ils auront leur fiance
En leurs princes puissans & non en ta puissance:
Des Princes les meilleurs aux combats periront,
Les autres au besoin lasches les trahiront,
Ils ne cognoistront plus ni la foy ni la grace,
Ains te blasphemeront, Eternel, en ta face:
Si tout ne reüssit i'ay encor un tison
Dedans mon arcenal qui aura sa saison,
C'est la guerre d'argent qu'après tout je prepare
Quand le regne sera hors les mains d'un avare:
De tant de braves cœurs & d'excellens esprits
Bien peu refuseront du sang juste le pris:
C'est alors que je tiens plus seure la deffaitte
Quand le mal d'Israel viendra par le prophete.
Deschaine-moy les poings, remets entre mes mains
Ces Chrestiens obstinez qui parmi les humains
Font gloire de ton nom, si ma forme est esteinte
Lors je confesseray que ton Eglise est saincte.

 Ie te permets Satan (dist l'Eternel alors)
D'esteindre par le fer la plus-part de leur corps:
Fay selon ton dessein, les ames reservees
Qui sont en mon conseil avant le temps sauvees:
Ta ruse n'enclorra que les abandonnez
Qui furent nez pour toy premier que feussent nez:

Mes

Mes champions vainqueurs, vaisseaux de ma victoire
Feront servir ta ruse & ta peine à ma gloire.
 Le Ciel pur se fendit, se fendant il eslance,
Ceste peste du Ciel aux pestes de la France:
Il trouble tout, passant: car à son devaller
Son precipice esmeut les malices de l'air,
Leur donne pour tambour & chamade un tonnerre:
L'air qui estoit en paix confus se trouve en guerre:
Les esprits des humains agitez de fureurs
Eurent part au changer des corps superieurs:
L'esprit dans un Thiphon pirouettant arrive
De Seine tout poudreux à l'ondoyante rive.
 Ce que premier il trouve à son advenement
Fut le preparatif du brave bastiment
Que desseignoit pour lors la peste ⸺⸺,
De dix mille maisons il voüa la ruine
Pour estoffe au dessein : le serpent captieux
Entra dans cette ⸺⸺, & pour y entrer mieux
Fit un corps aëré de coulomnes parfaites,
De pavillons hautains, de folles giroüettes,
De domes accomplis, d'escaliers sans noyaux,
Fenestrages dorez, pilastres & portaux,
De sales, cabinets, de chambres, galeries,
En fin d'un tel project que sont les Thuilleries:
Comme idee il gaigna l'imagination,
Du chef de cette ⸺⸺ il print possession,
L'ardent desir logé avorte d'autres vises,
Car ce que peut troubler ces desseins d'edifices
Est condamné à mort par ces volans desirs
A qui le sang n'est cher pour servir aux plaisirs.

Ce butin conquesté, cet œil ardant descouvre
Tant de gibier pour soy dans le palais du Louvre:
Il s'acharne au pilliage & l'enchanteur ruzé,
Tantost en conseillier finement desguisé,
En prescheur, penitent & en homme d'Eglise,
Il mutine aisément, il conjure, il attize
Le sang, l'esprit, le cœur & l'oreille des grands:
Rien ne luy est fermé, mesme il entre dedans
Le conseil plus estroit: pour mieux filer sa trame
Quelquefois il se vest d'un visage de femme,
Et pour piper un cœur s'arme d'une beauté:
S'il faut s'authoriser il prend l'authorité
D'un visage chenu qu'en rides il assemble,
Panchant son corps vouté sur un baston qui tremble,
Donne au proverbe, vieux ce que peut faire l'art:
Pour y accommoder le style d'un vieillard:
Pour l'œil d'un fat bigot l'affronteur hypocrite
De chapelets s'enchaine en guise d'un Hermite,
Chaussé de capuchons & de frocs incognus
Se fait palir de froid, par les pieds demi-nus
Se fait Frere-ignorant pour plaire à l'ignorance,
Puis souverain des Rois par poincts de conscience,
Fait le sçavant, despart aux siecles la vertu,
Ment le nom de Iesus, de deux robes vestu:
Il fait le justicier pour tromper la justice,
Il se transforme en or pour vaincre l'avarice,
Du grand temple Romain il esleve aux hauts lieux
Ses esclaves gaignez, les fait roüer des yeux,
Les precipite au mal ou c'et esprit immonde
D'un haut mont leur promet les Royaumes du monde,

Il desploye en marchand à ses jeunes Seigneurs
Pour traffic de peché de France les honneurs:
Cependant visitant l'ame de maint fidelle,
Il pippe vn Zelateur de son aueugle zelle:
Il desploye, piteux, tant de mal-heurs passez,
En donne un goust amer à ces esprits lassez:
Il desespere l'un, l'autre il perd d'esperance,
Il estrangle en son lict la blanche patience:
Et cette patience il reduit en fureur,
Il monstre son pouvoir d'efficace d'erreur:
Il fait que l'assaillant en audace persiste,
Et l'autre à la fureur par la fureur resiste.
 Ce project establi, Satan en toutes parts
Des regnes d'Occident despescha ses soldats:
Les ordes legions d'Anges noirs s'envolerent
Que les Enfers esmeus à ce poinct decouplerent
Ce sont ces esprits noirs qui de subtils pinceaux
Ont mis au Vatican les excellens tableaux,
Où l'Antechrist saoulé de vengeance & de playe
Sur l'effect de ses mains en triomphant s'esgaye.
 Si l'enfer fut esmeu le Ciel le fut aussi,
Les esprits vigilans qui ont tousjours soucy
De garder leurs agneaux, le camp sacré des Anges
Destournoit des Chrestiens ces accidents estranges.
Tels contraires desseins produisirent çà bas
Des purs & des impurs les assidus combats.
Chacun des esprits saincts ayant fourni sa tasche,
Et retourné au Ciel comme à prendre relasche
Representoit au vif d'un compas mesuré
Dans le large paruis du haut Ciel azuré

Bb iij

Aux yeux de l'Eternel d'une science exquise
Les hontes de Satan, les combats de l'Eglise:
Le paradis plus beau de spectacles si beaux
Ayma le parement de tels sacrez tableaux:
Si que du vif esclat de couleurs immortelles
Les voutes du beau Ciel reluisirent plus belles:
Tels serviteurs de Dieu peintres ingenieux
Par ouvrage divin representoient aux yeux
Des Martyrs bien-heureux une autre saison pire
Que la saison des feux n'avoit fait le Martyre:
En cela fut permis aux esprits triomphans
De voir l'estat piteux où l'heur de leurs enfans:
Les peres contemploient l'admirable constance
De leur posterité qui en tendrette enfance
Pressoient les mesmes pas qu'ils leur avoient tracez:
Autres voyoient du Ciel leurs portraits effacez
Sur leur race doubteuse, en qui l'ame deteste
Les degenerez cœurs jaçoit qu'il ne leur reste
De passion charnelle, & qu'en ce sacré lieu
Il n'y ait zele aucun que la gloire de Dieu.
Encor pour cette gloire à leurs fils ils prononcent
Le redoutable arrest de celuy qu'ils renoncent.
Comme les dons du Ciel ne vont de rang en rang
S'attachans à la race, à la chair & au sang:
Tantost ils remarquoient le bras pesant de Moyse,
Et d'Israel fuyant l'enseigne en terre mise:
Puis Dieu leve ses bras, & cette enseigne alors
Qu'afoiblis aux moyens par foy nous sommes forts:
Puis elle deperit quant orgueilleux nous sommes
Sans le secours de Dieu secourus par les hommes.

Les zelateurs de Dieu les citoyens peris
En combatant pour Christ les loix & le pays
Remarquoient aisément les batailles, les bandes,
Les personnes à part & petites & grandes:
Ceux qui de tels combats passerent dans les Cieux,
Des yeux de leurs espris voient leurs autres yeux:
Dieu met en ceste main la plume pour escrire
Ou un jour il mettra le glaive de son ire:
Les conseils plus secrets, les heures & les jours,
Les actes & le temps sont par songneux discours
Adjoutez au pinceau: jamais à la memoire
Ne fut si doctement sacré une autre histoire:
Car le temps s'y distingue, & tout l'ordre des faictz
Est si parfaictement par les Anges parfaictz
Escript, desduict, compté, que par les mains sçavantes
Les plus vieilles saisons encor y sont presentes:
La fureur, l'ignorance, un Prince redouté,
Ne font en ces discours tort a la verité.

Les yeux des bien-heureux aux peintures advisent
Plus qu'un pinceau ne peut, & en l'histoire lisent
Les premiers fers tirez & les emotions
Qui brusloient d'un subiect diverses nations:
Dans le Ciel desguisé historien des terres
Ils lisent en leur paix les efforts de nos guerres:
Et les premiers objectz de ses yeux sainctz & beaux
Furent au rencontrer de ces premiers tableaux.

Ils contemplent s'enfler une puissante armee
Remarquable de fer de feux & de fumee
Où les Reistres couverts de noir & de fureurs
Despartent des François les tragiques erreurs:

Les deux chefs y sont prins & leur dure rencontre,
La desfaveur du Ciel à l'un & l'autre monstre,
Vous voyez la victoire en la pleine de Dreux
Les deux favoriser pour ruyner les deux.
Comme en large chemin le pantelant yvrongne
Ondoye çà & là s'aprochant il s'esloigne:
Ainsi les deux costez heurte & fuit à la fois
La victoire troublee yvre de sang François:
L'insolente parmi les deux camps se pourmeine,
Les faict vaincre vaincus tout à la Cadmeene:
Dieu eut à desplaisir tels moyens pour les siens,
Affoiblit leurs efforts pour monstrer ses moyens:
Comme on voit en celuy qui prodigua sa vie
Pour tuer Holoferne assiegeant Bethulie,
Ou quand les abatus succomboient soubs le faix
La mort des turbulents donne vie à la paix.

   L'homme sage pour soy fait quelque paix en terre,
Et Dieu non satisfait commence une autre guerre:
L'homme pense eviter les fleaux du Ciel vengeur
N'ayant la paix à Dieu ni la paix en son cœur.

   Vne autre grand peinture est plus loing arrangee
Où pour le second coup Babel est assiegee.
Vn fort petit trouppeau peu de temps, peu de lieu
Font de tresgrands effets: celuy qui trompoit Dieu,
Son Roy & ses amis, son sang & sa patrie,
Perdit l'estat, l'honneur, le combat & la vie.
Là vous voyez comment la chrestienne vertu
Par le doit du grand Dieu a si bien combatu,
Que les meschans troublez de leur succés estranges
Penserent, esbahis, faire la guerre aux anges.

Voicy renaistre encor des ordres tous nouveaux,
Des guerres ici bas & au Ciel des tableaux,
Où s'est peu voir celuy qui là doublement Prince
Mesprise soubs ses pieds le regne & la Province:
Il remarque Iarnac, & contemple, joyeux,
Pour qui, comment & quel il passe dans les Cieux:
Il void comme il perça une trouppe pressee,
Brisant encor sa jambe auparavant cassee,
Aile de sa vertu il volle au Ciel nouveau.
Et son bourreau demeure à soy-mesme bourreau

   Les autres d'autrepart marquent au vif rangees
Mille troupes en feu, les villes assiegees,
Les assauts repoussez & les saccagemens,
Escarmouches, combats, meurtres, embrazemens:
Puis en grand marge luit sans qu'un seul trait y faille
Du sanglant Montcontour la tragique bataille.
Là on joüa de sang, là le fer inhumain
Insolent besongna dans l'ignorante main,
Plus à souffrir la mort qu'à la donner habillé,
Moins propre à guerroyer qu'à la fureur civile:
Dieu fit la force vaine & l'appuy vain perir
Quand l'Eglise n'eut plus la marque de souffrir,
Cognoissant les humains qui n'ont leur esperance
En leur puissant secours que vaincus d'impuissance.
Ainsi d'autres combats moindres mais violans
Amolissent le cœur des Tyrans insolens:
Des camps les plus enflez les rencontres mortelles
Tournent en defaveur & en deuil aux fidelles,
Mais les petis tronpeaux favorisez des Cieux
Choisis des Gedeons chantent victorieux.

Aussi Dieu n'a pas mis ses vertus enfermées
Au nombre plus espais des puissantes armees:
Il veut vaincre par soy & rendre consolez
Les camps tous ruinez & les cœurs desolez:
Les tirer du tombeau afin que la victoire
De luy & non de nous eternize la gloire:
C'est pourquoy Dieu maudit les Rois du peuple Hebreu
Qui contoient leurs soldats non la force de Dieu.
Mais je voy Navarrin: sa delivrance estrange
Fait sonner de Bearn une voix de loüange:
Le haut Ciel aujourdhuy à peint en ses pourpris
Dix mille hommes desfaits, vint & deux canons pris.
Vne ville, vn chasteau, dans l'effroy du desordre
Soubs trente Cavalliers perdre l'honneur & l'ordre:
Vn seul Soleil esclaire à seize cens Soldats
Qui conduits d'un lion rendent tous ces combats.
 Lusson tu y ez peint avec la troupe heureuse
Qui dés le poinct du jour chante victorieuse:
Tes cinq cens renfermez dans l'estroit de ce lieu
Paroissent à genoux levans les mains à Dieu:
Ils en rompent cinq mil choisis par excellence
Soubs les deux drappeaux blancs de Piedmont & de France.
 Ainsi voy-je un combat de plus de dix contre un,
Les Suisses vaincus de la main de Montbrun:
Montbrun qui n'a receu du temps & de l'histoire
Que Cesar & François compagnons de victoire.
 Encor ay-je laissé vers le Rosne bruyant
Vne ville assiegee & un camp s'enfuyant:
La fleur de l'Italie ayant quitté Sainct-Gille,
Là trois cens & les eaux en font perir six mille.

D'un

D'un autrepart au Ciel en spectacles nouveaux
Luisoient les cruautez vives en leurs tableaux,
En tableaux eternels afin que l'ire esmeue
Du Tout-puissant vainqueur fume par telle veuë:
Ce ne sont plus combats, le sang versé plus doux
Est d'odeur plus amere au celeste courroux.
 On void au bout d'un rang une trouppe fidelle
Qui oppose à la peur la pieté, le zelle,
Qui au nez de Satan voulant loüer son Dieu
Sacrifie en chantant sa vie au triste lieu
Où la bande meurtriere arrive impitoyable,
Farousche de regards & d'armes effroyable,
Deschire le troupeau qui, humble, ne deffend
Sa vie que de cris: l'un perce, l'autre fend
L'estomach & le cœur & les mains & les testes
Qui n'ont fer que le pleur ny boucliers que requestes:
Les autres de flambeaux embrasent en cent lieux
Le temple à celle fin que les aveugles feux
Ne sentent la pitié des faces gemissantes
Qui troublent sans changer les ames pallissantes:
Là mesme on void flotter un fleuve dont le flanc
Du Chrestien est la source & le flot est le sang:
Vn Cardinal sanglant les trompettes, les prestres
Aux places de Vassi & au haut des fenestres
Attisent leur ouvrage, & meurtriers de la voix
Guettent les eschappez pour les monstrer aux doits:
Les grands qui autrefois avoient gravé leurs gloires
Au dos de l'Espagnol, recerchent pour victoires
Les combats sans parti, reccvans pour esbats
Vn monceau dessoupé de testes & de bras:

C c

Et de peur que les voix tremblantes, lamentables
Ne tirent la pitié des cœurs impitoiables,
Comme au taureau d'airain du subtil Phalaris,
L'airin de la trompette oste l'air à leurs cris.

 Après se void encor une grand troupe armee
Sur les agneaux de Dieu qui passe, envenimee,
La vieillesse, l'enfant & les femmes au fil
De leur acier trenchant : celuy est plus subtil,
Le plus loué de tous qui sans changer de face
Pousse le sang au vent avec meilleure grace,
Qui brise sans courroux la loi d'humanité.
L'on void dedans le sein de l'enfant transporté
Le poignard chaut qui sort des poulmons de la mere :
Le fils s'oppose au plomb foudroyé pour le pere,
Donne l'ame pour l'ame, & ce trait d'amitié
Des brutaux impiteux est mocqué sans pitié.

 Et toy sens incensé, tu appris à la Seine
Premier à s'engraisser de la substance humaine,
A faire sur les eaux un bastiment nouveau,
Presser un pont de corps, les premiers cheus dans l'eau,
Les autres sur ceux-là : la mort ingenieuse
Froissoit de tests les tests, sa maniere doubteuse
Faisoit une dispute aux playes du Martyr
De l'eau qui veut entrer du sang qui veut sortir.

 Agen se monstre là, puante, environnee
Des charongnes des siens, bien plustost estonnee
De voir l'air pestifere empoisonné de morts
Qu'elle ne fut puante à estrangler les corps.

 Cahors y represente une insolente audace
D'un peuple desbauché, une nouvelle face

Des ruisseaux cramoisis, la pasle mort courant
Qui crie à depescher son foible demeurant:
Puis Satan eschauffant la bestise civile
A fouler soubs les pieds tout l'honneur de la ville
N'espargne le couteau sur ceux mesme des leur
Qui mal'heureux cuidoient moderer le malheur.

   Mais du tableau de Tours la marque plus hideuse
Effaçoit les premiers, auquel impetueuse
Couroit la multitude aux brutes cruautez
Dont les Scytes gelez feussent espouvantez.
Là de l'œil tout puissant brilla la claire veüe
Pour remarquer la main & le couteau qui tue:
C'est là qu'on voit tirer d'un temple des faux-bourgs
Trois cens liez mi-morts affamez par trois jours,
Puis delivrez ainsi: quand la bande bouchere
Les assomma couplez au bord de la riviere:
Là les tragiques voix, l'air sans pitié fendoient,
Là les enfans dans l'eau un escu se vendoient,
Arrachez aux marchans mouroient sans cognoissance
De noms, erreurs & temps, marques & difference:
Mais quel crime avant vivre ont ils peu encourir?
C'est assez pour mourir que de pouvoir mourir:
Il faut faire gouster les coups de la tuërie
A ceux qui n'avoient pas encor gousté la vie
Ainsi bramans, tremblans, trainez dessus le port
Du fleuve & de leurs jours estalez à la mort;
Ils avisoient percer les tetins de leurs meres,
Embrassoient les genoux des tueurs de leurs peres,
Leurs petis pieds fuyoient le sang non plus les eaux,
D'un nenny, d'un jamais, ils chantoient aux bourreaux

Que la verge sans plus supplice d'un tel aage
Les devoit anoblir du sang & du carnage
Des meres qu'on fendoit un enfant avorté
S'en alla sur les eaux, & sur elles porté
Autant que les regards le pouvoient loin conduire
Leva un bras au Ciel pour appeler son ire:
Quelques uns par pitié vont reperçant les corps
Où les esprits & cœurs ont des liens trop forts:
Ces fendans ayant faict rencontre d'un visage
Qui de trop de beauté affligeoit leur courage,
Vn moins dur laissa cheoir son bras & puis son fer,
Vn autre le releve, & tout plain de l'Enfer
Desfiant la pitié de pouvoir sur sa veüe
Despoüilla la beauté pour la dechirer nüe,
Print plaisir à soüiller la naive couleur
Voyant ternir en mort cette vive blancheur:
Les jeunes gens repris autresfois de leur vice
Foüilloient au ventre vif du chef de la justice
Lors qu'ils pensoient caché, comme on vid les Romains
Desmesler des Iuifs les boyaux de leurs mains.

 Puis on void esclater montant cette riviere
Vn feu rouge qui peint Loire autrefois si claire:
L'eau d'Orleans devint un palais embrazé
Par les cœurs attisez espris & attisé:
Ils brisent leurs prisons & leur loix violees
Pour y faire perir les ames desolees
Des plus paisibles cœurs qui cerchoient en prison
Logis pour ne se voir tachez de trahison,
Trouvans dedans les bras de la fausse justice
Pour autel de refuge autel de sacrifice:

Là vous voyez jetter des eslevez creneaux
Par les meres les fils guettez en des manteaux
L'arquebusier tenant celle qui prend envie
De laisser aprés soy une orpheline vie:
Puis les piquiers bandés tellement affustez
Qu'ils recevoient aux fers les corps precipitez.

 Tout ce que Loire, Seine & que Garonne abreuve
Estoit par rang despeint comme va chaque fleuve:
Cinquante effects pareils flamboyoient en leurs lieux
Attirans jusqu'a soy par la suitte les yeux.
Le Rosne n'est exempt q : par sa fin nous guide
A juger quelle beste est un peuple sans bride,
 Laisse à part un pont rempli de condamnez,
Vn Gouverneur ayant ses amis festinez
Qui leur donne plaisir de deux cens precipices.
Nous voyons de tels sauts represailles, justices,
En suivant l'œil arrive ou deux divers portraits
Representent un peuple armé de divers traits
Bandez pour deschirer, l'un Mouvant, l'autre Tende,
Il faut que la justice & l'un & l'autre rende:
Aux ongles acharnes des affamez mutins:
Ceux-là veullent offrir leurs bergers aux mastins,
Mais les chiens respectans le cœur & les entrailles:
Furent comme Chrestiens punis par ces canailles
Qui en plusieurs endroits ont rosti & masché,
Savouré avalé, tels cœurs en plain marché:
Si quelqu'un refusoit c'ettoit à son dommage
Qu'il n'estoit pas bien né pour estre Antropophage.
 Point ne sont effacés encor qu'ils soient plus vieux
Les traits de Merindol & Cabriere en feux:

       Cc iij

L'œil suivant les desirs aux montagnes s'eslongne
Qu'il voyoit tapisser des beaux combats d'Angrongne:
Il contemploit changer en lions les Agneaux
Quand celuy qui jadis fut berger des troupeaux
De l'agneau faict lyon, Amiral admirable,
Sachant en autrepart la suitte espouvantable
Des succés de sa mort : à ce poinct arriva
Que le troupeau ravi sur ses erres trouva,
Mais il leur fit quitter pour venir à nos aages
Tels spectacles entiers, qui d'image en images,
De pas en pas menoit les celestes bourgeois
A voir Zischa, Boheme, en fin les Albigeois:
Ils quittent à regret cette file infinie
Des merveilles de Dieu, pour voir la tragedie
Qui efface le reste, estans arrivez là
De Prophetique voix son ame ainsi parla.

 Venez voir comme Dieu chastia son Eglise
Quand sur nous non sur luy sa force fut assize,
Quand devenus prudens la paix & nostre foi
Furent pour fondement la promesse du Roy:
Il se monstra fidele en l'orde perfidie
De nos haineux, & fit en nous ostant la vie
Rester si abbatu & foible son troupeau
Qu'en terre il ne trainoit que les os & la peau,
Nous voulions contraster du peuple les finesses,
Nous enfans du royaume, & Dieu mit nos sagesses
Comme folie au vent, encor l'homme obstiné
Voyant tout ce qui est de l'homme condamné
Et les effets du Ciel loin de son esperance
Ne peut jamais tirer du mortel sa fiance.

Ô humains insensez! ô fols entendemens!
O decret bien certain des divins jugemens!
 Telle resta l'Eglise aux sangliers eschappee
Que d'un champ tout foulé la face dissipee,
Dont les riches espis tous meurs & jaunissans
Languissent soubs les pieds des chevaux fracassans:
Ou bien ceux que le vent & la foudre & la gresle
Ont haché à morceaux paille & grain pesle-mesle:
Rien ne se peut sauver du milieu des seillons:
Mais bien quelques espics levez des tourbillons
Dans les buissons plus forts soubs qui la vive guerre
Que leur ont faict les vents les a fichez en terre:
Ceux-ci dessoubs l'abri de ces haliers espais
Prennent vie en la mort, en la guerre la paix,
Se gardent au printemps, puis leurs branches dressees
Des tuteurs aubepins rudement caressees
Font passer leurs espics par la fascheuse main
Des buiçons ennemis & parviennent en grain:
La branche qui s'oppose au passer de leur testes
Les fasche & les retient, mais les sauve des bestes:
C'est ainsi que serons gardez des inhumains
Pour resemer l'Eglise encore quelques grains
Armez d'afflictions, grains que les mains divines
Font naistre à la faveur des poignantes espines,
Moisson de grand espoir: car c'est moisson de Dieu
Qui la fera renaistre en son temps, en son lieu.
 Ia les vives splendeurs de diversitez peintes
Tiroient à l'aprocher: les yeux des ames sainctes,
L'aspect en arrivant plus fier apparoissoit,
L'esclatante lueur prés de l'œil acroissoit.

Premierement entroit en Paris l'infidelle
Vne troupe funebre : on void au milieu d'elle
Deux Princes des Chrestiens l'humain & foible espoir,
Pour presage & pour marque ils se paroient de noir,
Sur le coup de poison qui de la tragedie
Ioüa l'acte premier en arrachant la vie
A nostre Debora : aprés est bien despint
Le sumptueux appresl, l'amas, l'apareil feint,
La pompe, les festins de doubles mariages
Qui desguisoient les cœurs & masquoient les visages.
La flute qui joüa fut la publique foy,
On pipa de la paix & d'amour de son Roy,
Comme un pescheur, chasseur, ou oiseleur appelle
Par l'appast le gaignage ou l'amour de femelle,
Soubz l'herbe dans la nasse, aux cordes, aux gluaux
Le poisson abusé, les bestes, les oiseaux.
Voicy venir le jour, jour que les destinees
Voyoient à bas sourcilz glisser de deux annees,
Le jour marqué de noir, le terme des appas :
Le Soleil s'arresta, voulut tourner ses pas,
A regret il tira son front pasle des ondes
Transi de se mirer en nos larmes profondes,
De rougir ses raions : le pur & beau Soleil
Y presta condamné la torche de son œil :
Encor pour n'y monlrer le beau de son visage
Tira le voile en l'air d'un louche & noir nuage.
Satan n'attendit pas son lever, car voici,
Le front des spectateurs s'advise à coup transi
Qu'en paisible minuict, quand le repos de l'homme
Les labeurs & le soin en silence consomme :

Comme

Comme si du profond des esveillez Enfers
Groüillassent tant de feux, de meurtriers & de fers:
La cité où jadis la loy fut reveree,
Qui à cause des loix fut jadis honoree,
Qui dispensoit en France & la vie & les droicts
Où fleurissoient les arts, la mere de nos Rois
Vit & s'ouffrit en soy la populace armee
Trepigner la justice à ses pieds diffamee.
Des brutaux desbridez les monceaux herissez,
Des œuvriers mechanics les scadrons amassez
Diffament à leur gré trois mille cheres vies,
Tesmoins, juges & Rois, & bourreaux & parties:
Ici les deux partis ne parlent que François,
Les chefs qui redoubtez avoient faict autresfois
Le marchant delivré de la crainte d'Espagne
Avoir libre au traffic la mer & la campagne:
Par qui les estrangers tant de fois combattus,
Le Roy deprisonné de peur de leurs vertus,
Qui avoient entamé les batailles rangees,
Qui n'avoient aux combats cœurs ni faces changees,
L'appuy des vrais François, des traistres la terreur,
Moururent delaissez de force & non de cœur,
Ayant pour ceps leurs licts detenteurs de leurs membres,
Pour geolier leur hoste & pour prison leurs chambres,
Par les lievres fuyards armez à milions
Qui trembloient en tirant la barbe à ces lions,
De qui la main poltronne & la craintifve audace
Ne les pouvoit liez tuer de bonne grace,
Dessoubs le nom du Roy parricide des loix
On destruisoit les cœurs par qui les Rois sont Rois:

Dd

Le coquin possesseur de Royalle puissance
Dans les fanges trainoit les Senateurs de France:
Tout riche estoit proscript, il ne falloit qu'un mot
Pour ronger son despit soubs le nom d'Huguenot:
Des procés ennuyeux fut la longueur finie:
La fille oste à la mere & le jour & la vie:
Là le frere sentit de son frere la main,
Le cousin esprouva pour bourreau son Germain:
L'amitié fut sans fruict, la cognoissance esteinte,
La bonne volonté utile comme feinte.

 D'un visage riant nostre Caton tendoit
Nos yeux avec les siens & le bout de son doit
A se voir transpercé, puis il nous monstra comme
On le couppe à morceaux, sa teste court à Rome,
Son corps sert de joüet aux badaux ameutez
Donnant le bransle au cours des autres nouveautez.
La cloche qui marquoit les heures de justice,
Trompette des voleurs, ouvre aux forfaicts la lice:
Ce grand palais du droict fut contre droict choisi
Pour arborer au vent l'estendart cramoisi:
Guerre sans ennemi ou l'on ne trouve à fendre
Cuirasse que la peau ou la chemise tendre:
L'un se deffend de voix, l'autre assaut de la main:
L'un y porte le fer, l'autre y porte le sein:
Difficile à juger qui est le plus astorge:
L'un à bien esgorger, l'autre à tendre la gorge:
Tout pendart parle haut, tout equitable craint,
Exalte ce qu'il hait, qui n'a crime le feint.
Il n'est garçon, enfant qui quelque sang n'espanche
Pour n'estre veu honteux s'en aller la main blanche.

Les prisons, les palais, les chasteaux, les logis,
Les cabinets sacrez, les chambres & les licts
Des Princes, leur pouvoir, leur secret, leur sein mesme
Furent marquez des coups de la tuerie extreme:
Rien ne fut plus sacré quand on vit par le Roy
Les autels violez, les pleiges de la foy,
Les Princesses s'en vont de leurs lits, de leurs chambres
D'horreur, non de pitié pour ne toucher aux membres
Sanglants & detranchez que le tragique jour
Mena chercher la vie au nid du faux amour.
Libithine marqua de ses couleurs son siege
Comme le sang des fans roüille les dents du piege,
Ces lits pieges fumans, non pas lits mais tombeaux
Où l'Amour & la Mort troquerent de flambeaux.
Ce jour voulut monstrer au jour par telles choses
Quels sont les instrumens, artifices & causes
Des grands arrests du Ciel. Or des-ja vous voyez
L'eau couverte d'humains, de blessez mi-noyez,
Bruyant contre ses bords la detestable Seine,
Qui des poisons du siecle à ses deux chantiers pleine,
Tient plus de sang que d'eau, son flot se rend caillé
A tous les coups rompu, de nouveau resoüillé
Par les precipitez: le premier monceau noye,
L'autre est tué par ceux que derniers on envoye:
Aux accidents meslez de l'estranger forfaict
Le tranchant & les eaux debatten qui l'a faict:
Le pont jadis construict pour le pain de sa ville
Devint triste eschafaut de la fureur civile:
On voit à l'un des bouts l'huis funeste choisi
Pour passage de mort marqué de cramoisi:

La funeste vallee à tant d'agneaux meurtriere,
Pour jamais gardera le tiltre de Misere.

 Ton nom demeure vif, ton beau teint est terny
Piteuse diligente & devote Yverny,
Hostesse à l'estranger, des pauvres aumoniere,
Garde de l'hospital, des prisons tresoriere:
Point ne t'a cet habit de nonnain garenti
D'un patin incarnat trahi & dementi:
Car Dieu n'aprouva pas que sa brebis deslite
Devestit le mondain pour vestir l'hypocrite,
Et quand il veut tirer du sepulcre les siens,
Il ne veut rien de salle à conserer ses biens.

 Mais qu'est-ce que je voi? un chef qui s'entortille
Par les volans cheveux autour d'une cheville
Du pont tragique un mort qui semble encore beau,
Bien que pasle & transi demi caché en l'eau.
Ses cheveux arrestans le premier precipice
Levent le front en haut qui demande justice.
Non ce n'est pas ce poinct que le corps suspendu
Par un sort bien conduict a deux jours attendu,
C'est un sein bien aymé qui traine encor en vie
Ce qu'attend l'autre sein pour chere compagnie:
Aussi voy-ie mener le mari condamné,
Percé de trois poignards aussi tost qu'amené,
Et puis poussé en bas où sa moitié pendue
Recent l'aide de luy qu'elle avoit attendue:
Car ce corps en tombant des deux bras l'empoigna,
Avec sa douce prise accouplé se baigna:
Trois cens precipitez droict en la mesme place
N'ayant peu recevoir ni donner cette grace.

Apren homme de sang, & ne t'esforce point
A des-unir les corps que le Ciel à conjoinct.
  Ie voy le viel Rameau à la fertille branche,
Chappes caducs rougir leur perruque si blanche:
Briou de pieté comme de poil tout blanc,
Son viel col embrassé par un Prince du sang
Qui aux coups redoublez s'opose en son enfance:
On le perce au travers de si foible deffence:
C'estoit faire perir une nef dans le port,
Desrober le mestier à l'aage & à la mort.
  Or cependant qu'ainsi par la ville on travaille:
Le Louvre retentit, devint champ de bataille,
Sert aprés deschafaut, quand fenestres, creneaux
Et terrasses servoient à contempler les eaux
Si encores sont eaux: les dames mi-coiffees
A plaire à leurs mignons s'essayent eschauffees,
Remarquent les meurtris, les membres, les beautez
Bouffonnent sallement sur leurs infirmitez:
A l'heure que le Ciel fume de sang & d'ames
Elles ne pleignent rien que les cheveux des Dames:
C'est à qui aura lieu à marquer de plus prés
Celles que l'on esgorge & que l'on jette aprés:
Les unes qu'ils forçoient avec mortelles pointes
D'elles mesmes tomber, pensant avoir esteintes
Les ames quand & quand que Dieu ne pouvant voir,
Le martyre forcé prendroit pour desespoir
Le cœur bien esperant. Nostre Sardanapale
Ridé, hideux, changeant, tantost feu tantost pasle,
Spectateur par ses cris tous enroüez servoit,
De trompette aux maraux: le hasardeux avoit

Armé son lasche corps: sa valeur estonnee
Fut au lieu de conseil de putains entournee:
Ce Roy non juste Roy, mais juste harquebusier,
Giboyoit aux passans trop tardifs à noyer,
Vantant ses coups heureux, il deteste, il renie
Pour se faire vanter à telle compagnie:
On voyoit par l'Orchestre en tragique saison
Des comiques Gnatons des Taïs un Trazon:
La mere avec son train hors du Louvre s'eslongne,
Veut joüir de ses fruits, estimer la besongne:
Vne de son troupeau trotte à cheval trahir
Ceux qui soubs son secret avoient pensé fuir:
En tel estat la Cour au jour d'esjoüissance
Se pourmene au travers des entrailles de France.
  Cependant que Neron amusoit les Romains
Au theatre & au Cirque à des spectacles vains,
Tels que ceux de Bayonne ou bien des Tuilleries,
De Bloys, de Barle-duc, aux forts, aux mommeries,
Aux ballets, carrousels, barrieres & combats,
De la guerre naissant les berceaux, les esbats,
Il fit par bouttefeux Romme reduire en cendre:
C'et appetit brutal print plaisir à entendre
Les hurlemens divers des peuples affolez,
Rioit sur l'affligé, sur les cœurs desolez,
En attisant tousjours la braise mi-esteinte
Pour sur les os cendreux tyranniser sans crainte.
Quand les feux non son cœur furent saouls de malheurs,
Par les pleurs des Martyrs il appaisa les pleurs
Des Romains abusez: car des prisons remplies
Arrachant les Chrestiens il immola leurs vies

LES FERS, LIV. V. 203

Holocaustes nouveaux pour offrir à ses Dieux,
Les saincts expiateurs & cause de ses feux:
Les esbats coustumiers de ses aprés-disnees
Estoient à contempler les faces condamnees,
Des chers tesmoings de Dieu pour plaisir consummés,
Par les feux, par les dents des lyons affamés.
Ainsi l'embrasement des masures de France
Humilie le peuple, esleve l'arrogance
Du Tyran car au pris que l'impuissance n'aist,
Au pris peut il pour loy prononcer, il me plaist.
Le peuple n'a des yeux à son mal, il s'aplique
A nourrir son voleur en cherchant l'heretique:
Il faict les vrais Chrestiens cause de peste & faim,
Changeans la terre en fer & le Ciel en airin,
Ceux la servent d'hostie, injustes sacrifices
Dont il faut expier de nos Princes les vices,
Qui, fronçants en ce lieu l'espais de leurs sourcils,
Resistent aux souspirs de tant d'hommes transis:
Comme un Domitian pourveu de telles armes
Des Romains qui trembloient espouvantoit les larmes
Desvoyant la pitié, destournant autrepart
Les yeux à contempler son flambloiant regard,
  Charles tournoit en peur par des regards semblables
De nos Princes captifs les regrets lamentables,
Tuoit l'espoir en eux en leur faisant sentir
Que le front qui menace est loin du repentir:
Aux yeux des prisonniers le fier changea de face
Oubliant le desdain de sa fiere grimace,
Quand aprés la sepmaine il sauta de son lict
Esveila tous les siens pour entendre à minuict
       D d iiij

L'air abayant de voix, de tel esclat de plaintes
Que les Tyrans cuidant les fureurs non esteintes
Et qu'aprés les trois jours pour le meurtre ordonnez
Se seroient les felons encores mutinez.
Il depescha par tout inutiles deffences,
Il void que l'air seul est l'echo de ses offenses:
Il tremble, il faict trembler par dix ou douze nuicts
Les cœurs des assistans quels qu'ils fussent, & puis
Le jour effraye l'œil quand l'incensé descouvre
Les corbeaux noircissans le pavillon du Louvre.

 Catherine au cœur dur par feinte s'esjoüit,
La tendre Elizabeth tombe & s'esvanoüit:
Du Roy jusqu'à la mort la conscience immonde
Le ronge sur le soir, toute la nuict luy gronde,
Le jour siffle en serpent, sa propre ame luy nuit,
Elle mesme se craint, elle d'elle s'enfuit.

 Toy Prince prisonnier tesmoin de ces merveilles,
Tu as de tels discours enseigné nos oreilles,
On a veu à la table en publicq tes cheveux
Herisser en contant tels accidents affreux:
Si un jour oublieux tu en perds la memoire
Dieu s'en souviendra bien à ta honte, à sa gloire:
L'homme ne fut plus homme, ains le signe plus grand
D'un excez sans mesure aparut quant & quant:
Car il ne fut permis aux yeux forcez du pere
De pleurer sur son fils, sans parole la mere
Voyoit trainer le fruict de son ventre & son cœur:
La plainte fut sans voix, muette la douleur:
L'espion attentif redoublé prenoit garde
Sur celuy qui d'un œil moins furieux regarde

L'oreille

L'oreille de la mousche, espie en tous endroicts
Si quelque bouche presse à son ame la voix,
Si quelqu'un va chercher en la barge commune
Son mort, pour son tesmoin il ne prend que la Lune,
Aussi bien au clair jour ses membres destranchez
Ne se dicernent plus fidellement cerchez:
Que si la tendre fille ou bien l'espouse tendre
Cherchent pere ou mary crainte de se mesprandre
En tirent un semblable, & puis disent, je tien,
Ie baise mon espoux ou du moins un Chrestien.

 Ce fut crime sur tout de donner sepulture,
Aux repoussés des eaux, somme que la nature,
Le sens, le sang, l'honneur, la loy d'humanité,
L'amitié, le devoir & la proximité,
Tout esprit & pitié delaissés par la crainte
Virent l'ame immortelle à cette fois esteinte.

 A ce luisant patron au grand commandement
Pressé par les Amans porté legerement
Mille folles cités à face desguisees
Se trouvent aussi tost à tuer embrazees:
Le mesme jour esmut à mesme chose Meaux
Qui, pour se delecter de quelques traits nouveaux,
Parmi six cens noyez, victimes immolees,
Vit au pas de la mort vingt femmes violees.

 On void Loire incognu tant farouche laver
Les pieds d'une cité qui venoit d'achever
Seize cens poignardés attachez à douzaines:
Le palais d'Orleans en vid les sales plaines
Dont l'amas fit une isle, une chaussee, un mont
Lequel fit refouler le fleuve contremont,

       E e

Et dessus & dessous & les mains & les villes
Qui n'avoient pas trempé dans les guerres civiles.
Troublent à cette fois Loire d'un teint nouveau,
Chacun ayant gaigné dans ce rang un tableau.
  Lyon tous les lions reffuzerent l'office,
Le vil executeur de la haute justice,
Le soldat, l'estranger, les braves garnisons
Dirent que leur valeur ne s'exerce aux prisons,
Quand les bras & les mains, les ongles detesterent
D'estre les instrumens qui la peau deschirerent,
Ton ventre te donna dequoy percer ton flanc,
L'ordure des boyaux se creva dans ton sang.
  Voila Tournon, Viviers & Vienne & Valence
Poussant avec terreur de Lyon l'insolence
Troublez de mille corps qu'ils esloignent, & puis
Arles qui n'a chez soy ne fontaines ne puis
S'ouffrit mourir de soif quand du sang le passage
Dix jours leur deffendit du Rosne le breuvage,
Puis ces coups tant blasmez en fin par ces citez
Furent à moins de nombre à regret imitez.
  Seine le renchery, ses deux cornes distantes
Ne souffrirent leurs gens demeurer innocentes,
Troye d'un bout, Roüan de l'autre se font voir
Qui ouvrent leurs prisons pour un funeste espoir,
Et puis par divers jours & par le rolle ils nomment
Huict cens testes qu'en ordre & desordre ils assomment.
  Thoulouze y adjousta la foy du parlement,
Fit crier la seurté pour plus desloyaument
Conserver le renom de Royne des cruelles.
  Mais tant d'autres citez jusques alors pucelles

De qui l'air ou les arts amolissent les cœurs,
De qui la mort bannie haïssoit les douceurs
N'ont en fin resisté aux dures influences
Qui leur donne le bransle aux communes cadances.
　Angers tu l'as senti, mere des escoliers,
Tu l'as senti courtois & delicat Poictiers,
　Favorable Bordeaux, le nom de favorable
Se perdit en suyvant l'exemple abominable.
　Dax suivit mesme jeu. Leurs voisins belliqueux.
Prirent autre patron & autre exemple qu'eux.
Tu as (dis-tu) soldats & non bourreaux Bayonne,
Tu as de liberté emporté la couronne,
Couronne de douceur qui en si dur meschef
De cloux de diamants est ferme sur ton chef.
　Où voullez-vous, mes yeux, courir ville aprés ville
Pour descrire des morts jusques à trente mille,
Quels mots trouverez-vous quel style pour nommer
Tant de flots renaissans de l'impiteuse mer?
Oeil qui as leu ces traits, si tu escoute, oreille,
Encor un peu d'haleine asçavoir la merveille
De ceux que Dieu tira des ombres du tombeau.
Nous changeons de propos: voy encor ce tableau
De Bourge, on y connoit la brigade constante
De quelques citoyens bien contez pour quarante
Et recontez aprés afin qu'il n'arrivast
Que par mesgarde aucun condamné se sauvast:
Au naistre du Soleil un à un on les tue,
On les met cinq à cinq exposez à la veüe
Du transi magistrat, le conte bien trouvé
Acertena la mort que rien n'estoit sauvé.

Ee ij

Cette injuste justice au tiers jour amassee,
Oit le son estouffé la voix triste & cassee
D'un gosier languissant, ceux qui par plusieurs fois
Cercherent curieux d'où partoit cette voix
Descouvrent à la fin qu'un vieillard plain d'envie
D'alonger les travaux, les peines de la vie
S'estoit precipité dans un profond pertuis:
La faim fit resonner l'abysme de son puis,
Estant un des bouchers depesché en sa place:
Ces juges contemploient avec craintive face
Du siecle un vray portrait, du malheur le miroir,
Il luy donne du pain pour en luy faire voir
Comment Dieu met la vie aux perils plus extremes
Parmi les os & nerfs de la mort pasle & blesme,
Releve l'estonné, affoiblit le plus fort
Pour donner au meurtrier par son couteau la mort.

 Caumont qui à douze ans eus ton pere & ton frere
Pour cuirasse pesante, appren ce qu'il faut faire,
Quel Prince t'a tiré, quel bras fut ton secours:
Tes peres & freres sont dessus toy tous les jours:
Nature vous forma d'une mesme substance,
La mort vous assembla comme fit la naissance,
Cousu, mort avec eux & vif tu as dequoy
Tes compagnons de mort faire vivre par toy:
Ton sein est pour jamais teint du sang de tes proche,
Dieu t'a sauvé par grace ou bien c'est pour reproches
Grace en mettant pour luy l'esprit qui t'a remis
Reproche en te faisant serf de tes ennemis.

 De pareille façon on void couché en terre
Celuy qu'en trente lieux son ennemi enserre:

Vne troupe y accourt dont chacun fut laßé
De repercer encor le fein des-ja percé:
Puis l'ennemi retourne & couché face à face
Il met de fon poignard la poincte fur la place
Où il juge le cœur en redoublant trois fois
Du gofier blafphemant luy fortir cette voix.
Vatan dire à ton Dieu qu'il te fauve à cette heure:
Mais, homme, tu mentis, car il faut que tu meure
Premier que ton meurtri: certes le Dieu vivant
Pour ame luy donna de fa bouche le vent,
Et cette voix que Dieu & fes forces deffie
Donne mort au meurtrier & au meurtri la vie.

Voicy de peur d'Achas un Prophete caché
En un lieu hors d'accez, en vain trois jours cerché:
Vne poulle le trouve, & fans faillir prend cure
De pondre dans fa main trois jours fa nourriture.
O Chreftiens fugitifs, redoublez-vous la faim?
Le pain eft don de Dieu qui fçait nourrir fans pain:
Sa main depefchera commiffaires de vie
La poulle de Merlin ou les corbeaux d'Helie.

Reniers eut tel fecours & vid un corbeau tel
Quand Vefins furieux, fon ennemi mortel,
Luy fit de deux cens lieües efcorte & compagnie:
Il attendoit la mort dont il receut la vie,
N'ayant tout le chemin ni propos ni devis
Sinon au feparer ce magnifique advis.
Ie te reprocheray, Reniers, mon afiftance
Si du faict de Paris tu ne prens la vengeance.

Moy qui rallie ainfi les efchapez de mort
Pour prefter voix & mains au Dieu de leur fupport,

Qui chante à l'advenir leurs frayeurs & leurs peines,
Et puis leurs libertez, me terray-je des miennes?

 Parmi ces apres temps l'esprit ayant laissé
Aux assassins mon corps en divers lieux percé
Par l'Ange consolant mes ameres blessures,
Bien qu'impur, fut mené dans les regions pures
Sept heures luy parut le celeste pourpris
Pour voir les beaux secrets & tableaux que j'escris,
Soit qu'un songe au matin m'ait donné ces images,
Soit qu'en la pamoison l'esprit fit ces voyages,
Ne t'enquiers (mon lecteur) comment il vid & fit,
Mais donne gloire à Dieu en faisant ton profit,
Et cependant qu'en luy extaticq je me pasme
Tourne à bien les chaleurs de mon enthousiasme.

 Doncques le front tourné vers le Midi ardant
Paroissoit du zenit panchant vers l'Occident,
Les spectacles passez qui tournoient sur la droicte,
Ce qui est audevant est cela qui s'exploite:
Là esclatent encor cent portraits eslongnez
Où se monstrent les fils du siecle embesongnez:
On void qu'en plusieurs lieux les bourreaux refuserent
Ce que bourgeois, voisins & parens acheverent,
L'esprit lassé par force advisa le monceau
Des Chrestiens condamnez qui (nuds jusqu'à la peau)
Attendent par deux jours quelque main ennemie
Pour leur venir oster la faim avec la vie:
Puis voicy arriver secours aux enfermez,
Les bouchers aux bras nuds au sang accoustumez,
Armez de leurs couteaux qui apprestent les bestes,
Et ne font qu'un corps mort de bien quatre cens testes,

Les temples des Baalins estoient remplis de cris
De ceux de qui les corps comme vuides d'esprits
Vivans du seul sentir par force, par parolles,
Par menaces, par coups s'enclinoient aux idoles.
Et à pas regrettez les infirmes de cœur
Pour la peur des humains de Dieu perdoient la peur.
Ces desolez transis par une aveugle envie
D'un vivre malheureux quittoient l'heureuse vie,
La plupart preparans en ce faisant ce tort
Les ames à la gehenne & les corps à la mort,
Quand Dieu juste permit que ces piteux exemples
N'alongeassent leur jours que sur le seüil des temples
Non pourtant que son œil de pitié fust osté,
Que le Sainct-Esprit fust blessé d'infirmité:
Sa grace y met la main, tels estoient les visages
Des jugemens à terme accomplis en nos aages.
 A la gauche du Ciel au lieu de ces tableaux
Esbloüissent les yeux les astres clairs & beaux
Infinis milions de brillantes estoilles
Que les vapeurs d'embas n'offusquent de leurs voilles,
Font par lignes & ronds caracteres parfaicts
Desquels nous ne lisons d'icy bas les effects:
L'Ange m'en faict leçon (disant) Voila les restes)
Des hauts secrets du Ciel: là les bourgeois celestes
Ne lisent qu'aux rayons de la face de Dieu,
C'est de tout l'advenir le registre, le lieu
Où la harpe royalle estoit lors eslevee
Qu'elle en sonna ces mots. Pour iamais engravee
Est dedans le haut ciel que tu creas iadis
La vraye eternité de tout ce que tu dis.

Tout y est bien marqué, nul humain ne l'explique:
Ce livre n'est ouvert qu'à la troupe Angelique,
Puis aux esleus de Dieu quand en perfection
L'ame & le corps gousteront la resurrection:
Cependant ces portraits leur mettent en presence
Les biens & maux presens de leur treschere engence.
Ie romps pour demander, Quoy? les ressusitez
Pourront ils discerner de leurs proximitez,
Les visages, les noms, se souvenans encore
De ceux-la que la mort oublieuse devore.
L'Ange respond. L'estat de la perfection
Ravit à l'Eternel toute l'affection:
Mais puis qu'ils sont parfaicts en leur comble faut croire
Parfaicte cognoissance & parfaicte memoire.

 Cependant sur le poinct de ton heureux retour,
Esprit qui as de Dieu eu le zele & l'amour,
Voi-tu ce rang si beau de luisants caracteres?
C'est le cours merveilleux le succez de tes freres,
 Voila un camp maudit à son malheur planté
Aux bords de l'Ocean abayant la cité,
La Saincte Bethulie, aux agnelets defence,
Des petis le bouclier, des hautains la vangeance:
Là finissent leur jours, l'espoir & les fureurs,
Tuez, mais non au lict vingt mille massacreurs:
Dieu fit marcher voulant delivrer sans armee
La Rochelle poudreuse & Sancerre affamee,
Les visages nouveaux des Sarmates razez
Secourables aux bons, pour eux mal advisés.
 Voi-tu dessoubs nos pieds une flame si nette,
Vne estoille sans nom, sans cheveux un comette,

Phanal

Phanal sur Bethleem, mais funeste flambeau
Qui mene par le sang Charle-Herode au tombeau:
——— par prisons & par prisons besongne
Pour sur le throsne voir le fuitif de Poulongne:
Il trouve à son retour non des agneaux craintifs,
Mais des lions trompez, retraitte aux fugitifs.

    De la mer du midi & des Alpes encore
L'esprit va resveiller qui en esprit adore
Aux costaux de la Clergue, aux Pirenes gelez,
Aux Scevenes d'Auvergne: en voila d'appelez,
Les cailloux & les rocs prennent & forme & vie
Pour guerroyer de Dieu la lignée ennemie,
Pour estre d'Abraham tige continuel,
Et relever sur pieds l'enseigne d'Israel.
Conduicts par les bergers destituez de Princes
Partagent par moitié du regne les Provinces,
Contre la vanité les fils des vanitez
S'arment, leurs confidents par eux sont tourmentez.

    Ie voy l'amas des Rois & conseillers de terre
Qui changent une paix au progrez d'une guerre,
Vn Roy mangeant l'hostie, l'idole va jurant
D'achever des Chrestiens le foible demeurant,
Ni espargner le sang du peuple ni la vie,
Les promesses les voix, la foy, la perfidie.

    François, mauvais françois de l'affligé troupeau
Se faict le conducteur, & puis traistre & bourreau,
Porte au Septentrion ses infidelles trames,
Vaincu par les agneaux il engage les ames
Complices des autheurs de ses desseins pervers
A paver en un jour de charongnes Anvers,

F f

Car Dieu faict tout mentir : menaces & injures
Tant de subtils conseils font tous ces Rois parjures,
Frappez d'estonnement, & bien punis dequoy
Ils ont mis en mespris la parole de foy :
Par la force il les rend perfides à eux mesmes,
Le vent fit un jouët de leurs braves blasphemes.

 Voila vers le midy trois Rois en pieces mis,
Les ennemis de Dieu pris par ses ennemis.
 Le venin de la cour preparé s'achemine
Pour mener à Sanson Dalida Philistine.
 Vn Roy cherchant secours parmi les serfs n'a rien
Que pour rendre vainqueur le grand Iberien :
Celuy-la prend de l'or, en faict une semence
Qui contre les François reconjure la France :
Ses peuples tost aprés contre luy conjurez,
Par contrainctes vertus vangez & delivrez.
Celuy qui de regner sur le monde machine
S'engraisse pour les poux curee à la vermine
 Voy deux camps dont l'un prie & souspire en s'armant,
L'autre presumptueux menace en blasphemant.
O Coutras ! combien tost cette petite pleine
Est de cinq mille morts & de vengeance pleine.
 Voicy Paris armé soubs les loix du Guysard,
Il chasse de sa cour l'hypocrite renard,
Qui tire son chasseur aprés en sa tasniere :
Les noyeurs n'ont tombeau que la trouble riviere,
Les maistres des tueurs perissent de poignards,
Les supports des brusleurs par les brusleurs sont ards,
Loire qui fut bourrelle aura le soing de rendre
Les brins esparpillés de leur infame cendre.

Aussi tost leur boucher de ses bouchers pressé,
Des prescrip.s secourus, se void des siens laissé:
Son Procureur jadis des Martyrs la partie
Procure & mene au Roy le trancheur de sa vie
Au mois, jour & logis, à la chambre & au lieu
Où à mort il jugea la famille de Dieu,
Fait gibier d'un cagot vilain porte-bezace
Il quitte au condamné ses fardeaux & sa place.

  Arques n'est oublié ny le succez d'Ivry,
Conois par qui tu fus victorieux, Henry:
Tout ploye soubs ton heur, mais il est predit comme
Ce qu'on devoit à Dieu fut pour le Dieu de Rome.

  Paris tu es reduitte à digerer l'humain,
Trois cens mille des tiens perissent par la faim
Dans le tour des dix lieüs qu'à chasque paix frivole
Tu donnois pour limite au pain de la parole.

  Si tu pouvois conoistre ainsi que je conois
Combien je voy lier de Princes & de Rois
Par les venins subtils de la bande hypocrite,
Par l'arsenic qu'espand l'engeance Loyolite:
O Suede! ô Mosco! Poulongne, Austriche, helas
Quels changemens premier que vous en soyez-las?

  Que te diray-je plus? ces estoilles obscures
Escrivent à regret les choses plus impures.
O qu'aprés long travail, long repos, longue nuict
La lassitude en France & à ses bords produict!
Que te proffitera, mon enfant, que tu voye
Quelque peu de fumee au fond de la Saveye,
Vn sursaut de Geneve, un catharreux sommeil,
Venise voir du jour une aube sans Soleil?

Ff ij

Quoy plus ? la main de Dieu douce, docte & puis rude
A parfaire trente ans l'entiere ingratitude,
Et puis à la punir : ô funestes apprests!
Flambeau luisant esteint ne voy rien de plus prés.

   Tu verrois bien encor aprés un tour de Sphere,
Vn double deuil forcé, le fils de L'adultere,
Berceau, tombeau captifs, gouster tout & vomir,
Albion desireux non puissant de dormir,
Revolte en l'Occident, au plus loin de la terre,
Les François impuissans & de paix & de guerre,
Les Bataves pipez, Ottoman combatu,
Les Allemans par eux contraincts à la vertu:
Voy de Ierusalem la nation remize,
L'Antechrist abbatu, en triumphe l'Eglize.
Hola : car le grand juge en son throsne est assis
Si tost que l'Aere joinct à nos mille trois six.

   Retourne à ta moitié, n'attache plus ta veüe,
Au loisir de l'Eglize, au repos de Capue:
Il te faut retourner, satisfaict, en ton lieu
Employer ton bras droict aux vengeances de Dieu:
Ie t'ay guidé au cours du celeste voyage,
Escripts fidellement que jamais autre ouvrage
Bien que plus delicat ne te semble plaisant
Au pris des hauts secrets du firmament luisant:
Ne chante que de Dieu, n'oubliant que luy mesme
T'a retiré : voila ton corps sanglant & blesme
Recueilly à Thalcy sur une table seul
A qui on a donné pour suaire un linceul:
Rapporte luy la vie en l'amour naturelle
Que son masle tu doibs porter à ta femelle.

Ta main m'a delivré je te loüeray, mon Dieu,
Ie chanteray ton los & ta force au milieu
De tes sacrez parvis, je feray tes merveilles,
Ta deffence & tes coups retentir aux oreilles
Des Princes de la terre, & si le peuple bas
Sçaura par moy comment les Tyrans tu abas:
Mais premier que d'entrer à prevoir & descrire
Tes derniers jugemens, les arrests de ton ire
Il faut faire une pose & finir ces discours
Par une vision qui couronne ces jours
L'esprit ayant encor congé par son extaze
De ne suivre escrivant du vulgaire la phraze.

L'Ocean donc estoit tranquille & sommeillant
Au bout du sein Breton qui s'enfle en recueillant
Tous les fleuves François, la tournoyante Seine,
La Gironde, Charente & Loire & la Vilaine:
Ce vieillard refoulloit ses cheveux gris & blonds
Sur un lict relevé dans son paisible fonds.
Marqueté de coral & d'unions exquises,
Les sachets d'ambre-gris: dessoubs ses tresses grises:
Les vents les plus discrets luy chatoüillent le dos,
Les Lymphes de leurs mains avoient faict ce repos,
La paillasse de mousse & le matras desponge:
Mais ce proffond sommeil fut resveillé d'un songe:
La lame de la mer estant comme du laict,
Les nids des Alcions y nageoient à souhait:
Entre les flots sallez & les ondes de terre
S'esmeut par accidents une subite guerre:
Le dormant pense oüir un contraste de vents
Qui du bout de la mer jusqu'aux sables mouvants

Ff iij

Troubloient tout son Royaume & sans qu'il le consente
Vouloient à son desceu ordonner la tourmente.
Comment ? (dist le vieillard) l'air volage & leger
Ne sera il jamais lassé de m'outrager,
De ravager ainsi mes Provinces proffondes ?
Les ondes font les vents comme les vents les ondes,
Ou bien l'air pour le moins ne s'anime en fureurs
Sans le consentement des corps superieurs :
Ie pousse les vapeurs causes de la tourmente,
L'air soit content de l'air, l'eau de l'eau est contente,
Le songe le trompoit, comme quand nous voyons
Vn soldat s'afuster, aussi tost nous oyons
Le bruit d'une fenestre ou celuy d'une porte
Quand l'esprit va devant les sens : en mesme sorte
Le songeur print les sons de ces flots mutinez
Encontre d'autres flots jappans, enfelonnez,
Pour le trouble de l'air & le bruit de tempeste :
Il esleve en frottant sa venerable teste :
Premier un fer pointu paroist, & puis le front,
Ses cheveux regrissez par sa colere en rond,
Deux testes de Dauphins & les deux balais sortent
Qui nagent à fleur d'eau & sur leur dos le portent :
Il trouva cas nouveau lors que son poil tout blanc
Ensanglanta sa main : puis voyant à son flanc
Que l'onde refuiant laissoit sa peau rougie :
A moy, (dist il) à moy pour me charger d'envie,
A moy ! qui dans mon sein ne souffre point les morts,
La charongne, l'ordure, ains la jette à mes bords :
Bastardes de la terre & non filles des nues,
Fievres de la nature allons testes cornues

De mes beliers armez repoussez les, hurtez
Qu'ils s'en allent ailleurs purger leurs cruautez.

 Ainsi la mer alloit faisant changer de course
Des gros fleuves à mont vers la coulpable source
Dont sortit par leurs bords un deluge de sang
A la teste des siens : l'Ocean au chef blanc
Vid les cieux s'entrouvrir & les Anges à troupes
Fondre de l'air en bas ayans en main des coupes
De precieux rubis, qui plongez dedans l'eau,
En chantant rapportoient quelque present nouveau,
Ces messagers ales, ces Anges de lumiere
Trioyent le sang meurtri d'avec l'onde meurtriere
Dans leurs vases remplis qui prenoient, heureux, lieu
Aux plus beaux cabinets du Palais du grand Dieu:
Le Soleil qui avoit mis un espais nuage
Entre le vilain meurtre & son plaisant visage
Ores de chauх rayons exale à soy le sang
Qu'il faut qu'en ronge pluye il renvoye à son rang:
L'Ocean du Soleil & du troupeau qui vole
Ayant prins sa leçon change advis & parole.

 Venez, enfans du ciel, (s'escria le vieillard)
Heritiers du Royaume à qui le ciel despart
Son champ pour cimetiere : ô Saincts que je repousse !
Pour vous non contre vous, juste, je me courrouce:
Il s'advance dans Loire, il rencontre les bords,
Les sablons cramoisis bien tapissez de morts;
Curieux, il assemble, il enleve, il endure
Cette chere despouille au rebours de nature:
Ayant tout arrangé il tourne avec les yeux
Et le front serené ces paroles aux cieux.

Ef iiij

Ie garderay ceux cy tant que Dieu me commande
Que les fils du bon heur à leur bon heur je rende:
Il n'i à rien d'infect, ils sont purs, ils sont nets:
Voici les paremens de mes beaux cabinetz:
Terre qui les trahis tu estois trop impure
Pour des saincts & des purs estre la sepulture.
A tant il plonge au fond l'eau rid en mille rais,
Puis aiant faict cent ronds crache le sable aprés.

Ha que nos cruautez fussent ensevelies
Dans le centre du monde! ha que nos ordes vies
N'eussent e npuanti le nez de l'estranger.
Parmi les estrangers nous irions sans danger,
L'œil guay, la taste hault, d'une brave assurance,
Nous porterions au front l'honneur ancien de France.

Estrangers irritez, à qui sont les François
Abomination, pour Dieu faictes le choix
De celuy qu'on trahit & de celuy qui tue,
Ne caressés ches vous d'une pareille veüe
Le chien fidelle & doux & le chien enragé,
L'atheiste affligeant, le Chrestien affligé.
Nous sommes plains de sang, l'un en pert, l'autre en tire,
L'un est persecuteur, l'autre endure martyre:
Regardés qui reçoit ou qui donne le coup,
Ne criés sur l'agneau quand vous criés au loup.
Venés, justes vangeurs: vienne toute la terre
A ces Cains François d'une immortelle guerre
Redemander le sang de leurs freres occis:
Qu'ils soient conus par tout aux visages transis,
Que l'œil louche, tremblant, que la grace estonnee
Par tout produise en l'air leur ame empoizonnee:

Estourdit

Estourdis qui pensez que Dieu n'est rigoureux,
Qu'il ne sçait foudroier que sur les langoureux,
Respirez d'une pause en souspirant pour suivre
La rude catastrophe & la fin de mon livre.
Les Fers sont mis au vent venés sçavoir comment
L'Eternel faict à poinct justice & jugement:
Vous sçaures que tous-jours son ire ne sommeille,
Vous le verres debout pour rendre la pareille,
Partager sa vervaine & sa barre de fer
Aux uns portes du Ciel, aux autres de l'Enfer.

Virtutem claudit carcere pauperies.

VENGEANCES.

LIVRE VI.

Vvre tes grãds thresors, ouvre ton Sãctuaire,
Ame de tout, Soleil qui aux astres esclaire,
Ouvre ton tẽple sainct à moy, Seigneur, qui veux
Ton sacré, ton secret enfumer de mes vœux :
Si je n'ay or ne myrrhe à faire mon offrende
Ie t'apporte du laict : ta douceur est si grande
Que de mesme œil & cœur tu voix & tu reçois
Des Bergers le doux laict & la myrrhe des Rois :
Sur l'autel des chetifs ton feu pourra descendre
Pour y mettre le bois & l'holocauste en cendre,
Tournant le dos au Grands, sans oreilles sans yeux
A leurs cris esclatans, à leurs dons precieux.
   Or soient du Ciel riant les beautez descouvertes,
Et a l'humble craintif ces grands pertes ouvertes :
Comme tu as promis, donne en ces derniers ans
Songes a nos vieillards, visions aux enfans :
Fay paroistre aux petis les choses inconues,
Du vent de ton Esprit trousse les noires nues,
Ravis-nous de la terre au beau pourpris des Cieux
Commençant de donner autre vie, autres yeux
A l'aveugle mortel : car sa masse mortelle
Ne pourroit vivre & voir une lumiere telle.

Il fault estre vieillard, caduc, humilié,
A demy mort au monde, à luy mortifié:
Que l'esprit recommence à retrouver sa vie
Sentant par tous endroicts sa maison desmolie,
Que ce corps ruyné de breches en tous lieux
Laisse voler l'esprit dans le chemin des Cieux,
Quitter jeunesse & jeux, le monde & les mensonges,
Le vent, la vanité pour songer ces beaux songes.
Or je suis un enfant sans aage & sans raison
Ou ma raison se sent de sa neuve prison,
Le mal bourgeonne en moy, en moy fleurit le vice,
Vn printemps de pechés espineux de malice:
Change-moy, refai-moy, exerce ta pitié,
Rens moy mort en ce monde, oste la mauvaistié
Qui possede à son gré ma jeunesse premiere,
Lors je songeray songe & verray ta lumiere.
 Puis il faut estre enfant pour voir des visions,
Naistre & renaistre aprés net de polutions,
Ne sçavoir qu'un sçavoir, se sçavoir sans science
Pour consacrer à Dieu ses mains en innocence:
Il faut à ces yeux clairs estre net, pur & blanc,
N'avoir tache d'orgueil, de rapine & de sang:
Car nul n'heritera les hauts Cieux desirables
Que ceux-la qui seront à ces petis semblables,
Sans fiel & sans venin: donc qui sera-ce, ô Dieu,
Qui en des lieux si laids tiendra un si beau lieu?
Les enfans de ce siecle ont Sathan pour nourrice,
On berce en leurs berceaux les enfans & le vice,
Nos meres ont du vice avec nous accouché,
Et en nous conscevant ont conceu le peché.

Que si d'entre les morts (Pere) tu as envie
De m'esveiller, il faut mettre à bas l'autre vie
Par la mort d'un exil, fay moy revivre à toy,
Separé des meschans, separe-moy de moy:
D'un sainct enthousiasme appelle aux Cieux mon ame,
Mets au lieu de ma langue une langue de flame.
Que je ne sois qu'organe à la celeste voix
Qui l'oreille & le cœur anime des François:
Qu'il n'y ait sourd rocher qui entre les deux poles
N'entende clairement magnifiques paroles
Du nom de Dieu. Iescrips à ce nom triumphant
Les songes d'un vieillard, les fureurs d'un enfant:
L'esprit de verité despoüillé de mensonges
Ces fermes visions, ces veritables songes:
Que le haut Ciel s'accorde en douces unissons
A la saincte fureur de mes vives chansons.

 Quand Dieu frappe l'oreille, & l'oreille n'est preste
D'aller toucher au cœur, Dieu nous frappe la teste:
Qui ne fremit au son des tonnerres grondans
Fremira quelque jour d'un grincement de dents.

 Ici le vain lecteur des-ja en lair s'esgare,
L'esprit mal preparé fantastic se prepare
A voir quelques discours de monstres inventés,
Vn spectre imaginé aux diverses clartez
Qu'un nuage conçoit quand un rayon le touche,
Du Soleil cramoisi qui bizarre se couche:
Ou bien il cuide ici rassasier son cœur
D'une vaine caballe, & ses esprits d'erreur
Ici ne saouleront l'ignorance maline:
Ainsi dict le Sauveur: Vous n'aurez point de signe,

Vous n'aurez de nouveau (friands de nouveauté)
Que des abysmes creux, Ionas ressuscité,
Vous y serez trompez, la fraude profitable
Au lieu du desiré donne le desirable :
Et comme il renvoya les Scribes amassez
Pour voir des visions aux spectacles passez,
Ainsi les visions qui seront ici peintes
Seront exemples vrais de noz histoires sainctes.
Le roolle des Tyrans de l'ancien Testament,
Leur cruauté sans fin, leur infini tourment :
Nous verrons deschirer d'une couleur plus vive
Ceux qui ont deschiré l'Eglise primitive :
Nous donnerons à Dieu la gloire de noz ans
Où il n'a pas encor espargné les Tyrans.
 Puis une pause apres clairons de sa venüe
Nous les ferons ouir dans l'esclair de la nüe.
 Encor faut il Seigneur, ô Seigneur qui donnas
Vn courage sans peur à la peur de Ionas,
Que le doit qui esmeut cet endormi Prophete
Resveille en moy le bien qu'à demy je souhaitte,
Le zelle qui me faict du fer de verité
Fascher avec Sathan le fils de vanité.
I'ay fuy tant de fois, j'ay desrobé ma vie,
Tant de fois j'ay suyvi la mort que j'ay fuye,
Iay fait un trou en terre & caché le talent,
I'ay senti l'esguillon, le remors violent
De mon ame blessee, & ouy la sentence
Que dans moy contre moy chantoit ma conscience :
Mon cœur vouloit veiller, je l'avois endormi,
Mon esprit estoit bien de ce siecle ennemi :

Mais au lieu d'aller faire au combat son office
Satan le destournoit au grand chemin du vice:
Ie m'enfuyois de Dieu, mais il enfla la mer,
M'abysma plusieurs fois sans du tout m'abysmer:
I'ay veu des creux Enfers la caverne profonde,
I'ay esté balancé des orages du Monde,
Aux tourbillons venteux des guerres & des Cours,
Insolent, j'ay usé ma jeunesse & mes jours:
Ie me suis pleu au fer, David m'est un exemple
Que qui verse le sang ne bastit pas le Temple,
I'ay adoré les Rois, servi la vanité,
Estouffé dans mon sein le feu de verité,
I'ay esté par les miens precipité en l'onde,
Le danger m'a sauvé en sa panse profonde,
Vn monstre de labeurs à ce coup m'a craché
Aux rives de la mer tout souillé de peché:
Le doit de Dieu me leve & l'ame encore vive
M'anime a guerroyer la puante Ninive,
Ninive qui n'aura sac ne gemissement
Pour changer le grand Dieu qui n'a de changement.

 Voicy l'Eglise encor en son enfance tendre,
Satan ne faillit pas d'essayer à surprendre
Ce berceau consacré, il livra mille assaux
Et feit de sa jeunesse à l'enfant mille maux.
Les Anges la gardoient en ces peines estranges,
Elle ne fut jamais sans que le camp des Anges
La conduisist par tout, soit lors que dessus l'eau
L'arche d'eslection luy servit de berceau,
Soit lors qu'elle espousa la race de Dieu saincte,
Ou soit lors que de luy elle fuyoit enceinte

Gg iiij

Aux lieux inhabitez, aux effroyans deserts,
Chassee & non vaincue en despit des Enfers :
La Mer la circuit, & son espoux luy donne
La Lune soubs les pieds, le Soleil pour couronne.

 O bien-heureux Abel ! de qui premier au cœur
Cette vierge esprouva sa premiere douleur :
De Caïn fugitif & d'Abel je veux dire
Que le premier bourreau & le premier martyre,
Le premier sang versé on peut veoir en eux deux :
L'estat des agneaux doux, des loups outrecuideux,
En eux deux on peut voir (beau pourtrait de l'Eglise)
Comme l'ire & le feu des ennemis s'attize
De bien-fort peu de bois & s'augmente beaucoup :
Satan fit ce que fait en ce siecle le loup
Qui querelle l'agneau beuvant a la riviere,
Luy au haut la source & de l'agneau plus arriere,
L'Antechrist affamé dit-il pas que son eau
Se trouble au contreflot par l'innocent agneau ?
La source des grandeurs & des biens de la terre
Descoulle de leur chefs, & la paix & la guerre
Balancent a leur gré dans leurs impures mains :
Et toutesfois alors que les loups inhumains
Veulent couvrir de sang le beau sein de la terre,
Les pretextes communs de leur injuste guerre
Sont nos autels sans fard, sans feinte, sans couleurs
Que Dieu ayme d'enhaut l'offerte de de nos cœurs :
Cela leur croist la soif du sang de l'innocence
Ainsi Abel offroit en pure conscience
Sacrifices à Dieu, Caïn offroit aussi :
L'un offroit un cœur doux, l'autre un cœur endurci,

              L'un

L'un fut au gré de Dieu, l'autre non agreable:
Caïn grinça les dents, palit, espouvantable,
Il massacra son frere, & de cet agneau doux
Il fit un sacrifice à son amer courroux:
Le sang fuit de son front & honteux se retire
Sentant son frere sang que l'aveugle main tire:
Mais quand le coup fut faict sa premiere pasleur
Au prix de la seconde estoit vive couleur:
Ses cheveux vers le Ciel herissez en furie,
Le grincement de dents en sa bouche flestrie,
L'œil sourcillant de peur descouvroit son ennuy:
Il avoit peur de tout, tout avoit peur de luy:
Car le Ciel s'affeubloit du manteau d'une nüe
Si tost que le transi au Ciel tournoit la veüe:
S'il fuyoit au desert, les rochers & les bois
Effrayez abayoient au son de ses abois:
Sa mort ne peut avoir de mort pour recompence:
L'Enfer n'eut point de morts à punir cette offence,
Mais autant que de jours il sentit de trespas:
Vif il ne vescu point, mort il ne mourut pas:
Il s'enfuit effrayé, transi, tremblant & blesme,
Il fuit de tout le monde, il s'enfuit de soy-mesme:
Les lieux plus asseurez luy estoyent des hazards,
Les fueilles, les rameaux & les fleurs des poignards,
Les plumes de son lict des esguilles piquantes,
Ses habits plus aisez des tenailles serrantes,
Son eau jus de ciguë & son pain des poisons,
Ses mains le menaçoient de fines trahisons:
Tout image de mort, & le pis de sa rage
C'est qu'il cerche la mort & n'en voit que l'image:

H b

De quelqu'autre Caïn il craignoit la fureur:
Ie fut sans compagnon & non pas sans frayeur:
Il possedoit le monde & non une asseurance,
Il estoit seul par tout hors mis sa conscience,
Et fut marqué au front afin qu'en s'enfuiant
Aucun n'osast tuer ses maux en le tuant.

  Meurtriers de vostre sang, apprehendez ce juge,
Apprehendez aussi la fureur du deluge:
Superbes, eventés, tiercelets de Geants,
Du monde espouvantaux, vous braves de ce temps,
Outrecuidez galans ô fols à qui il semble
Qu'en regardant le Ciel, que le Ciel de vous tremble:
Iadis voz compagnons, compagnons en orgueil,
(Car vous estes moins forts) virent venir à l'œuil
Leur salaire des Cieux: les Cieux dont les ventailles
Sans se forcer gaignoient tant de fortes batailles.
Babilon qui devoit mipartir les hauts Cieux,
Aller baiser la Lune & se perdre des yeux
Dans la voute du Ciel, Babel de qui les langues
Firent en mesme jour tant de sottes harangues:
Sa hauteur n'eust servi ny les plus forts chasteaux
Ni les cedres gravez ni les monts les plus hauts:
L'eau vint pas aprés pas combattre leur stature,
Va des pieds aux genoux, & puis à la ceinture:
Le sein enflé d'orgueil souspire au submerger,
Ses bras roides meurtriers se lassent de nager,
Il ne reste sur l'eau que le visage blesme:
La mort entre dedans la bouche qui blaspheme,
Et ce pendant que l'eau s'enfle sur les enflez
En un petit troupeau les petits assemblez,

Se joüent sur la mort pilotez par les Anges,
Quand les Geants hurloyent ne chantoient que loüanges,
 Dieu fit en son courroux pleuvoir des mesmes Cieux,
Comme un deluge d'eaux un deluge de feux :
Cet arsenal d'enhaut où logent de la guerre
Les celestes outils couvrit toute une terre
D'artifices de feu pour punir des humains
Par le feu le plus net les pechez plus vilains :
Vn pays abruty plain de crimes estranges
Vouloit aprés tout droict violer jusqu'aux Anges :
Ils pensoient soüiller Dieu : ces hommes desreiglez
Pour un aveugle feu moururent aveuglez :
Contr'eux s'esmeut la terre encores non esmeüe,
Si tost qu'elle eut appris sa leçon de la nue :
Elle fondit en soy & cracha en un lieu
Pour marquer à jamais la vengeance de Dieu,
Vn lac de son bourbier : là mit à la mesme heure
La mer par ses conduicts ce qu'elle avoit d'ordure :
Et pour faire sentir la mesme ire de l'air
Les oiseaux tombent morts quand ils pensent voler
Sur ces noires vapeurs dont l'espesse fumee
Monstre l'ire celeste encores allumee.

 Venez, celestes feux, courez, feux eternels,
Volez, ceux de Sodome oncques ne furent tels :
Au jour du jugement ils leveront la face
Pour condamner le mal du siecle qui les passe,
D'un siecle plus infect : notamment il est dict
Que Dieu de leurs pechez tout le comble attendit :
Empuantissez l'air, ô vengeances celestes
De poizons, de venins & de volantes pestes,

Hh

Nos pechez sont au comble, & jusqu'au Ciel montez,
Par dessus le boisseau versent de tous costez.
Terre qui sur ton dos porte à peine nos peines,
Change en cendre & en os tant de fertiles plaines,
En bourbe nos gazons, nos plaisirs en horreurs,
En souffre nos querets, en charongne nos fleurs.
Deluges retournez, vous pourrés par vostre onde,
Noyer non pas laver les ordures du monde.

 Mais ce fut vous encor ô justicieres eaux
Qui sceustes distinguer les lions des agneaux :
Moïse l'esprouva qui pour Arche seconde
En un tissu de joncs se joua dessus l'onde :
Eaux qui devinstes sang & changeastes de lieu,
Eaux qui oyez tres-clair quand on parle de Dieu,
Ce fut vous puis apres l'ors que les maladies,
Les gresles & les poux & les bestes choisies
Pour de petits moyens abbattre les plus grands
Quand la peste, l'obscur & les eschecs sanglants
De l'Ange foudroyant n'eurent mis repentence
Aux cœurs des Pharaons poursuivans l'innocence :
Ce fut vous sainctes eaux, eaux qui fistes de vous
Vn pont pour les agneaux, un piege pour les loups.
 Le Iordan vostre fils entr'ouvrit ses entrailles
Et fit à vostre exemple au peuple des murailles.

 Les hommes sont plus sourds à entendre la voix
Du Seigneur des Seigneurs, du Monarque des Roys,
Que la terre n'est sourde & n'est dure à se fendre
Pour dans ses gouffres noirs les faux parjures prendre :
Le feu est bien plus prompt à partir de son lieu
Pour mettre à rien le rien des rebelles à Dieu :

Dathan & Abiron donnerent tesmoignage
De leur obeissance & de leur prompt ouvrage.
L'air fut obeissant à changer ses douceurs
En poison respiree aux braves ravisseurs
De la chere alliance : & Dieu en toute sorte
Par tous les elements a monstré sa main forte.

    Quoy ? mesme les Demons quoy que grinçans les dents
A la voix du grand Dieu logerent au dedans
De Saül l'enragé: quelles rouges tenailles
Sont telles que l'Enfer qui fut en ses entrailles ?

    Princes un tel Enfer est logé dedans vous
Quand un cœur de caillou d'un fusil de courroux
Vous faict persecuter d'une haine mutine
Vos Davids triumphans de la gent Philistine.

    Donne gloire au grand Dieu & te monstre a ton rang,
Iesabel, alteree & puis yvre de sang,
Flambeau de ton pays, piege de la noblesse,
Peste des braves cœurs : que servit ta finesse,
Tes ruses, tes conseils, & tes tours
Les chiens se sont soullez des superbes tetins
Que tu enflois d'orgueil, & cette gorge unie
Et cette tendre peau fut des mastins la vie:
De ton sein sans pitié ce chaut cœur fut ravy,
Luy qui n'avoit esté de meurtres assouvy.
Ha ! les chiens assouvis : de ton fiel le carnage
Aux chiens osta la faim & leur donna la rage:
Vivante tu n'avois aymé que le combat,
Morte tu attisois encore du debat
Entre les chiens grondans qui donnoyent des batailles
Au butin dissipé de tes vives entrailles,

Le dernier appareil de ta feinte beauté
Ne te servit de rien & fut precipité
Aussi bien que ton corps de ton fier edifice,
Ton ame & ton estat d'un mesme precipice.
 Quand le baston qui sert pour attiser le feu
Travaille a son mestier, il brusle peu à peu,
Il vient si noir, si court qu'il n'y a plus de prise,
On le jette en la braize & un autre l'attise.
Athalia suivit le train de cette-cy,
Elle attisa le feu & fut bruslee aussi.
 Aprés de ce trouppeau je sacre à la memoire
L'effroyable discours, la veritable histoire
De cet arbre eslevé refoulé par les Cieux,
De qui les rameaux longs s'estendoient ombrageux
D'Orient au Couchant, du Midy à la Bise:
La terre large estoit en son ombre comprise,
Et fut ce pavillon de superbes rameaux
Des bestes le grand parc, le grand nid des oyseaux;
Ce tronc est esbranché, ce monstre est mis a terre
Ce qui logeoit dedans miserablement erre
Sans logis, sans retraitte : un Roy victorieux
De cent Princes l'idole, enflammé, glorieux,
Ne cognoissant plus rien digne de sa conqueste
Levoit contre le Ciel son orgueilleuse teste :
Dieu ne daigna lancer un des mortels esclats
De ses foudres volans : mais ploya contre-bas
Ce visage esleué, ce triumphant visage
Perdit la forme d'homme & de l'homme l'usage,
Nos petits geanteaux pour estre furieux
Font un bizarre orgueil d'ongles & de cheveux,

Et Dieu sur cettuy-ci pour une peine dure
Mit les ongles crochuz, & la grand chevelure.
Aprenez de luy, Rois, Princes & Potentats,
Quelle peine a le Ciel à briser vos Estats.
Ce Roy n'est donc plus Roy, de Prince il n'est plus Prince,
Vn desert solitaire est toute sa Province:
De noble il n'est plus noble, & en un seul moment
Lhomme des hommes Roy n'est homme seulement:
Son Palais est le souil d'une puante boüe,
La fange est l'oreiller parfumé pour sa joüe:
Ses chantres les crapaux compagnons de son lict,
Qui de cris enrouez le tourmentent la nuict:
Ses vaisseaux d'or ouvrez furent les ordes fentes
Des rochers serpenteux, son vin les eaux puantes:
Les faisans qu'on faisoit galopper de si loin
Furent les glans amers la racine & le foin:
Les orages du Ciel roullent sur la peau nüe,
Il n'a daix, pavilon ni tente que la nüe,
Les loups en ont pitié, il est de leur troupeau,
Et il envie en eux la durté de la peau:
Au bois où pour plaisir il se mettoit en queste
Pour se joüer au sang d'une innocente beste,
Chasseur il est chassé: il fit fuir, il fuit:
Tel qu'il a poursuyvi maintenant le poursuit:
Il fut Roy abruti, il n'est plus rien en somme
Il n'est homme ne beste & crainct la beste & l'homme
Son ame raisonnable irraisonnable fut:
Dieu refit ceste beste un Roy quand il luy pleut:
Merveilleux jugement & merveilleuse grace
De l'oster de son lieu, le remettre en sa place!

Le doigt qui escrivit devant les yeux du fils
De ce Roy abesti que Dieu avoit prefix
Ses vices & ses jours, sceut l'advenir escrire
Luy mesme executant ce qu'il avoit peu dire.

 O Tyrans, apprenez, voyez, resolvez vous
Que rien n'est difficile au celeste courroux,
Apprenez, abbatus, que le Dieu favorable
Qui verse l'eslevé, hausse le miserable,
Qui faict fondre de l'air, d'un Cherub le pouvoir
De qui on sent le fer & la main sans la voir:
L'œil d'un Sennacherib voit la lame enflammee
Qui faict en se joüant un hachis d'une armee:
Que c'est celuy qui faict par secrets jugemens
Vaincre, Ester en mespris, les favoris Amans:
Sur le seuil de la mort & de la boucherie
La chetive reçent le throne avec la vie:
L'autre mignon d'un Roy tout à coup s'est trouvé
Enlevé au gibet qu'il avoit eslevé:
Ainsi le fol malin journellement appreste
Pour la teste d'autruy ce qui frappe sa teste.

 Ainsi le doigt de Dieu avoit couppé les doigts
D'un Adonibesec, comme à septante Rois
Il les avoit couppez, j'ay laissé les vengeances
Que ce doigt exerça par les foibles puissances
Des femmes, des enfans, des vallets desreglez,
Des Gedeons choisis, des Samsons aveuglez:
Le despoir d'Antioch & sa prompte charongne,
Mon vol impetueux d'un chaud desir s'eslongne
A la seconde Eglise, & laisse entre les mains
Des Saincts le jugement aux tesmoignages saincts.

Sortez

Sortez persecuteurs de l'Eglise premiere,
Et marchez enchainez au pied de la banniere
De l'Agneau triumphant, vos sourcils indomptez,
Voz fronts, vos cœurs si durs, ces fieres majestez
Du Lion de Iuda honorent la memoire
Trainez au charriot de l'immortelle gloire.

   Hausse du bas Enfer l'aigreur de tes accents,
Hurle en grinçant les dents, des enfans innocens
Herode le boucher, leve ta main impure
Vers le Ciel du profond de ta demeure obscure.
Aujourd'huy comme toy les abusez Tyrans
Pour blesser l'Eternel massacrent ses enfans,
Et sont imitateurs de ta forcenerie
Qui pensois ployer Dieu parmy la boucherie:
Les cheveux arrachez, les effroyables cris
Des meres qui pressoient à leur sein leurs petits:
Ces petits bras liez aux gorges de leurs meres,
Les tragiques horreurs & les raisons des peres,
Les voix non encor voix bramantes en tous lieux
Ne sonnoient la pitié dans les cœurs impiteux.
Des tueurs resolus point ne furent ouyes
Ces petites raisons qui demandoient leurs vies
Ainsi qu'elles pouvoient: quand ils monstroient leurs mains,
Ces menottes monstroient par signe aux inhumains,
Cela n'a point peché, cette main n'a ravie
Iamais nulle rançon & jamais nulle vie:
Mais ce cœur sans oreille & ce sein endurcy
Que la tendre pitié & que l'amer soucy
N'avoient sçeu transpercer fut transpercé d'angoisses,
Ses cris, son hurlement, son soucy, ses adresses

Ne servirent de rien. Ces indomptez esprits
Qui n'oyent point crier en vain jettent des cris.
Il fit tuer son fils & par luy fut esteinte
Sa noblesse de peur qu'il ne mourut sans plainte:
Sa douleur fut sans pair. L'autre Herode, Antipas
Apres ses cruautez & avant son trespas.
Souffrit l'exil, la honte, une crainte Caïne
La pauvreté, la fuite & la fureur Divine.

 Puis le tiers triomphans eslevé sur le haut
D'un peuple adorateur & d'un brave eschafaut
Au poinct que l'on cria, O voix de Dieu non d'homme,
Un gros de vers & poux l'attaque & le consomme:
La terre qui eut honte esventa tous les creux
Où elle avoit les vers, l'air lui creva les yeux,
Luy mesme se pourrit & sa peau fut changee
En bestes dont la chair de dessoubs fut mangee.
Et comme les Demons d'un organe enroué
Ont le sainct & Sauveur par contrainte advoüé,
Cettuy-ci s'escria au fonds de ses miseres.
Voicy celuy que Dieu vous adoriez nagueres.
Somme au lieu de ce corps idolatré de tous
Demeurent ses habits un gros amas de poux,
Tout regrouille de vers le peuple esmeu s'eslongne:
On adoroit un Roy, on fuit une charongne.

 Charongnes de Tyrans balancés en haut lieu,
Fantastiques rivaux de la gloire de Dieu,
Vous estes tous subjects ainsi que nous le sommes
A repaistre les vers des delices des hommes.

 Neron tu mis en poudre & en cendre & en sang
Le venerable front & la gloire & le flanc

De ton vieux precepteur, ta patrie & ta mere,
Trois que ton destin fit averter en vipere:
Chasser le docte esprit par qui tu fuz sçavant,
Mettre en cendre ta ville & puis la cendre au vent,
Arracher la matrice à qui tu doibs la vie!
Tu devois à ces trois la vie aux trois ravie:
Miroüer de cruauté duquel l'infame nom
Retentira cruel quand on dira Neron:
Homme tu ne fuz point à qui t'avoit faict homme,
Tu ne fuz pas Romain envers ta belle Rome:
D'où l'ame tu receuz l'ame tu fit sortir,
Si ton sens ne sentoit le sang devoit sentir:
Mais ton cœur pût vouloir & pût ta main meurtriere
Tuer, brusler, meurtrir precepteur, ville & mere.
Bourreau de tes amis, du meurtre seul amy,
Ta mort n'a sçeu trouver amy ny ennemy,
Il falut que ta main à ta fureur extreme
Aprés tout violé te violast toy-mesme.

 Domitian mergueur, qui pris plaisir à voir
Combien la cruauté peut contre Dieu pouvoir,
Quand tu oyois gemir le peuple pitoyable,
Spectateur des mourans tu ridois effroyable
Les sillons de ton front, tu fronçois les sourcis
Aux yeux de ta fureur, les visages transis
Laissoient là le supplice, & les tremblantes faces
Adoroient la terreur de tes fieres grimaces,
Subtil, tu desrobois la pitié par la peur,
On te nommoit le Dieu, le Souverain Seigneur,
Où fut ta Deité quand tu te vis, infame,
Dejetté par les tiens, condamné par ta femme,

Ton visage foulé des pieds de tes valets.
Le peuple despouilla tes superbes Palais
De tes infames noms, & ta bouche & ta jouë
Et l'œil adoré n'eut de tombeau que la bouë.

 Tu sautois de plaisir, Adrian, une fois
A remplir de Chrestiens jusqu'à dix mille croix:
Dix mille croix aprés dessus ton cœur plantees
Te firent souhaitter les peines inventees.
Sanglant ton sang coula, tu recerchas en vain
Les moyens de fuir les douleurs par ta main:
Tu criois, on rioit, la pitié t'abandonne,
Nul ne t'en avoit faict, tu n'en fis à personne:
Sans plus on delaissa les ongles à ta peau,
Alteré de poison tu manquas de couteau:
On laissa dessus toy joüer la maladie,
On refusa la mort ainsi que toy la vie.

 Severe fut en tout successeur d'Adrian
En forfaict & en mort. Aprés Herminian
Armé contre le Ciel sentit en mesme sorte,
La vermine d'Herode encores n'estre morte,
Perissant, mi-mangé, de son dernier trespas
Les propos les derniers furent: Ne dites-pas
La façon de mes maux à ceux qui Christ advoüent,
Que Dieu mon ennemy mes ennemis ne loüent.

 Tyrans vous dresserez sinon au Ciel les yeux,
Au moins l'air sentira herisser voz cheveux:
Si quelqu'un d'entre vous à quelque heure contemple
Du vieux Valerian le specieux exemple
N'agueres Empereur d'un Empire si beau,
Aussi tost marchepied, le fangeux escabeau

Du Perse Saporés, quand cet abominable
Avoit sa face en bas au montoüer de l'estable,
Se souvenoit il point qu'il avoit tant de fois
Des Chrestiens prosternez mesprisé tant de voix,
Que son front eslevé si voisin de la terre
Contre le fils de Dieu avoit ozé la guerre,
Que ces mains, ores pieds, n'avoyent faict leur devoir
Lors qu'elles employent contre Dieu leur pouvoir?

 Princes, qui manies dedans voz mains impures,
Au lieu de la justice une fange d'ordures,
Ou qui s'il faut ouvrer les plaines de vos seins,
Voyez de quel mestier devindrent ces deux mains:
Elles changeoient d'usage en traictant l'injustice,
La Iustice de Dieu à changé leur office
Plus luy devoit peser sang sur sang, mal sur mal,
Que ce Roy, sur son dos qui montoit à cheval,
Qui en fin l'escorcha vif le despouillant comme
Vif il fut despouillé des sentimens de l'homme.

 Le haut Ciel t'advertit pervers Aurelian,
Le tonnerre parla ô Diocletian,
Ce trompette enroüé de l'effroyant tonnerre
Avant vous guerroyer vous denonça la guerre,
Ce Heraut vous troubla & ne vous changea pas,
Il vous fit chanceler mais sans tourner vos pas,
Avant que se vanger le Ciel cria vengeance,
Il vous causa la peur & non la repentance.

 Aurelian traittoit les hommes comme chiens,
Ce qu'il fit enver Dieu il le receut des siens.
Et quel Prince à bon droict se pourra plaindre d'estre,
Mescogneu par les siens s'il mescognoit son maistre?

Mesmes mains ont meurtri & servi cettu-yci,
Le second fut vaincu d'un trop ardant soucy,
L'impuissant se tua, abattu de la rage
De n'avoir peu dompter des Chrestiens le courage.

  Maximiam, les feux de vingt mille enfermez,
La ville & les bourgeois en un tas consumez
Firent un si grand feu que l'espese fumee
Dans les nareaux de Dieu esmeu l'ire enflammee:
Des Citoyens meurtris la charongne & les corps
Empuantirent tout de l'amas de ces morts,
L'air estant corrompu te corrompit l'haleine,
Et le flanc respirant la vengeance inhumaine:
Ta puanteur chassa tes amis au besoin,
Chassa tes serviteurs qui fuirent si loin
Que nul n'oyoit tes cris, & faut que ta main torde
L'infame nœud, le tour d'une villaine corde.

  Aussi puant que toy Maximain frauduleux,
Forgeur de fausse paix sentit saillir des yeux
Sa prunelle eschappee, & commença par celle
Qui ne vit onc pitié la part la plus cruelle:
La premiere perit, on saoula de poisons
Le cœur qui ne fut onc saoulé de trahisons.
Ces Bourreaux furieux eurent des mains fumantes,
Du sang tiede versé, mais voicy des mains lentes.
Voicy un froid meurtrier, un arseine si blanc
Qu'on le gousta pour succre, & sans tache de sang
L'ingenieux Tyran de qui la fraude a mise
A plus d'extremitez la primitive Eglise:
Il ne tacha de sang sa robe ne sa main,
Il avoit la main pure, & le cœur fut si plain

De meurtres desrobez: il n'allumoit les flammes:
Ses couteaux & ses feux n'ataquoient que les ames:
Il n'entamoit les corps mais privoit les esprits
De pasture de vie: il semoit le mespris
Aux plus volages cœurs, estouffant par la crainte
La saincte Deité dedans les cœurs esteinte:
Le Chevalier du Ciel au milieu des combats
Descendit de si haut pour le verser abas.
L'Apostat Iulian son sang fuitif empoigne,
Le jette vers le Ciel, l'air de cette charongnee
Empoisonné fuma: puis l'infidelle chien
Cria, je suis vaincu, par toi, Nazarien.

 Tu n'as point eu de honte impudent Libanie
De donner à ton Roi tel patron pour sa vie,
Exaltant & nommant cet exemple d'erreurs,
Des Philosophes Roi, maistre des Empereurs.

 Pacifiques meurtriers, Dieu descouvre sa guerre
Et ne faict comme vous qui cuidez de la terre
L'estouffer sans seigner, & de traistres appas,
Empoisonner l'Eglise & ne la blesser pas.

 Ie laisse arriere-moy les actes de Commode
Et Valantinian, qui de pareille mode
Depoüillerent sur Christ leurs courroux aveuglez,
Pareils en morts tous deux par valets estranglez.

 Galerian aussi rongé par les entrailles,
Et Decius qui trouve au milieu des batailles
Vn Dieu qui avoit pris le contraire parti,
Puis le gouffre tout prest dont il fut englouti:

 Ie laisse encore ceux qu'un faux nom Catholique
A logez dans Sion, un Zenon Izaurique

Li iiij

Vif enterré des siens, Honorique pervers
Qui eschauffoit sa mort en nourrissant les vers.
 Constant par trop constant à suivre la doctrine
d'Arius qui versa en une orde latrine
Ventre & vie à la fois, & luy en pareil lieu,
En blasphemes pareils creva par le milieu.
Tous ceux-là sont peris par des pestes cachées
Comme ils furent aussi des pestes embuschées,
Que le Sinon d'Enfer establit par moyens
En cheval Duratée au rempart des Troyens.
 Quand Satan guerroyoit d'une ouverte puissance
Contre le monde jeune & encor en enfance,
Il trompoit cette enfance, & ses traits descouverts
A ce siecle plus fin descouvre les Enfers:
Dés la premiere veüe, & faut que la malice
D'un plus espais manteau cache le fond du vice.
 Nous verrons cy aprés les effects moins sanglants,
Mais des coups bien plus lourds & bien plus violants
En ce troisiesme rang d'ennemis de l'Eglize,
Masquans leur noir courroux d'une douce feintize,
Satans vestus en Anges & Serpents enchanteurs
De Iulian le fin subtils imitateurs:
Ils n'ont pas trompé Dieu, leurs frivoles excuses,
La nuict qui les couvroit, les frauduleuses ruses,
Leur feinte pieté & masque ne pût pas
Rendre seché leur mort, ni heureux leur trespas.
 Il faut que nous voyons si les hautes vengeances
S'endorment au gyron des Celestes puissances,
Et si (comme jadis) le veritable Dieu
Distingua du Gentil son heritage Hebrieu,

S'il sepáre aujourd'huy par les marques anciennes
Des troupes de l'Enfer l'eslection des siennes.

O Martyres aimez! ô douce affliction
Perpetuelle marque à la saincte Sion,
Tesmoignage secret que l'Eglise en enfance
Eut au milieu du sein à sa pauvre naissance
Pour choisir du troupeau de ses bastardes sœurs
L'heritiere du Ciel au milieu des mal'heurs!

Qui a leu aux Romains les fatales miseres
Des enfans exposez de peur des belles meres,
Nourris par les forests, gardez par les mastins,
A qui la louve ou l'ourse ont porté leurs tetins,
Et les pasteurs aprés du laict de leurs oüailles
Nourrissent sans sçavoir un Prince & des merveilles?
Au milieu des trouppeaux on en va faire choix,
Le vallet des Bergers va commander aux Rois,
Vne marque en la peau où l'oracle descouvre
Dans le parc des brebis l'heritier du grand Louvre.

Ainsi l'Eglise ainsi accouche de son fruict:
En fuyant aux deserts le Dragon la poursuit;
L'enfant chassé des Rois est nourri par les bestes,
Cet enfant brisera de ces grands Rois les testes
Qui l'ont proscript, banny, outragé, dejetté,
Blessé, chassé, battu, de faim, de pauvreté.

Venez donc pauvreté, faim, fuittes & blessures,
Bannissemens, prison, prescriptions, injures,
Vienne l'heureuse mort, marque pour tout jamais
De la faim, de la guerre & de la douce paix.
Fuyez triumphes vains, la richesse & la gloire,
Plaisirs, prosperité, insolente victoire,

Kk

O Pieges dangereux & signes evidens
De l'eternel, joüir d'un grincement de dents!
 Entrons dans une piste & plus vive & plus fresche
Du temps qu'au monde impur la pureté se presche,
Où le siecle qui court nous offre & va contant
Autant de cruautez de jugemens autant
Qu'aux trois mille ans premiers de l'enfance du monde,
Qu'aux quinze cens aprés de l'Eglise seconde.
Que si les derniers traicts ne semblent à noz yeux
Si hors du naturel ne si malicieux
Que les plus esloignez, voyons que les oracles
Des vives voix de Dieu, les monstrueux miracles
N'ont plus esté frequents dés que l'Eglise prit
En des langues de feu la langue de l'Esprit.
Si les pauvres Iuifs les eurent en grand nombre,
Tres-apropos à eux qui esperoient en ombre,
Ces ombres profitoient, nous vivons en clarté,
Et à l'œil regardons le corps de verité.
Ou soit que la nature en jennesse, en enfance
Vit plus propre à souffrir le change & l'inconstance,
Que quand ces esprits vieux moins prompts, moins violants,
Ieunes, n'avortoient plus d'accidents insolents:
Où soit que nos esprits tous abrutis de vices
Les malices de l'air surpassent en malices:
Ou trop meslez au corps, ou de la chair trop plains,
Susceptibles ne soient d'enthousiasmes saincts.
Encores trouvons-nous les exprés tesmoignages
Que nature ne peut avoüer pour ouvrages:
Encores le Chrestien aura ici dedans.
Pour chanter, l'Atheiste en grincera les dents,

Archevesque Arondel, qui en la Cantorbie
Voulus boucher la cours des paroles de vie,
Ton sein encontre Dieu enflé d'orgueil souffla,
Ta langue blasphemante encontre toy s'enfla :
Et lors qu'à verité le chemin elle bousche
Au pain elle ferma le chemin & la bouche.
Tu fermois le passage au subtil vent de Dieu,
Le vent de Dieu passa, le tien n'eut poinct de lieu :
Au ravisseur de vie en ce poinct fut ravie
Par l'instrument de vivre & l'une & l'autre vie.
L'Eglise il affama Dieu luy osta le pain.

 Voicy d'autres effects d'une bizearre faim,
L'affamé qui voulut saouler sa folle rage
Du nez d'un bon pasteur, l'arracher du visage,
Le casser de ses dents & l'avaller aprés.
Fut puny comme il faut : Car il sortit exprés
Des bois les plus secrets un loup qui du visage
Luy arrache le nez & luy cracha la rage :
Il fut seul qui sentit la vengeance & le coup
Et qui seul irrita la fureur de ce loup.
C'est faire son proffict de ces leçons nouvelles
De voir que tous pechez ont les vengeances telles
Que merite le faict, & que les jugemens
Dedans nous, contre nous trouvent les instruments :
De voir comme Dieu peint par juste analogie
Du crayon de la mort les couleurs de la vie.

 Quand le Comte Felix (nom sans felicité)
De colere & de vin yvre se fut vanté
Qu'au lendemain ses pieds prenans couleurs nouvelles
Rougiroient les esprons dans le sang des Fidelles,

Dieu entreprit aussi & jura à son rang,
Ce sanglant dés la nuict estouffa dans son sang.
 Le stupide Mesnier ministre d'injustice,
Tout pareil en desirs sentit pareil supplice,
Supplice remarquable : & pleust au juste Dieu
Ne me sentir contrainct d'attacher en ce lieu
Deux semblables portraicts des Princes de nostre aage,
Princes qui comme jeu ont aimé le carnage,
Encontre qui Paris & Anvers tous sanglants
Solicitent le Ciel de courroux violants :
Leur rouge mort aussi fut marque de leur vie,
Leur puante charongne & l'ame empuantie
Partagerent sortans de l'impudique flanc
Vne mer de forfaicts & un fleuve de sang.
 Aussi-bien qu'Adrian aux morts ils s'esjoüirent,
Comme Maximian aux villes ils permirent
Le sac : leur sang coula ainsi que d'Adrian,
Ils ont eu des parfuns du faux Maximian.
Quel songe ou vision trouble ma fantasie,
Me faict voir de Paris la fange cramoisie,
Trainer le sang d'un Roy à la mercy des chiens,
Roy qui eut en mespris le sang versé des siens ?
 Qui veut sçavoir comment la vengeance Divine
A bien sçeu où dormoit d'Herode la vermine,
Pour en persecuter les fiers persecuteurs :
Qu'il voye le tableau d'un des inquisiteurs
De Merindol en feu : sa barbarie extreme
Fut en horreur aux Rois, aux persecuteurs mesme,
Il fut banny, les vers suivirent son exil
Et ne peut inventer cet inventeur subtil

Armes pour empescher cette petite armee
D'empoizonner tout l'air de puante fumee:
Ce chasseur deschassa ses compagnons au loin,
Si qu'un seul d'enterrer ce demi-mort eut soin,
Luy jetta un crochet & entraina le reste
Des Diables & des vers allumettes de peste
En un trou: la terre eut horreur de l'estouffer,
Cette terre à regret fut son premier Enfer,
Ce ver sentit les vers. La vengeance Divine
N'employa seulement ler vers sur la vermine.

  Du-Prat fut le gibier des mesmes animaux,
Le ver qui l'esueilloit, qui luy contoit ses maux;
Le ver qui de long temps picquoit sa conscience
Produisit tant de vers qu'ils percerent sa panse.

  Voicy un ennemy de la gloire de Dieu
Qui s'esleve en son rang, qui occupe ce lieu:
L'aubepin qui premier d'une ambition fole
Cuida fermer le cours à la vive parole
Et qui bridant les dents par des baillons de bois
Aux mourans refusa le soulas de la voix,
Voyant en ces costez cette petite armee
Broüiller, l'ire de Dieu en son corps animee,
Choisit pour ses parrains les ongles de la faim
Lié par ses amis de l'une & l'autre main:
Comme il grinçoit les dents contre la nourriture,
Ses amis d'un baillon en firent ouverture,
Mais avec les coulis dans sa gorge coula
Vn gros amas de vers qui à coup l'estrangla.
Le Celeste courroux luy parut au visage,
Nul pour le deslier n'eut assez de courage:

Chacun trembla d'horreur & chacun estonné
Quitta ce baillonneur & mort & baillonné.

 Petits soldats de Dieu, vous renaistrez encore
Pour destruire bien tost quelque Prince mi-more,
O Roy mespris du Ciel, terreur de l'univers,
Herodes glorieux, n'attens rien que les vers:
Hespagnol triumphant Dieu vengeur à sa gloire
Peindra de vers ton corps, de mes vers ta memoire.

 Ceux dont le cœur brusloit de rages au dedans,
Qui couvoient dans leur sein tant de flambeaux ardens
En attendant le feu preparé pour les ames:
Ces enflammez au corps ont resenti des flammes.
Bello-mente bruslant des infernaux tisons,
Eut pour jeu les procés, pour palais les prisons,
Cachots pour cabinets, pour passe-temps les gehennes,
Dans les crotons obscurs, au contempler des peines,
Aux yeux des condamnez il prenoit ses repas:
Hors le seuil de la geole il ne faisoit un pas:
Le jour luy fut tardif & la nuict trop hastive
Pour haster les procés, la vengeance tardive
Contenta sa langueur par la severité,
Vn petit feu l'atteint par une extremité
Par le bout de l'orteil: ce feu estoit visible,
Cet insensible aux pleurs ne fut pas insensible,
Et luy tarda bien plus que cette vive ardeur
N'eust faict le long chemin du pied jusques au cœur
Que les plus longs procés longs & fascheux ne furent:
Tous les membres de rang ce feu vangeur receurent:
Ce hastif à la mort se mourut peu à peu,
Cet ardant au brusler fit espreuve du feu.

Pour un peché pareil mesme peine evidente
Brusla Pont-cher l'ardent chef de la chambre ardente:
L'ardeur de cestui-cy se vit venir à l'œil,
La mort entre le cœur & le bout de l'orteil
Fit sept divers logis, & comme par tranchees
Partage lassiegé, ses jambes retranchees,
Et ses cuisses aprés servirent de sept forts,
En repoussant la mort il endura sept morts.

 L'Evesque Castelan qui d'une froideur lente
Cachoit un cœur bruslant de haine violente,
Qui sans colere usoit de flames & de fer,
Qui pour dix mille morts n'eust daigné s'eschauffer:
Ce fier, doux en propos, cet humble de col roide
Iugeoit au feu si chaud d'une façon si froide:
L'une moitie de luy se glaça de froideur,
L'autre moitié fuma d'une mortelle ardeur.

 Voyez quels justes poix quelles justes balances
Balancent dans les mains des celestes vengeances,
Vengeances qui du Ciel descendent à propos,
Qui entendent du Ciel, qui ouïrent les mots
De l'imposteur Picard duquel à la semonce
La mort courut soudain pour lui faire respence:
Vien mort, vient prompte mort (ce disoit l'effronté)
S'i j'ay rien prononcé que faincte verité,
Venge où approuve, Dieu, le faux où veritable:
La mort se resveilla, frappa le detestable:

 Lambert Inquisiteur ainsi en blasphemant
Demeura bouche ouverte emporté au couvent:
Fut trouvé sans sçavoir l'autheur du faict estrange
Aux fosses du Couvent noyé dedans la fange.

Maint exemple me cerche & je ne cerche pas
Mille nouvelles morts, mille estranges trespas
De noz persecuteurs: ces exemples m'ennuyent,
Ils poursuyvent mes vers & mes yeux qui les fuyent.

Ie suis importuné de dire comme Dieu
Aux Rois, aux Ducs, aux Chefs de leur camp au milieu
Rendit, exerça, fit droict, vengeance & merveille
Crevant, poussant, frappant l'œil, l'espaule & l'oreille:
Mais le trop long discours de ces notables morts
Me faict laisser à part ces vengeances des corps
Pour m'envoler plus haut & voir ceux qu'en ce monde
Dieu a voulu arrer de la peine seconde:
De qui l'esprit frappé de la rigueur de Dieu
Des-ja sentit l'Enfer au partir de ce lieu.
La justice de Dieu par vous sera loüee,
Vous donnerez à Dieu vostre voix enroüee
Dæmons desesperez, par qui victorieux
Le cruel desespoir fut vainqueur dessus eux.
Le desespoir le plus des peines eternelles
Ennemy de la foy vainquit les infidelles.

Le Rosne en a sonné alors qu'en hurlemens
Renialme & Revet desgorgeoient leurs tourmens:
I'ay (dict l'un) condamné le sang & l'innocence:
Ce n'estoit repentir, c'estoit une sentence
Qu'il prononçoit enflé & gros de mesme esprit
Du Demon qui par force avoua Iesus Christ.

Ce mesme esprit preschant en la publique chaire
Fit escrier Latome à sa fureur derniere,
Le grand Dieu m'a frappé en ce publicque lieu,
Moy qui publiquement blasphemois contre Dieu.

Noz yeux mesmes ont veu en ces derniers orages
Où cet esprit immunde a semé de ses rages:
C'est luy qui a ravy le sens aux insolens
A Bezigny, Cosseins, à Tavanes sanglans,
Le premier de ces trois a galoppé la France
Monstrant ses mains au Ciel bourrelles d'innocence:
Voicy ce disoit-il l'esclave d'un bourreau
Qui a sur les agneaux desployé son couteau:
Mon ame pour jamais en sa memoire tremble,
L'horreur & la pitié la deschirent ensemble.
Le second fut frappé au murs des Rochelois,
On a caché le fruict de ses dernieres voix:
La verité pressee a trouvé la lumiere,
Car on n'a peu celer sa sentence derniere
Du style du premier : & pour mesme action
Il prononça mourant sa condamnation.
Le tiers qui fut cinquiesme au Conseil des coulpables
Bavoit plus abruti : il a semé ses fables
A l'entour de Paris, le changement de l'air
Ne le faisant jamais qu'en condamné parler:
Il fut lié mais plus gehenné de conscience,
Satan fut son conseil, l'Enfer son esperance.

   Le Cardinal Polus, plein de mesmes Demons
Fut jadis le miroüer de ces trois compagnons.
Nous en sçavons plusieurs que noz honteuses veües
Ont veuz nuds & bavans & hurlans par les rues
Prophetes de leur mort, Confesseurs de leurs maux,
Des nostres presageurs, enseignemens tres-beaux.

   Il ne faut point penser que vers couteaux ny flames
Soient tels que les flambeaux qui attaquent les ames

Ll

Rien n'est si grand que l'ame, il est tres-evident
Qu'à l'esgard du subject s'augmente l'accident,
Comme selon le bois la flame est perdurable.
Ces barbares avoient au lieu d'une ame un Diable,
Duquel la bouche pleine a par force annoncé
Les crimes de leurs mains, le sang des bons versé,
Le desespoir minant qui leur tient compagnie
Rongeant cœur & cerveau jusqu'en fin de la vie.
 Que tu viens à regret Charlatan ———,
Qui de France as succé, puis mordu le tetin,
Comme un cancer mangeur & meurtrier insensible,
Vn cancer de sept ans à toy, aux tiens horrible
T'ostera sens & sang: un traistre & lent effort,
Traistre lent te fera charongne avant ta mort,
Perissant à regret par si juste vengeance
Au poinct que sentira quelque repos la France.
Excellente Duchesse icy la verité
A forcé les liens de la proximité,
Du mal'heur domestiq tu as versé les plainctes
En mon sein, & je suis prophete de noz crainctes.
 Mais voicy les derniers sur lesquels on a veu
Du Dieu fort & jaloux le courroux plus esmeu,
Quand de ses jugemens les principes terribles
A ces cœurs endurcis se sont renduz visibles.
 Crescence Cardinal, qui à ton pourmenoir
Te vis accompagné du funebre chien noir,
Chien qu'on ne pût chasser, tu conus ce chien mesme
Qui t'abayoit au cœur de rage si extreme
Au Concile de Trente: & ce mesme Demon
Dont tu ne sçavois pas la ruze, bien le nom,

VENGEANCES, LIV. VI.

Ce chien te fit prevoir non pourvoir a ta perte,
Ta maladie fut en santé descouverte,
Il ne te quitta plus du jour qu'il t'eut faict voir
Ton mal, le mal, la mort, la mort, le desespoir.

   Ie me haste à porter dans le fonds de ce temple,
D'Olivier Chancelier le tableau & l'exemple:
Cettuy-ci visité du Cardinal sans pair,
Sans pair en trahison sentit saillir d'Enfer
Les hostes de Saul ou du Cardinal mesme
Dans son corps plus changé que n'estoit la mort blesme:
Ce corps sec si caduc qu'il ne levoit la main
De l'estomac au front, aussi tost qu'il fut plain
Des dons du Cardinal, du bas jusques au feste,
Enlevoit les talons aussi-tost que la teste,
Tomboit, se redressoit, mit en pieces son lict,
S'escria de deux voix, ô Cardinal maudit,
Tu nous faicts tous damner! & à cette parolle
Cette peste s'enva & cette ame s'envole.

   Cette force inconue & ces bonds violens
Eurent mesme moteur que ces grands mouvemens
Que sent encor la France, ou que ceux qui parurent
Quand dans ce Cardinal tant de Diables moururent:
Au moins eussent plustost supporté le tombeau
Que de perdre en ce monde un organe si beau:
On a celé sa mort & caché la fumee
Que ce puant flambeau de la France allumee
Esteint aura rendu, mais le courroux des Cieux
Donna de ce spectacle une idee a noz yeux,
L'air noirci de Demons ainsi que de nuages
Creva des quatre parts d'impetueux orages:

Ll ij

Les vents, les postilons de l'ire du grand Dieu
Troublez de cet esprit retroublerent tout lieu:
Les deluges espais des larmes de la France
Rendirent l'air tout eau de leur noire abondance.
Cet esprit boutefeu au bondir de ces lieux
De Foudres & d'esclairs mit le feu dans les Cieux,
De l'Enfer tout fumeux la porte desserree
A celuy qui l'emplit prepara cette entree:
La terre s'en creva, la mer enfla ses monts,
Ses monts & non ses flots, pour couller par son fonds
Mille maux aux Enfers, comme si par ces vies
Satan goustoit encor des vieilles inferies
Dont l'odeur luy plaisoit quand les Anciens Romains
Sacrifioient l'humain aux cendres des humains.
L'Enfer en triumpha, l'air & la terre & l'onde
Refaisans le cahos qui fut avant le monde,
Le combat des Damons à ce butin fut tel
Que des chiens la curee au corps de Iezabel,
Ou d'un Prince François qui d'un clas de la sorte
Fit sonner le maillet de l'infernalle porte.

   Scribes, qui demandez aux tesmoignages saincts
Qu'ils fascinent voz yeux de voz miracles feints,
Si vous pouvez user des yeux & des oreilles
Voyez ces monstres hauts, entendez ces merveilles.
Y a-il rien commun, trouvez vous de ces tours
De la sage Nature en l'ordinaire cours?

   Le meurtrier sent le meurtre & le paillard attisé
En son sang le venin fruict de sa paillardise:
L'irrité contre Dieu & frappé de courroux,
Les eslevez d'orgueil sont abatus de poux:

Dieu frappe de frayeur le fendant temeraire,
De feu le bouttefeu, de sang le sanguinaire.
Trouvez vous ces raisons en la chaîne du sort
Telle proportion de la vie à la mort?
Est il vicissitude ou fortune qui puisse
Fausse & folle trouver si à poinct la justice?
Tels jugemens sont ils d'un esgaré cerveau
A qui voz peintres font un ignorant bandeau?
Sont-ce là des arrests d'une femme qui roule
Sans yeux au gré des vents sur l'inconstante boule?

  Troubler tout l'univers pour ceux qui l'ont troublé?
D'un Diable emplir le corps d'un esprit endiablé?
A qui espere au mal, arracher l'esperance?
Aux prudens contre Dieu, la vie & la prudence?
Oster la voix à ceux qui blasphemoient si fort,
S'ils adjuroient la mort leur envoyer la mort?
Trancher ceux à morceaux qui detranchoient l'Eglise?
Aux exquis inventeurs donner la peine exquise?
Frapper les froids meschans d'une froide langueur?
Embrazer les ardens d'une bouillante ardeur?
Brider ceux qui bridoient la loüange Divine?
La vermine du puits estouffer de vermine?
Rendre dedans le sang les sanglans submergez?
Livrer le loup au loup, le fol aux enragez?
Pour celuy qui enfloit le cours d'une harangue
Contre Dieu, l'estouffer d'une enflure de langue?

  I'ay craincte, mon lecteur, que tes esprits lassez
De mes tragiques sens ayent dict cest assez,
Certes ce seroit trop si noz ameres plainctes
Vous contoient des Romans les charmeresses feintes,

Ie n'escris poinct à vous, enfans de vanité,
Mais recevez de moy, enfans de verité,
Ainsi qu'en un faisseau les terreurs demy vives
Testamens d'Antioch, repentances tardives,
Le sçavoir prophané, les souspirs de Spera
Qui sentit ses forfaicts & s'en desespera:
Ceux qui dans Orleans sans chiens & sans morsures
Furent frappez de rage, à qui les mains impures.
Des peres, meres, sœurs, & freres, & tuteurs
Ont apporté la fin, tristes executeurs.
De Lizet l'orgueilleux la rude ignominie,
De luy de son Simon la mortelle manie,
La lepre de Romma & celle qu'un plus grand
Pour les siens & pour soy perpetuelle prend:
Le despoir des Morins, dont l'un à mort se blesse,
Les foyers de Ruzé, & de Faye-d'Espesse.
Icy le haut tonnant sa voix grosse hors met,
Et gresle & soufre & feu sur la terre transmet,
Faict la charge sonner par l'airain du tonnerre:
Il a la mort, l'Enfer soudoyez pour sa guerre:
Monté dessus le dos des Cherubins mouvans,
Il volle droict guindé sur les aisles des vents:
Vn temps de son Eglise il soustint l'innocence
Ne marchant qu'au secours & non à la vengeance,
Ores aux derniers temps & aux plus rudes jours
Il marche à la vengeance & non plus au secours.

IVGEMENT.

LIVRE VII.

BAISSE donc, Eternel, tes hauts Cieux
 pour descendre,
Frappe les monts cornuz, fay-les fumer &
 fendre,
Loge le pasle effroy, la damnable terreur
Dans le sein qui te hait & qui loge l'erreur :
Donne aux foibles Agneaux la salutaire crainte,
La crainte & non la peur rende la peur esteinte :
Pour me faire instrument à ces effects divers
Donne force à ma voix, efficace à mes vers :
A celuy qui t'avouë ou bien qui te renonce
Porte l'heur ou mal'heur, l'arrest que je prononce.
Pour neant nous semons, nous arrozons en vain
Si l'esprit de vertu ne porte de sa main
L'heureux accroissement pour les hautes merveilles
Les Pharaons ferrez n'ont point d'yeux, poinct d'oreilles,
Mais Paul & ses pareils à la splendeur d'enhaut
Prennent l'estonnement pour changer comme il faut.
 Qui seront les premiers sur lesquels je desploye
Ce pacquet à mal'heurs ou de parfaicte joye,
Ie viens à vous des deux fidelle messager,
De la gehenne sans fin à qui ne veut changer

Et à qui m'entendra comme Paul Ananie
Ambassadeur portant & la veüe & la vie.

Ie vous voy là cachez, vous que la peur de mort
A faict si mal choisir l'abysme pour le port:
Vous dans l'esprit desquelz une frivole crainte
A la crainte de Dieu & de l'Enfer esteinte,
Que l'or faux, l'honneur vain les serviles estats
Ont rendu revoltez, parjures, appostats:
De qui les genoux las, les inconstances molles
Ployent au gré des vents, aux pieds de leurs idoles:
Les uns qui de souspirs monstrent ouvertement.
Que le fourneau du sein est enflé de tourment:
Les autres devenus stupides par usance
Font dormir sans tuer la pasle conscience
Qui se resveille & met forte par son repos
Ses esguillons crochuz dans les mœlles des os.

Ie vous en veux à vous bastards ou degeneres,
Lasches cœurs qui leschez le sang frais de voz peres
Sur les pieds des tueurs: serfs, qui avez servy
Les bras qui ont la vie à voz peres ravy.
Voz Peres sortiront des tombeaux effroyables,
Leur images aumoins paroistront venerables
A vos sens abbatuz, & vous verrez le sang
Qui mesle sur le chef les touffes de poil blanc:
Du poil blanc herissé de voz poltronneries
Ces morts reprocheront le present de voz vies
En lavants pour disner avec ces inhumains:
Ces peres saiseront voz inutiles mains
En disant, voy-tu pas que tes mains fayneantes
Lavent soubz celles là qui de mon sang getantes

Se purge

IVGEMENT, LIV. VII.

Se purge dessus toy & versent mon courroux
Sur ta vilaine peau qui se lave dessoubs:
Ceux qui ont retranché les honteuses parties,
Les oreilles, les nez en triumphe des vies,
En ont faict les cordons des infames chapeaux:
Puis les enfans ont faict leurs amis ces bourreaux.
O esclave Coquin! celuy que tu saluës
De ce puant chapeau espouvante les rües
Et te salue en bref: un esclave de cœur
N'achepteroit sa vie à tant de deshonneur:
Fay pour ton pere au moins ce que fit pour son maistre
Vn serf (mais vieux Romain) qui se fit mesconnoistre
De coups en son visage & fit si bel effort
De venger son posthume & puis si belle mort.

  Vous armez contre nous, vous aymez mieux la vie
Et devenir bourreux de vostre compagnie:
Vous cerchez de l'honneur parricides bastards,
Or courez aux assauts & volez aux hazards:
Vous baverez en vin le vin de vos bravades,
Cerchez, gladiateurs, en vain les estacades,
Vous n'auriez plus d'honneur n'osant vous ressentir
Ou d'un soufflet reçeu ou d'un seul desmentir:
Desmentir ne soufflet ne sont tel vitupere
Que d'estre le vallet du bourreau de son pere.
Voz peres ont changé en retraicts les hauts lieux,
Ils ont foulé aux pieds l'hostie & les faux Dieux:
Vous apprendrez, vallets, en honteuse vieillesse
A chanter au Lestrain & respondre à la Messe,
Trois —— autresfois de Rome la terreur
Pourroient ils voir du Ciel sans ire & sans horreur.

M iij

——————————— *quitter leur trace & estre*
——————————— *vallet : d'un prestre ?*
Luy ——————— *& d'un cierge porté*
Faire amende honnorable à Satan redouté ?

   Ils resusciteront ces Peres triumphans :
Vous ressusciterez detestables enfans.
Et honteux, condamnés sans fuittes ny refuges,
Vos peres de ce temps alors seront vos Iuges.
   Vray est que les Tyrans avec inique soin
Vous mirent a leurs pieds en rejettant au loin
La veritable voix de tous cliens fidelles
Avec art vous privants de vos seures nouvelles :
Ils vous ont empesché d'apprendre que Louis
Et comment il mourut pour Christ & son pays :
Ils vous ont desrobé de vos ayeuls la gloire,
Imbu vostre berceau de fables pour histoire,
Choisi pour vous former en moynes & cagots
Ou des galans sans Dieu ou des pedans bigots.
   Princes qui vomissans la salutaire grace
Tournez au Ciel le dos & à l'Enfer la face,
Qui pour regner icy, esclaves vous rendez
Sans mesurer le gain à ce que vous perdez :
Vous faictes esclatter aux temples vos musiques,
Vostre cheute fera hurler vos domestiques :
Au jour de vostre change on vous pare de blanc,
Au jour de son courroux Dieu vous couvre de sang :
Vous avez pris le ply d'Atheistes prophanes,
Aymé pour Paradis les pompes Courtisanes :

Nourris d'un laict esclave ainsi assubjettis
Le sens vainquit le sang & vous fit abrutis.
　Ainsi de Scanderbeg l'enfance fut ravie,
Soubs de tels precepteurs, sa nature asservie,
En un Serrail Coquin de delices friant,
Il huma pour son laict la grandeur d'Orient,
Par la voix des Muphtis on emplit ses oreilles
Des faicts de Mahomet & miracles de vieilles:
Mais le bon sang vainquit l'illusion des sens
Luy faisant mespriser tant d'arborez croissans,
(Les armes qui faisoient courber toute la terre)
Pour au grand Empereur ozer faire la guerre:
Par un petit troupeau ruyné, mal en poinct:
Se fit chef de ceux qui ne le conoissoient point:
De là tant de combats, tant de faicts, tant de gloire
Que chacun les peut lire & nul ne les peut croire.
Le Ciel n'est plus si riche à nos nativitez,
Il ne nous despart plus de generositez:
Ou bien nous trouverions de ses engeances hautes
Si les meres du siecle y faisoient moins de fautes:
Ou c'est que le regne est à servir condamné,
Ennemy de vertu & d'elle abandonné:
Car quand Dieu veut livrer les Princes en servage,
Pour la premiere piece il oste le courage.
　Or cependant voicy que promet seurement
Comme petits portraicts du futur jugement
L'Eternel aux meschans & sa collere extreme,
N'oublie, ains par rigueur se payera du terme.
Il n'y a rien du mien ny de l'homme en ce lieu:
Voicy les propres mots des organes de Dieu.

Mm ij

Vous, qui persecutez par fer mon heritage,
Vos flancs ressentiront le pris de vostre ouvrage:
Car je vous fraperay despais aveuglements,
Des playes de l'Egypte & de forcenements.
Princes qui commetez contre-moy felonnie,
Ie vous arracheray le Sceptre avant la vie:
Voz filles se vendront à voz yeux impuissants,
On les violera, leurs effrois languissans
De vos bras enferrez n'auront poinct d'assistance,
Vos valets vous vendront à la brute puissance
De l'avare achepteur pour tirer en sueurs
De voz corps goutte à goutte autant ou plus de pleur
Que vos commandemens n'en ont versé par terre:
Vermisseaux impuissants vous m'avez faict la guerre,
Voz mains ont chastié la famille de Dieu
O verges de mon peuple, & vous yrez au feu.
Vous sanglantes Cités, (Sodomes aveuglees)
Qui d'aveugles courroux contre Dieu desreglee.
N'avez transy d'horreur aux visages transis
Puantes de la chair du sang de mes occis,
Entre toutes Paris: Dieu en son cœur imprime
Tes enfans qui crioyent sur la Hierozolime
A ce funeste jour que l'on la destruisoit:
L'Eternel se souvint que chacun d'eux disoit
A sac, l'Eglise, à sac, qu'elle soit embrazee
Et jusqu'au dernier pied des fondemens rasee.
Mais tu seras un jour labouree en seillons.
Babel, où l'on verra les os & les charbons,
Seul reste des tués & des palais en cendre,
Bien heureux l'estranger qui te sçaura bien rendre

La rouge cruauté que tu as sçeu cercher:
Iuste le Reistre noir volant pour arracher
Tes enfans acharnez à ta mamelle impure,
Pour les froisser brisez contre la pierre dure:
Maudict sera le fruict que tu tiens en tes bras,
Dieu maudira du Ciel ce que tu beniras:
Puante jusqu'au Ciel l'œil de Dieu te deteste,
Il attache à ton dos la devorante peste
Et le glaive & la faim dont il fera mourir
Ta jeunesse & ton nom pour tout jamais perir,
Soubs toy Hierusalem meurtriere, revoltee,
Hierusalem qui és Babel ensanglantee.

 Comme en Hierusalem diverses factions
Doubleront par les tiens tes persecutions,
Comme en Hierusalem de tes portes rebelles
Tes mutins te feront prisons & citadelles,
Ainsi qu'en elle encor tes Bourgeois affolés
Tes bouttefeux prendront le faux nom de zelés.
Tu mangeras comme elle un jour la chair humaine,
Tu subiras le joug pour la fin de ta peine,
Puis tu auras repos: ce repos sera tel
Que reçoit le mourant avant l'accez mortel.
Iuifs Parisiens tres-justement vous estes.
Comme eux traittres, comme eux massacreurs des Prophetes.
Ie voy courir ces maux, approcher ie les voy:
Au siege languissant par la main de ton Roy,

 Cités yvres de sang & encor alterees,
Qui avés soif de sang & de sang enyvrees,
Vous sentirez de Dieu l'espouvantable main,
Vos terres seront fer & vostre Ciel d'airin,

Mm iij

Ciel qui au lieu de playe envoye sang & poudre,
Terre de qui les bleds n'attendent que le foudre:
Ce qui en restera & deviendra du grain
D'une bouche inconnue estanchera la faim:
Dieu suscitte de loing comme une espaisse nüe
Vn peuple tout sauuage, une gent inconue,
Impudente de front qui n'aura triumphant
Ni respect du vieillard ny pitié de l'enfant:
A qui ne seruira la piteuse harangue,
Tes passions n'auront l'usage de la langue:
De tes faux citoyens les detestables corps
Et les Chefs traineront exposez au dehors:
Les corbeaux esjoüis tous gorgez de charongne
Ne verront à l'entour aucun qui les esloigne:
Tes ennemis feront au milieu de leur camp
Foire de tes plus fors qui vendus à l'ancan
Ne seront encheris: aux villes assiegees
L'œil cruel affamé des femmes enragees
Regardera la chair de leurs maris aymez,
Les maris forcenés lanceront affamez
Les regards allouuiz sur les femmes aymees,
Et les deschireront de leurs dents affamees.
Quoy plus, celles qui lors en deuil enfanteront,
Les enfans demy-nez du ventre arracheront:
Et du ventre à la bouche afin qu'elles suruiuent
Porteront l'auorton & les peaux qui le suyuent.
  Ce sont du jugement à venir quelques traict,
De l'Enfer preparé les debiles portraicts:
Ce ne sont que miroüers de peines eternelles,
O quels seront les corps dont les ombres sont telles!

Atheistes vaincus, vostre infidelité
N'amusera le cours de la Divinité,
L'Eternel jugera & les corps & les ames
Les benis à la gloire & les autres aux flames:
Le corps cause du mal complice du peché
Des verges de l'esprit est justement touché,
Il est cause du mal, du juste la justice
Ne versera sur l'un de tous deux le supplice.

N'apportez poinct icy, Saduciens pervers,
Les corps mangez des loups: qui les tire des vers
Des loups les tirera. Si on demande comme
Vn homme sortira hors de la chair de l'homme
Qui l'aura devoré quand l'homme par la faim
Aux hommes à servy de viande & de pain:
En vain vous avez peur que la chair devorée
Soit en dispute à deux: la nature ne crée
Nulle confusion parmy les elemens,
Elle sçait distinguer d'entre les excremens
L'ordre qu'elle se garde: ainsi elle demande
A l'estomac entiere & pure la viande:
La nourriture impropre est sans corruption
Au feu de l'estomac par l'indigestion:
Et Nature qui est grand principe de vie,
N'a elle le pouvoir qu'aura la maladie?
Elle qui du confus de tout temperament
Faict un germe parfaict tiré subtilement,
Ne peut elle choisir de la grande matière
La naissance seconde ainsi que la premiere?

Enfans de vanité, qui voulez tout poli,
A qui le style sainct ne semble assez joli:

Qui voulés tout coulant & coulez perissables
Dans l'eternel oubli, endurez mes vocables
Longs & rudes, & puis que les oracles saincts
Ne vous esmeuvent pas: aux philosophes vains
Vous trouverez encor en doctrine cachee
La resurrection par leurs escrits preschee.

 Ils ont chanté que quand les esprits bien-heureux
Par la voie de laict auront faict nouveaux feux,
Le grand moteur fera par ses metamorphoses
Retourner mesmes corps au retour de leurs causes.
L'air qui prend de nouveau tousjours de nouveaux corps
Pour loger les derniers met les premiers dehors:
Le feu la terre & l'eau en font de mesme sorte,
Le despart esloigné de la matiere morte
Fait son rond & retourne encor en mesme lieu,
Et ce tour sent tousjours la presence de Dieu.
Ainsi le changement ne sera la fin nostre,
Il nous change en nous mesme & non point en un autre
Il cherche son estat fin de son action,
C'est au second repos qu'est la perfection.
Les elemens muans en leurs regles & sortes
Rapellent sans cesser les creatures mortes
En nouveaux changemens: le but & le plaisir
N'est pas là, car changer est signe de desir:
Mais quand le Ciel aura achevé la mesure,
Le rond de tous ses ronds, la parfaicte figure:
Lors que son Encyclie aura parfaict son cours
Et ses membres unis pour la fin de ses tours,
Rien ne s'engendrera, le temps qui tout consomme
En l'homme amenera ce qui fut faict pour l'homme:

Lors

IVGEMENT, LIV. VII.

Lors la matiere aura son repos, son plaisir,
La fin du mouvement & la fin du desir.
  Quant à tous autres corps qui ne pourront renaistre,
Leur estre & leur estat estoit de ne plus estre :
L'homme seul raisonnable eut l'ame de raison,
Cet ame unit a soy d'entiere liaison,
Ce corps essentié du pur de la nature
Qui doibt durer autant que la nature dure.
Les corps des bestes sont de nature excrement
Desquels elle se purge & dispose autrement,
Comme materielle estant leur forme, & pource
Que de matiere elle a sa puissance & sa source:
Cette puissance mise en acte par le corps:
Mais l'ame des humains toute vient du dehors,
Et l'homme qui raisonne une gloire eternelle
(Hoste d'eternité) se fera tel comme elle.
L'ame toute divine eut inclination
A son corps, & cette ame à sa perfection
Pourra elle manquer de ce qu'elle souhaitte,
Oublier ou changer sans se faire imparfaite ?
Ce principe est tresvray que l'instinc naturel
Ne souffre manquement qui soit perpetuel:
Quand nous considerons l'airain qui s'achemine
De la terre bien cuitte en metal, de la mine
Au fourneau, du fourneau on l'affine, l'ouvrier
Le mene à son desseing pour fondre un chandelier:
Nul de tous ces estats n'est la fin sinon celle
Qu'avoit l'entrepreneur pour but en sa cervelle.
Nostre efformation, nostre dernier repos
Est selon l'exemplaire & le but & propos

De la cause premiere : ame qui n'est guidee
De prototype, estant soy-mesme son idee.
L'homme à sa gloire est fait : telle creation
Du but de l'Eternel prend efformation.

 Si aurez vous Payens, pour juges vos pensees
Sans y penser au vent, par vous mesmes poussees
En vos laborieux & si doctes escripts,
Où entiers vous voulez compagnons des esprits.
Participer un jour : de vos sens le service
Pour soy avec autruy a presté son office.
Les pointes de Memphis, ses grands arcz triumphaux,
Obelisques logeants les cendres aux lieux hauts,
Les labeurs sans utile eslevez pour la gloire,
Promettoient à vos sens part en cette memoire.

 Quay-je dict de la cendre eslevee en haut lieu?
Adjoustons que le corps n'estoit mis au milieu
Des bustes ou buchers, mais en cime à la pointe:
Et pour monstrer n'avoir toute esperance esteinte,
La face descouverte, ouverte vers les cieux,
Vuyde d'esprit pour soy esperoit quelque mieux.
Mais a quoy pour les corps ces despences estranges
Si ces corps n'estoient plus que cendres & que fanges?
A quoy tant pour un rien? aquoy les rudes loix
Qui arment les tombeaux de franchises & droicts?
Dont vous aviez orné les corps morts de vos Peres?
Appellez vous en vain sacrez vos cimitieres!

 Ces portraits excellents gardez de pere en fils,
De bronze pour durer, de marbre, d'or exquis,
Ont-ils portrait les corps, ou l'ame qui s'envole?
La Royne de Carie a mis pour son Mausole

Tant de marbre & d'ivoire, & qui plus est encor
Que l'yvoire & le marbre, ell'a pour son tresor
En garde à son cher cœur cette cendre commise:
Son sein fut un sepulchre, & la brave Arthemise
A de l'antiquité les proses & les vers:
Elle a faict exalter par tout cet Vnivers
Son ouvrage construit d'estoffe nom-pareille:
Vous en avez dressé la seconde merveille.
Vos sages auroient ils tant escrit & si bien
A chanter un erreur, à exalter un rien?

 Vous appelez divins les deux où je veux prendre
Ces actions vrais: oyez chanter Pymandre,
Apprenez dessoubs luy les secrets qu'il apprend
De Mercure par vous nommé trois fois tres-grand.

 De tout la gloire est Dieu: cette essence divine
Est de l'universel principe & origine:
Dieu Nature & pensee est en soy seulement
Acte, necessité, fin, renouvellement.
A son point il conduict astres & influences
En cercles moindres, grands soubs leurs intelligences
Tout arbre graine, fleur & beste tient dequoy
Se resemer soy mesme & revivre par soy:
Mais la race de l'homme a la teste levee:
Pour commander à tout cherement reservee:
Vn tesmoin de Nature à discerner le mieux,
Augmenter, se mesler dans les discours des Dieux,
A cognoistre leur estre & nature & puissance,
A prononcer des bons & mauvais la sentence,
Cela se doibt resoudre & finir hautement
En ce qui produira un ample enseignement,

Quand des Divinitez le cercle renouvelle,
Le monde a conspiré que nature eternelle
Se maintienne par soi, puisse pour ne perir
Revivre de sa mort & seche refleurir.
Le monde est animant immortel, il n'endure
Qu'un de ses membres chers autant que lui ne dure:
Ce membre de haut pris c'est l'homme raisonnant,
Du premier animal le chef d'œuvre eminent:
Et quand la mort dissout son corps elle ne tüe
Le germe non mortel qui le tout restitue.
La dissolution qu'ont soufferte les morts
Les prive de leur sens, mais ne destruit les corps:
Son office n'est pas que ce qui est perisse,
Bien que tout le caduc renaisse & rajeunisse:
Nul esprit ne peut naistre, il paroist de nouveau,
L'esprit n'oublie point ce qui reste au tombeau.

 Soit l'image de Dieu l'eternité profonde,
De ceste eternité soit l'image le monde,
Du monde le Soleil sera l'image & l'œil,
Et l'homme est en ce monde image du soleil.

 Payens qui adorez l'image de Nature,
En qui la vive voix, l'exemple & l'escriture
N'authorise le vrai, qui dites, Ie ne croi
Si du doigt & de l'œil je ne touche & ne voi:
Croiez comme Thomas, au moins aprés la veüe:
Il ne faut point voler au dessus de la nüe,
La terre offre à vos sens dequoi le vrai sentir
Pour vous convaincre assez, sinon vous convertir.

 La terre en plusieurs lieux conserve sans dommage
Les corps, si que les fils marquent de leur lignage,

Iusques à cent degrez les organes parez
A loger les esprits qui furent separez:
Nature ne les veut frustrer de leur attente:
Tel spectacle en Aran à qui veut se presente.
Mais qui veut voir le Caire & en un lieu prefix
Le Miracle plus grand de lantique Memphis,
Iustement curieux & pour s'instruire prenne
Autant ou un peu moins de peril & de peine
Que le bigot seduit qui de femme & d'enfans
Oublie l'amitié pour abreger ses ans
Au labeur trop ingrat d'un sot & long voyage,
Si de Syrte & Charibde il ne tombe au naufrage,
Si de peste il ne meurt, du mal de Mer, du chaut,
Si le corsaire Turc le navire n'assaut,
Ne le met à la chiorme & puis ne l'endoctrine
A coups d'un roide nerf à ployer sur l'eschine:
Il void Ierusalem & le lieu supposé
Où le Turc menteur dict que Christ à reposé:
Rid & vend cher son ris: les sottes compagnie
Des pelerins s'en vont affrontez de vanie.
Ce voyage est fascheux, mais plus rude est celuy
Que les faux Mussulmans font encore aujourd'huy,
Soit des deux bords voisins de l'Europe & d'Azie,
Soit de l'Archipelage ou de la Natolie:
Ceux qui boyvent d'Euphrate ou du Tygre les eaux,
Ausquels il faut passer les perilleux monceaux
Et percer les brigands d'Arabie deserte,
Ou ceux de Tripoli, de Panorme Biserte,
Le riche Ægyptien & les voisins du Nil:
Ceux la vont mesprisans tout labeur, tout peril

De la soif sans liqueur, des tourmentes de sable
Qui enterrent dans soy tous vifs les miserables,
Qui à pied, qui sur l'asne ou lié comme un veau
A ondes va pelant les bosses d'un chameau,
Pour voir le Meque ou bien Talnaby de Medine :
Là cette Caravanne & bigotte & badine
Adore Mahomet dans le fer estendu
Que la voute d'aymant tient en l'air suspendu :
Là se creve les yeux la bande Musulmane
Pour aprés lieu si sainct ne voir chose Prophane.
 Ie donne moins de peine aux curieux Payens,
Des chemins plus aysez, plus facilles moyens :
Tous les puissans marchans de ce nostre Hemisphere
Content pour pourmenoir le chemin du grand Caire
La prés est la Coline où vont de toutes parts
Au poinct de l'æquinoxe au vingte-cinq de Mars
La gent qui comme un camp loge dessoubs la tente
Quand la terre paroist verte, ressuscitante,
Pour voir le grand tableau qu'Ezechiel depeint,
Merveille bien visible & miracle non feint
La resurrection : Car de ce nom l'appelle
Toute gent qui court là, l'un pour chose nouvelle,
L'autre pour y cercher avec la nouveauté
Vn bain miraculeux ministre de santé.
L'œil se plaist en ce lieu & puis des mains l'usage
Redonne aux yeux troublez un ferme tesmoignage :
On void les os couverts de nerfs, les nerfs de peau,
La teste de cheveux : on void à ce tombeau
Percer en mille endroits les areines bouïllantes
De jambes & de bras & de testes grouillantes :

D'un coup d'œil on peut voir vingt mille spectateurs
Soupçonner ce qu'on void, muets admirateurs,
Peu ou point admirans ces œuvres nompareilles,
Levent le doigt en haut vers le Dieu des merveilles,
Quelqu'un d'un jeune enfant en ce troupeau voyant
Les cheveux crespelus, le teint frais, l'œil riant,
L'empoigne, mais oyant crier un barbe grise,
Ante matharasde kali, quitte la prise.

  De pere en fils l'Eglise a dit qu'au temps passé
Vn trouppeau de Chrestiens pour prier amassé
Fut en pieces taillé par les mains infideles.
Et rendit en ce lieu les ames immortelles,
Qui pour donner au corps gage de leurs amours
Leur donnent tous les ans leur presence trois jours.
Ainsi le Ciel d'accord uni à vostre mere:
Ces deux (fils de la terre) en ce lieu veulent faire
Vostre leçon, daignans en ce poinct s'approcher
Pour un jour leur miracle à vos yeux reprocher.

  Doncques chascun de vous, pauvres Payens, contemple
Par l'effort des raisons ou celuy de l'exemple.
Ce que jadis sentit le troupeau tant prisé
Des escrits où Nature avoit thesaurisé:
Bien que du sens la taye eust occupé leur veuë
Qu'il y ait tousiours eu le voile de la nuë
Entr'eux & le Soleil: leur manque, leur defaut
Vous face desirer de vous lever plus haut:
Haussez vous sur les monts que le Soleil redore,
Et vous prendrez plaisir de voir plus haut encore,
Ces hauts monts que je dis sont Prophetes qui font
Demeure sur les lieux où les nuages sont:

                 N n   iiij

C'est le cayer sacré, le Palais des lumieres,
Les sciences, les arts ne sont que chambrieres:
Suyvez, aymez Sarra si vous avez dessein
D'estre fils d'Abraham retirez en son sein:
Là les corps des humains & les ames humaines
Aux grands triumphes unis comme ils furent aux peines,
Se rejoindront ensemble & prendront en ce lieu
Dans leurs frons honorez l'image du grand Dieu.

 Resjoüyssez vous donc, ô vous ames Celestes,
Car vous vous referez de vos piteuses restes:
Resjoüyssez-vous donc, ô corps ensevelis,
Heureux vous reprendrez vos plus heureux esprits.
Vous voulustes, esprits, & le Ciel & l'air fendre
Pour aux corps preparez du haut du Ciel descendre,
Vous les cerchastes lors, ore ils vous cercheront,
Ces corps par vous aimez encor vous aymeront:
Vous vous fistes mortels pour vos pauvres femelles,
Elles s'en vont pour vous & par vous immortelles.

 Mais quoy c'est trop chanté, il faut tourner les yeux
Esblaüys de rayons dans le chemin des Cieux:
C'est fait Dieu vient regner, de toute prophetie
Se void la periode à ce poinct accomplie:
La terre ouvre son sein, du ventre des tombeaux
Naissent des enterrez les visages nouveaux:
Du pré, du bois, du champ, presque de toutes places.
Sortent les corps nouveaux & les nouvelles faces:
Icy les fondemens des chasteaux rehaussez
Par les ressuscitans promptement sont percez:
Icy un arbre sent des bras de sa racine
Groüiller un chef vivant, sortir une poictrine:

           Là, l'eau

Là, l'eau trouble boüillonne & puis s'esparpillant
Sent en soy des cheveux & un chef s'esveillant:
Comme un nageur venant du profond de son plonge:
Tous sortent de la mort comme l'on sort d'un songe.
Les corps par les Tyrans autresfois deschirez
Se sont en un moment en leurs corps asserrez:
Bien qu'un bras ait vogué par la mer escumeuse
De l'Afrique bruslee en Tyle froidaleuse,
Les cendres des bruslez volent de toutes parts,
Les brins plustost unis qu'ils ne furent esparts
Viennent à leur posteau en cette heureuse place
Rians au Ciel riant d'une agreable audace.

 Voicy le fils de l'homme & du grand Dieu le fils,
Le voicy arrivé à son terme prefix.
Des-ja l'air retentit & la trompette sonne,
Le bon prend asseurance & le meschant s'estonne:
Les vivans sont saisis d'un feu de mouvement,
Ils sentent mort & vie en un prompt changement:
En une periode ils sentent leurs extremes,
Ils ne se trouvent plus eux mesmes comme eux mesmes:
Vne autre volonté & un autre sçavoir
Leur arrache des yeux le plaisir de se voir:
Le Ciel ravit leurs yeux, des yeux premiers l'usage
N'eust peu du nouveau Ciel porter le beau visage:
L'autre Ciel, l'autre terre ont cependant fuy,
Tout ce qui fut mortel se perd esvanoüy:
Les fleuves sont sechez, la grand mer se desrobe,
Il falloit que la terre allast changer de robe:
Montagnes, vous sentez douleurs d'enfantemens,
Vous fuyez comme agneaux, ô simples elemens!

Cachez vous, changez vous, rien mortel ne supporte
La voix de l'Eternel, sa voix puissante & forte.
Dieu paroist, le nuage entre luy & nos yeux
S'est tiré à l'escart, il s'est armé de feux:
Le Ciel neuf retentit du son de ces louanges:
L'air n'est plus que rayons tant il est semé d'Anges.
Tout l'air n'est qu'un Soleil, le Soleil radieux
N'est qu'une noire nuict au regard de ses yeux:
Car il brusle le feu, au Soleil il esclaire,
Le centre n'a plus d'ombre & ne fuit sa lumiere.

 Vn grand Ange s'escrie à toutes nations:
Venez respondre icy de toutes actions,
L'Eternel veut juger: toutes ames venües
Font leurs sieges en rond en la voûte des nües,
Et là les Cherubins ont au milieu planté
Vn throsne rayonnant de Saincte Majesté:
Il n'en sort que merveille & qu'ardente lumiere,
Le Soleil n'est pas faict d'une estoffe si claire.
L'amas de tous vivans en attend justement
La desolation ou le contentement:
Les bons du Sainct Esprit sentent le tesmoignage,
L'aize leur saute au cœur & s'espand au visage
Car s'ils doivent beaucoup, Dieu leur en a faict don
Ils sont vestus de blanc & lavez de pardon.
O tribus de Iuda, vous estes à la dextre,
Edom, Moab, Agar tremblent à la senestre:
Les Tyrans abattus pasles & criminels
Changent leurs vains honneurs aux tourmens eternels,
Ils n'ont plus dans le front la furieuse audace,
Ils souffrent en tremblant l'imperieuse face,

IVGEMENT, LIV. VII.

Face qu'ils ont frappee, & remarquent assez
Le chef, les membres saincts qu'ils avoient transpercez.
Ils le virent lié, le voicy les mains hautes:
Ces severes sourcils viennent conter leur fautes,
L'innocence a changé sa crainte en Majestés,
Son roseau en acier trenchant des deux costés,
Sa Croix au tribunal de presence Divine:
Le Ciel l'a couronné mais ce n'est plus d'espine:
Ores viennent trembler à cet acte dernier
Les condamneurs aux pieds du juste prisonnier.
Voicy le grand Heraut d'une estrange nouvelle,
Le messager de mort, mais de mort eternelle?
Qui se cache? qui fuit devant les yeux de Dieu?
Vous Caïns fugitifs où trouverez vous lieu?
Quand vous auriez les vents collez soubs vos aisselles,
Ou quand l'aube du jour vous presteroit ses aisles,
Les monts vous ouvriroient le plus profond rocher,
Quand la nuict tascheroit en sa nuict vous cacher,
Vous enceindre la mer, vous enlever la nüe,
Vous ne fuirez de Dieu ny le doigt ny la veüe.
Or voicy les lions de torches aculez,
Les ours à nez percé, les loups emmuzelez:
Tout s'esleve contre eux, les beautez de Nature
Que leur rage troubla de venin & d'ordure
Se confrontent en mire & se levent contr'eux.
Pourquoy (dira le feu) avez-vous de mes feux
Qui n'estoient ordonnez qu'à l'usage de vie
Faict des bourreaux valets de vostre tyrannie?
L'air encor une fois contr'eux se troublera,
Iustice au juge Sainct, trouble, demandera

Difant, Pourquoy Tyrans & furieufes beftes
M'empoifonnaftes vous de charongnes, de peftes,
Des corps de vos meurtris, Pourquoy, diront les eaux,
Changeaftes vous en fang l'argent de noz ruiffeaux?
Les monts qui ont ridé le front à vos fupplices
Pourquoy nous avez vous rendus vos precipices,
Pourquoy nous avez vous, diront les arbres, faicts
D'arbres delicieux execrables gibets?
Nature blanche vive & belle de foy mefme
Prefentera fon front ridé, fafcheux & blefme
Aux peuples d'Italie & puis aux nations
Qui les ont enviez en leurs inventions
Pour de poizon meflé au milieu des viandes
Tromper l'amere mort en fes liqueurs friandes,
Donner au meurtre faux le meftier de nourrir
Et foubs les fleurs de vie embufcher le mourir.

   La terre avant changer de luftre fe vient plaindre
Qu'en fon ventre l'on fit fes chers enfans efteindre
En les enterrans vifs, l'ingenieux bourreau
Leur dreffant leur fupplice en leur premier berceau.
La mort tefmoignera comment ils l'ont fervie,
La vie prefchera comment ils l'ont ravie,
L'Enfer s'efveillera, les calomniateurs,
Cefte fois ne feront faux prevaricateurs:
Les livres font ouverts, là paroiffent les roolles
De nos falles pechez, de nos vaines parolles,
Pour faire voir du Pere aux uns l'affection,
Aux autres la juftice & l'execution.

   Conduicts (Efprit tres-fainct) en cet endroict ma bouche
Que par la paffion plus exprez je ne touche

Que ne permet ta regle, & que juge leger
Ie n'attire sur moy jugement pour juger.
Ie n'anoncerai donc que ce que tu anonce,
Mais je prononce autant comme ta loy prononce:
Ie ne marque de tous que l'homme condamné
A qui mieux il vaudroit n'avoir pas esté né.

   Voicy donc Antechrist l'extraict des faicts & gestes,
Tes fornications, adulteres, incestes,
Les pechez où nature est tournee à l'envers,
La bestialité, les grands bourdeaux ouvers,
Le tribut exigé, la bulle demandee
Qui à la Sodomie en Esté concedee:
La place de Tyran conquise par le fer,
Les fraudes qu'exerça ce grand tison d'Enfer,
Les empoisonnemens, assassins, calomnies,
Les degats des païs, des hommes & des vies
Pour attraper les clefs, les contracts, les marchez
Des Diables stipulants subtilement couchez.
Tous ceux-la que Satan empoigna dans ce piege
Iusques à la putain qui monta sur le siege,
✝ L'aisné fils de Satan se souviendra, maudict,
De son throsne eslevé d'avoir autres-fois dict:
La gent qui ne me sert ains contre moy conteste
Pourrira de famine & de guerre & de peste.
Roys & Roynes viendront au siege où je me siedz
Le front embas lescher la poudre soubs mes piedz:
Mon regne est à jamais, ma puissance eternelle,
Pour Monarque me sert l'Eglise Vniverselle:
Ie maintiens le Papat tout-puissant en ce lieu.
Qu si Dieu je ne suis pour le moins Vice-Dieu.

Fils de perdition, il faut qu'il te souvienne,
Quand le serf commandeur de la gent Rhodienne
Veautré, baisa tes pieds, infame serviteur,
Puis chanta se levant, Or laisse createur.
Apollon tu as à ton impure table
Prononcé blasphemant que Christ est une fable,
Tu as renvoyé Dieu comme assez empesché
Aux affaires du Ciel, faux homme de pesché.

 Or faut il à ses pieds ces blasphemes & tiltres
Poser, & avec eux les tiares, les mitres,
La banniere d'orgueil, fauces clefs, fauces croix
Et la pantoufle aussi qu'ont baisé tant de Rois.
Il se void à la gauche, un monceau qui esclatte
De chappes d'or, d'argent, de bonnets, d'escarlatte,
Prelats & Cardinaux là se vont despoüiller,
Et d'inutiles pleurs leurs despoüilles moüiller.

 A droitte l'or y est une despoüille rare:
On y void un monceau des haillons du Lazare,
Enfans du siecle vain, fils de la vanité,
C'est à vous à trainer la honte & nudité,
A crier enroüez d'une gorge embrasee
Pour une goutte d'eau l'aumosne refusee:
Tous vos refus seront payés en un refus.

 Les criminels adonc par ce procés confus
La gueule de l'Enfer s'ouvre en impatience,
Et n'attend que de Dieu la derniere sentence,
Qui à ce point tournant son œil benin & doux,
Son œil tel que la monstre l'espouse à l'espoux,
Se tourne à la main droitte où les heureuses veües
Sont au throsne de Dieu sus mouvement tendües

Extatiques de joye & franches de soucy:
Leur Roy donc les appelle & les faict Rois ainsi.

Vous qui m'avez vestu au temps de la froidure,
Vous qui avez pour moy souffert peine & injure,
Qui à ma seche soif & à mon aspre faim
Donnastes de bon cœur vostre eau & vostre pain:
Venez race du Ciel, venez essenz du Pere,
Vos pechés sont esteints, le juge est vostre frere:
Venez donc bien heureux triumpher pour jamais
Au Royaume eternel d'une eternelle paix.

A ce mot tout se change en beautez eternelles,
Ce changement de tout est si doux aux fidelles:
Que de parfaicts plaisirs! ô Dieu qu'ils trouvent beau
Cette terre nouvelle & ce grand Ciel nouveau!

Mais d'autre part si tost que l'Eternel faict bruire
A sa gauche ces mots, les foudres de son ire:
Quand ce juge & non Pere au front de tant de Rois
Irrevocable pousse & tonne cette voix:
Vous qui avez laissé mes membres aux froidures,
Qui leur avez versé injures sur injures,
Qui à ma seche soif & à mon aspre faim
Donnastes fiel pour eau & pierre au lieu de pain:
Allez, maudits, allez grincer vos dents rebelles
Au gouffre tenebreux des peines eternelles.
Lors ce front qui ailleurs portoit contentement
Porte à ceux-ci la mort & l'espouvantement.
Il sort un glaive aigu de la bouche Divine,
L'enfer glouton bruyant devant ses pieds chemine.
D'une taide terreur les damnables transis
Mesmes des le sortir des tombeaux obscurcis

Virent bien d'autres yeux, le Ciel suant de peine
Lors qu'il se preparoit à leur peine prochaine:
Et voici de quels yeux virent les condamnez
Les hauts jours de leur regne en douleur terminez.
 Ce que le monde a veu d'effroyables orages,
De gouffres caverneux & de monts de nuages
De double obscurité, dont au profond milieu
Le plus creux vomissoit des aiguillons de feu,
Tout ce qu'au front du Ciel on vid onc de coleres
Estoit serenité, nulles douleurs ameres
Ne troublent le visage & ne changent si fort
La peur, l'ire & le mal que l'heure de la mort.
Ainsi les passions du Ciel autresfois veuës
N'ont peint que son courroux dans les rides des nuës.
Voicy la mort du Ciel en l'effort douloureux
Qui luy noircit la bouche & fait seigner les yeux:
Le Ciel gemit d'ahan, tous ses nerfs se retirent,
Ses poulmons prés à prés sans relasche respirent,
Le Soleil vest de noir le bel or de ses feux,
Le bel œil de ce monde est privé de ses yeux,
L'ame de tant de fleurs n'est plus espanoüie,
Il n'y a plus de vie au principe de vie:
La Lune perd l'argent de son teint clair & blanc,
La Lune tourne en hault son visage de sang:
Toute estoille se meurt, les Prophetes fideles
Du Destin vont souffrir eclipses eternelles:
Tout se cache de peur, le feu s'enfuit dans l'air,
L'air en l'eau, l'eau en terre, au funebre mesler
Tout beau perd sa couleur, & voici tout de mesmes
A la pasleur d'enhaut tant de visages blesmes

Prennent

Prennent l'impreſſion de ces feux obſcurcis:
Tels qu'on void aux fourneaux paroiſtre les tranſis:
Mais plus comme les fils du Ciel ont au viſage
La forme de leur chef, de Chriſt la vive jmage:
Les autres de leur pere ont le teint & les traits
Du Prince Belzebub veritables portraits:
A la premiere mort ils furent effroyables,
La ſeconde redouble où les abominables
Crient aux monts cornus, ô monts que faictes-vous
Iſbranlez vos rochers & vous crevez ſur nous:
Cachez nous, & cachez l'oprobre & l'infamie
Qui comme chiens nous met hors la Cité de vie:
Cachez-nous pour ne voir la haute majeſté
De l'aigneau triumphant ſur le throſne monté.
Ce jour les a pris nuds, les eſtouffe de craintes
Et de pires douleurs que les femmes enceintes.
Voicy le vin fumeux, le courroux meſpriſé
Duquel ces fils de terre avoient theſauriſé.
De la Terre leur mere ils regardent le centre,
Cette Mere en douleurs, ſans mi-partir ſon ventre
Où les ſerfs de Satan regardent fremiſſans
De l'Enfer abayant les tourmens renaiſſans,
L'eſtang de ſouffre vif qui rebruſle ſans ceſſe,
Les tenebres eſpais plus que la nuict eſpaiſſe:
Ce ne ſont des tourmens tels que les idiots
Les preſentent aux yeux des jnfirmes bigots,
La terre ne produict nul crayon qui nous trace
Ny du haut Paradis ny de l'Enfer la face.

Vous avez dict, perduz, noſtre nativité
N'eſt qu'un ſort, noſtre mort quand nous aurons eſté

Changera nostre haleine en vent & en fumee
Le parler est du cœur l'estincelle allumee:
Ce feu esteint, le corps en cendre deviendra,
L'esprit comme air coulant parmy l'air s'espandra,
Le temps avalera de nos faicts la memoire,
Comme un nuage espais estend sa masse noire,
L'esclaircit, la despart, la desrobe à nostre œil:
C'est un broüillard chassé des rayons du Soleil:
Nostre temps n'est rien plus qu'un umbrage qui passe,
Le sceau de tel arrest n'est poinct subject à grace.
 Vous avez dict, brutaux, qu'y a il en ce lieu
Pis que d'estre privé de la face de Dieu?
Ha! vous regretterez bien plus que vostre vie
La perte de vos sens juges de telle envie:
Car si vos sens estoient tous tels qu'ils ont esté,
Ils n'auroient un tel goust, ny l'immortalité:
Lors vous sçaurez que c'est de voir de Dieu la face,
Lors vous aurez au mal le goust de la menace.
 O enfens de ce siecle, ô abusez mocqueurs,
Imployables esprits, incorrigibles cœurs,
Vos esprits trouveront en la fosse profonde
Vray ce qu'ils ont pensé une fable en ce monde,
Ils languiront en vain de regret sans mercy,
Vostre ame à sa mesure souffera de soucy,
Qui vous consolera? l'amy qui se desole
Vous grincera les dents au lieu de la parole:
Les Saincts vous aymoient ils un abysme est entr'eux,
Leur chair ne s'esmeut plus, vous estes odieux.
Mais n'esperez vous point fin à vostre souffrance?
† Point n'esclaire aux Enfers l'aube de l'esperance.

Transis, desesperez, il n'y a plus de mort
Qui soit pour vostre mer des orages le port:
Que si vos yeux de feu jettent l'ardente veuë
A l'espoir du poignard, le poignard plus nuë te—
Que la mort (direz vous) estoit un doux plaisir:
La mort morte ne peut vous tuer, vous saisir:
Voulez vous du poizon? en vain cet artifice,
Vous vous precipitez? en vain le precipice:
Courez au feu brusler? le feu vous gellera:
Noyez vous? l'eau est feu, l'eau vous embrasera,
La peste n'aura plus de vous misericorde:
Estranglez vous, en vain vous tordez une corde:
Criez aprés l'Enfer? de l'Enfer il ne sort
Que l'Eternelle soif de l'impossible mort.
Vous vous peigniez des feux, combien de fois vostre ame
Desirera n'avoir affaire qu'à la flame?
Abayez comme chiens, hurlez en vos tourmens,
L'abysme ne respond que d'autres hurlemens:
Les Satans descouplez d'ongles & dents tranchentes
Sans mort deschireront leurs proies renaissantes:
Ces Dæmons tourmentans hurleront tourmentez,
Leurs fronts seillonneront ferrez de cruautez,
Leurs yeux estincelans auront la mesme image
Que vous aviez baignans dans le sang du carnage:
Leurs visages transis, tyrans, vous transiront,
Ils vengeront sur vous ce qu'ils endureront.
O mal'heur des mal'heurs, quand tels bourreaux mesurent
La force de leurs coups aux grand coups qu'ils endurent!
Mais de ce dur estat le lustre plus fascheux
C'est sçavoir aux Enfers ce que l'on faict aux Cieux

Pp ij

Où le sacré concert de la joye indicible
Habite la lumiere à eux inaccessible:
Où l'accord tres-parfaict des douces unissons
A l'univers entier accorde ses chansons,
Où tant d'esprits ravis esclatent de loüanges
La voix des Saincts unis avec celle des Anges,
Les orbes des neuf Cieux, des trompettes le bruit
Tiennent tous leur partie à l'hymne qui s'ensuit.

 Sainct, Sainct, Sainct l' Seigneur, ô grand Dieu des armees
De ces beaux Cieux nouveaux les voutes enflamees
Et la nouvelle terre & la neufve Cité,
Ierusalem la Saincte, anoncent ta bonté!
Tout est plein de ton Nom, Syon la bien-heureuse
N'a pierre dans ses murs qui ne soit precieuse,
Ni Citoïen que Sainct, & n'aura pour jamais
Que victoire, qu'honneur, que plaisir & que paix.

 Là nous n'avons besoin de parure nouvelle,
Car nous sommes vestus de splendeur eternelle:
Nul de nous ne craint plus ni la soif ni la faim,
Nous avons l'eau de grace & des Anges le pain:
La pasle mort ne peut accourcir ceste vie,
Plus n'y a d'ignorance & plus de maladie,
Plus ne faut de Soleil: car la face de Dieu
Est le Soleil unique & l'astre de ce lieu:
Le moins luisant de nous est un astre de grace,
Le moindre a pour doux yeux deux Soleils à la face:
L'Eternel nous prononce & crée de sa voix
Rois, nous donnant encor plus haut nom que de Rois:
D'estrangers il nous faict ses bourgeois, sa famille,
Nous donne un don plus doux que de fils & de filles.

IVGEMENT LIV. VII.

Mais aurons-nous le cœur touché de passions
Sur la diversité ou choix des mansions?
Ne doit on poinct briguer la faveur demandee
Pour la droicte ou la gauche au fils de Zebedee?
Non, car l'heur d'un chacun en chacun accomply
Rend de tous la mesure & le comble remply:
Nul ne monte trop haut, nul trop bas ne devale,
Pareille imparité en difference esgalle:
Les honneurs de ce monde estoient songes au pris
Des grades eslevez au celeste pourpris:
Les tresors de la haut sont bien d'autre matiere
Que l'or qui n'estoit rien qu'une terre estrangere:
Les jeux, les passe-temps & les esbats d'icy
N'estoient qu'amers chagrins, que collere & soucy
Et que gehenes au pris de la joye eternelle
Qui sans trouble, sans fin, sans change renouvelle:
Là sans tache on verra les amitiez fleurir,
Les amours d'icy bas n'estoient rien que haïr
Au pris des hauts amours dont la saincte armonie
Rend une ame de tous en un vouloir unie:
Tous nos parfaicts amours reduicts en un amour
Comme nos plus beaux jours reduicts en un beau jour.
On s'enquiert si le frere y conoistra le frere,
La mere son enfant, & la fille son pere,
La femme le mary: l'oubliance en effect
Ne diminuera point un estat si parfaict.
Quand le Sauveur du monde en sa vive parole
Tire d'un vray subject l'utille parabole,
Nous presente le riche en bas precipité
Mendiant du Lazare aux plus hauts lieux monté:

P P. iij

L'abysme d'entre deux ne les fit mesconoistre,
Quoy que l'un fust hideux, enluminé pour estre
Seché de feu, de soif, de peines & d'ahan:
Et l'autre rajeunit dans le sein d'Abraham.
Mais plus ce qui nous faict en ce Royaume croire
Vn sçavoir tout Divin surpassant la memoire
D'un lieu si excellent, il parut un rayon,
Vn portrait r'acourcy, un exemple, un crayon
En Christ trans-figuré: sa chere compagnie
Cogneut Moyse non veu & sceut nommer Elie:
L'extase les avoit dans le Ciel transportez,
Leurs sens estoient changez, mais en felicitez.
   Adam ayant encor sa condition pure,
Conut des animaux les noms & la nature,
Des plantes le vray suc, des metaux la valeur
Et les esleuz seront en un estre meilleur:
Il faut une ayde en qui cet homme se repose
Les saincts n'auront besoin d'aide ny d'autre chose:
Ils ont un corps terrestre & un corps sensuel,
Le leur sera celeste & corps spirituel:
L'ame du premier homme estoit ame vivante,
Celle des triumphans sera vivifiante:
Adam pouvoit pecher & du peché perir,
Les Saincts ne sont subjects à pecher ny mourir:
Les Saincts ont tout, Adam receut quelque deffence,
Satan put le tenter: il sera sans puissance:
Les esleuz sçauront tout, puis que celuy qui n'eut
Vn estre si parfaict toute chose conut.
   Mais ceux qui en la vie & parfaite & seconde
Cerchent les passions & les storges du monde

Sont esprits amateurs d'espesse obscurité
Qui regrettent la nuict en la vive clarté,
Ceux là dans le banquet où l'espoux nous invite,
Redemandent les os & les oignons d'Egypte,
Disans comme bergers, Si je stois Roy, j'aurois
Vn aiguillon d'argent plus que les autres Rois.

 Les Apostres ravis en l'esclair de la nuë
Ne jettoient plus ça bas ny memoire ny veuë,
Femmes, parens, amis n'estoient pas en oubly,
Mais n'estoient rien au pris de l'estat anobly
Où leur chef rayonnant de nouvelle figure
Avoit haut enlevé leur cœur & leur nature,
Ne pouvant regretter aucun plaisir passé
Quand d'un plus grand bon-heur tout heur fut effacé.
Nul secret ne leur peut estre lors secret, pource
Qu'ils puisoient la lumiere à sa premiere source:
Ils avoient pour miroir l'œil qui faict voir tout œil,
Ils avoient pour flambeau le Soleil du Soleil.
Il faut qu'en Dieu si beau toute beauté finisse,
Et comme ont feint jadis les compagnons d'Vlisse
Avoir perdu le goust de tous friands appas
Ayant faict une fois de Lothos un repas:
Ainsi nulle douceur nul pain ne faict envie
Aprés le Man, le fruict du doux arbre de vie:
L'ame ne souffrira les doutes pour choisir,
Ni l'imperfection que marque le desir:
Le corps fut vicieux qui renaistra sans vices,
Sans tache, sans porreaux, rides & cicatrices:
En mieux il tournera l'usage des cinq sens.
 Veut il soüefve odeurs, il respire l'encens

Qu'offrit Iesus en croix, qui en donnant sa vie
Fut le Prestre, l'Autel & le Temple & l'Hostie.
Faut il des sons, le Grec qui jadis s'est vanté
D'avoir oüy les cieux sur l'Olimpe monté,
Seroit ravy plus haut quand cieux orbes & poles
Servent aux voix des Saincts de luths & de violes.
Pour le plaisir de voir les yeux non poinct ailleurs
Veu pareilles beautez ny si vives coulleurs,
Le goust qui fit cercher des viandes estranges
Aux nopces de l'Agneau trouve le goust des Anges,
Et quel toucher peut estre en ce monde estimé
Au pris des doux baisers de ce fils bien aymé?
Ainsi dedans la vie immortelle & seconde
Nous aurons bien les sens que nous eusmes au monde,
Mais estans d'actes purs ils seront d'action
Et ne pourront souffrir infirme passion:
Car ailleurs leurs effects iront cercher & prendre
Le voir, l'odeur, le goust, le toucher & l'entendre.
Au visage de Dieu seront noz saincts plaisirs,
Dans le sein d'Abraham fleuriront nos desirs,
Desirs parfaicts amours, hauts desirs sans absence,
Car les fruicts & les fleurs n'y font qu'une naissance.
 Chetifs, je ne puis plus approcher de mon œil
L'œil du Ciel, je ne puis supporter le Soleil:
Encor tout esbloui en raisons je me fonde
Pour de mon ame voir la grand ame du Monde,
Sçavoir ce qu'on ne sçait & qu'on ne peut sçavoir,
Ce que n'a ouy l'oreille & que l'œil n'a peu voir:
Mes sens n'ont plus de sens, l'esprit de moi s'envole,
Le cœur ravi se taist, ma bouche est sans parole:

Tout

Tout meurt, l'ame s'enfuit, & reprenant son lieu
Extatique se pasme au giron de son Dieu.

F I N.

AV LECTEVR,

L'IMPRIMEVR est venu se plaindre à ce matin de n'avoir que deux vers pour sa derniere feuille, j'ay mis la main sur l'inscription que vous verrez. Il advint que Henry le grand voulant poser en quelque lieu deux tableaux l'un de sa guerre l'autre de sa paix il demanda ce present a trois personnes choisies en son Royaume: nostre Aucteur accepta le premier, faisant trouver bonne au Roy cette responce, Sire vous trouverez assez en vostre Cour d'historiens de paix & de pilottes deaue douce, Ie vous supplie vous contenter que je rapporte vos tourmentes & victoires desquelles j'ai esté partie & tesmoing. C'est ce que je vous presente contre ceux qui disent que mon maistre n'a sçeu que blasmer : a la verité il a eschappé côtre les grands qui n'ont porté le hausse-col qu'en parure desnaturez en vengeances comme en voluptez, mais il a bien sçeu (& icy & par son Histoire) eslever son Prince qui surpassa la nature en courage & ne l'exceda jamais ny en haines ny en amours.

PROMETHEE.

A LA FRANCE
DELIVREE, SOIT
POVR IAMAIS SACRE'.

HENRY Quatriesme, tres-auguste, tres-victorieux. L'an 1553. au solstice d'Hyver (poinct plus heureux de toutes nativitez) fut donné du Ciel à la Frãce sur les racines des Pyrenées (bornes naturelles de l'Espagne) pour devenir une barriere plus seure que les montagnes: nourry en lieux aspres, teste nuë & pieds nuds par Henry, son ayeul, preparant un coin d'acier aux nœuds ferrez de nos difficultez. Son aage seconde veid son pere mort, sa mere fuitive, les proches condamnez, ses serviteurs bannis. Il se trouve armé à quatorze ans en un party miserable, affoibly de trois batailles perduës, n'ayant de reste que la vertu. Sa jeunesse eut pour entrée des nopces funestes, trente mille des siens massacrez & la prison redoublée. Sa liberté le faict chef des pieces ramassées d'un party ruyné, dans lequel Maistre pour le soin, Compagnon pour les peurs, il finit sept guerres desesperées par sept heureuses

Paix. Pour à quoy parvenir il luy fallut respondre à quarante cinq armées Royalles, desquelles il en a eu pour une fois neuf bien equipées sur les bras. L'aube de son esperance parut à Coutras, où ayant digeré les angoisses du General, porté la vigilence du Mareschal de Camp, le labeur de Sergent de Bataille, il prit la place de soldat hazardeux. Aprés ayant partagé la Guyenne, fait part de ses exploicts au Dauphiné, au Languedoc, conquis le Poictou, entamé l'Anjou: Voyant le Duc de Guise mort, ses adversaires divisez, le Roy à l'extremité, il remit à la France ses injures, les blesseures & le dernier acces. Redressoit le Roy, quand le Royaume en pieces se laissa choir dans ses bras victorieux. Ce grand Roy fait homme porta des labeurs plus que d'homme: en courant aux feux divers du Royaume il rencontra autant de charges que de traites, & de sieges que de logis. Ses partisans envieux de sa vertu, avant qu'estre delivrez par elle bastissent divers partis dans les ruynes de l'Estat: si bien qu'il les falloit vaincre pour les mener vaincre leurs ennemis: c'est ce qui fit trouver à l'indomtable les combats du cabinet ses angoisses, ceux de la campagne ses voluptez. Or aprés avoir monstré devant Arques son esperance contre espoir, le secours du Ciel à ses prieres,

Qq ij

ELOGE.

à Yvry sa vertu contre l'imparité du nombre, sa resolution à relever les batailles esbranlées. Aprés que l'Italie & l'Espagne eurent jetté sur les bras du regne divisé quatre armées differentes, & qu'estant venu & ayant veu & vaincu, il leur fit trouver à grád grain & honneur d'en remmener les pieces. De là en avant chacun de ses coups fut amorce du second, chaque victoire instrument de la suivante. Il fit perdre à ses ennemis leurs pretextes, l'espoir & les partis. En fin pour loyer de sept batailles, de vingt cinq rencontres d'armées, de cent ving-cinq cōbats Enseignes desployées, de deux cens sieges heureusement exploictez par sa presence, où sous ses auspices il se vainquit soy-mesme: donna à ses ennemis biens & vies, aux siens le repos, la Paix à tous: comme ployant en vn chapeau d'olive les cimes esgarées de ses palmes & lauriers à coronner d'un diademe bien composé son chef victorieux.

L'IMPRIMEVR AV LECTEVR.

J'Ai eu plaisir de voir couronner le Livre de ceste piece rare, & n'ai peu souffrir que tu ne saches que cet Eloge, eschantillon du style de l'Auteur, en tous ses escrits fut incontinent contrefaict & tout à la fois par des personnes fort estimees, qui n'eurent point honte d'en prendre les lignes entieres. Vn Advocat de la Cour (qui merite bien d'estre Iuge, cóme amateur de rendre le droict à chacun) fit imprimer la piece originaire, & les imitations rendant l'honneur à l'Autheur qui luy appartenoit, bien qu'il n'en eust point de cônoissance. De plus la traduction en estant venue d'Italie, Pere Cotton qui la voioit à regret bien venue à la Cour, porta l'Italien au Roi pour taxer l'inventeur de n'estre que traducteur: Ce que sachant bien Lecteur, j'ai voulu que tu le sceusse. A Dieu jusqu'au premier de mes labeurs.

FIN.

Le Lecteur sera adverti de corriger en lisant selon cet Errata.

En la præf. pag, Biij lig. ij lizez estreindre.pag 9 lig.20.lisez rançon & 28, faim.p.10 l.1 Voit p.53 l.21 Bizair' p.60 l.ij cimes p.68 l' 4. Gardent p.88 l. 6 garce & 21. se p.94 l 9 les p.97 l.6 place premiere p.109 l.12 signer p.iij l.27. Orchestre p.112. l.7. ostez p.113.l.10. mesmes p. 119. l. 4. sa iuste balance & 19. replique & 21. gueuer, p. 126. l. 20. les p. 127. l. 22. Alby, p. 133. l. 21. ce p. 145. l.4. a ce p.146.l.3.lieux, p.150. l.19.gastine, p. 154. l.1. hôneur, p.169.l.1. pelerĩ & 12.lunes, p. 172. l. 20 Iuges, P. 180. l. 23. force p.187. l. 9. œlè, p. 190. l. 17. Sens p. 192.l.19. l'or, p.193.l.13. ie laisse p.194.l. 20 Eurent p.195.l.21.serõt p. 198. l. 4. venger & 30. pour p.199. l. 25. l'estrange & 26. debattent p.204. l. 2. le tyrant & 29. redoubté p. 206. l. 5. tes 21. rencherit p. 208 . l. 20. pere & frere, p. 209. l. 11. qui & 17. redoubtez p. 210. l. 16 paroissoient p. 213. l. 3. poisõs p.219. l. 11. & lez p.221. l.6.vegeace p.223. portes p. 227. l.24. dez. p. 232. l.6. gueretz p. 241. l. 11.ployez dans p. 242. l. 7. l'espoisse 8. esmeut 17. maximin & 25. arsenic, p. 244. l. 20. fut p. 347. l. 22. Grouiller p. 354. l. 11. morts p. 357. l. 18. les & 22. de mal-heurs p. 358 l.30. gouttantes p. 359. l. 1. purgent. p. 372. l. 1. sables p. 380. l. 28. a l'espouse l'espoux, p. 382. l. 4. beaux p. 385. l.4. ne tuë, p. 388. l. 19. il eut p.389. 14. aux p. 390. l.23. Chetif.

FIN DE L'ERRATA.

www.ingramcontent.com/pod-product-compliance
Lightning Source LLC
Chambersburg PA
CBHW060418170426
43199CB00013B/2196